Die Betriebsvereinbarung nach Wegfall des Betriebsrats

Liebe Tante Ilse,

Lieber Onkel Klaus,

in tiefer Dankbarkeit

für Eure Unterstützung

Euer Arnd

Europäische Hochschulschriften

Publications Universitaires Européennes
European University Studies

Reihe II
Rechtswissenschaft

Série II Series II
Droit
Law

Bd./Vol. 3640

PETER LANG
Frankfurt am Main · Berlin · Bern · Bruxelles · New York · Oxford · Wien

Armin Lange

Die Betriebsvereinbarung nach Wegfall des Betriebsrats

PETER LANG
Europäischer Verlag der Wissenschaften

Bibliografische Information Der Deutschen Bibliothek
Die Deutsche Bibliothek verzeichnet diese Publikation in der Deutschen Nationalbibliografie; detaillierte bibliografische Daten sind im Internet über <http://dnb.ddb.de> abrufbar.

Zugl.: Berlin, Freie Univ., Diss., 2001

Gedruckt auf alterungsbeständigem,
säurefreiem Papier.

D 188
ISSN 0531-7312
ISBN 3-631-39195-1

Printed in Germany 1 2 3 4 5 6 7

www.peterlang.de

Meinen Eltern,
meiner Familie

Vorwort

Großer Dank gilt natürlich dem Betreuer und Erstgutachter der Arbeit, Prof. Dr. Lorenz Fastrich, in dessen Seminar sich nicht nur die Idee zu dieser Untersuchung entwickelte, sondern der auch stets bereit war, die Entstehung der Arbeit durch weiterführende Anregungen zu begleiten.

Besonderer Dank gebührt meinem Freund und Kollegen Dr. Bodo von Wolff, der zeitgleich promovierte. Ohne die wechselseitigen Diskussionen und Anregungen wäre die Arbeit nicht in dieser Form möglich gewesen.

Schließlich möchte ich dem Zweitgutachter Prof. Dr. Jochem Schmitt für seine rasche Begutachtung der Arbeit danken.

Die Arbeit hat dem Fachbereich Rechtswissenschaft der Freien Universität Berlin in der Fassung vom Oktober 2000 als Dissertation vorgelegen. Seitdem ergangene Rechtsprechung und erschienenes Schrifttum konnten nicht mehr berücksichtigt werden. Änderungen aufgrund des Gesetzes zur Reform des Betriebsverfassungsgesetzes vom 28. Juli 2001 erfolgten nicht. Das in § 21 a des Betriebsverfassungsgesetzes nunmehr normierte Übergangsmandat des Betriebsrates bei Umstrukturierungen wurde bereits bei Erstellung dieser Arbeit von der herrschenden Meinung vertreten und deshalb der Untersuchung zugrunde gelegt. Tag der mündlichen Prüfung war der 30. November 2001.

Frankfurt am Main, im Oktober 2002 Armin Lange

Inhaltsverzeichnis

Teil 1 Einführung

A. Problemstellung

Die Gründe, die zum Wegfall des Betriebsrats führen können, sind vielfältig. Wird der Betrieb betriebsratslos, stellt sich die Frage, welche Auswirkungen das auf bestehende Betriebsvereinbarungen hat.

Von praktischem Interesse ist diese Frage, weil die Betriebsvereinbarung in ihrem normativen Teil auf die einzelnen Arbeitsverhältnisse im Betrieb einwirkt (§ 77 Abs. 4 S. 1 BetrVG). Es ist deshalb wichtig zu klären, ob die Inhalte der Betriebsvereinbarung wegfallen oder aufrechterhalten werden. Wird angenommen, daß sie automatisch enden, ist zu überlegen, ob dadurch Ergebnisse eintreten, die mit den Regelungen des BetrVG unvereinbar sind. Wird demgegenüber angenommen, daß sie aufrechterhalten bleiben, stellt sich die Frage, ob und - wenn ja - wie der Arbeitgeber allein bzw. die Arbeitsvertragsparteien gemeinsam die Inhalte ändern können. Wegen der praktischen Relevanz dieser Frage ist ein Ziel der vorliegenden Untersuchung, eine Lösung zu entwickeln, die von der Rechtsanwendung übernommen werden kann. Das hat zur Konsequenz, daß die Lösung anhand einer Vielzahl von verschiedenen Fallgestaltungen entwickelt wird.[1]

Rechtlich ist die Frage interessant, weil sie die Probleme verdeutlicht, die mit dem Doppelcharakter der Betriebsvereinbarung als Normenvertrag[2] zusammenhängen. Auf der einen Seite hat die Betriebsvereinbarung den Charakter eines Vertrages. Sie wird mit vertragsrechtlichen Instrumenten von den Betriebspartnern beherrscht, indem diese die Betriebsvereinbarung gemeinsam als Vertrag abschließen[3] und jederzeit durch eine andere

---

[1] vgl. Teil 3 D II-IV

[2] ErfK/Hanau/Kania, § 77 BetrVG Rn 2; Fitting/Kaiser/Heither/Engels, § 77 Rn 13; GK/Kreutz, § 77 Rn 143; Galperin/Löwisch, § 77 Rn 6; Hess/Schlochauer/Glaubitz, § 77 Rn 7; v. Hoyningen-Huene, Betriebsverfassungsrecht, S. 211; MünchArbR/Matthes, § 319 Rn 1; Richardi, § 77 Rn 26; Weiss/Weyand, § 77 Rn 11; a. A. Hanau, RdA 1989, S. 207 (208)

[3] AR-Blattei, Brune, SD 520 Rn 48; AR-Blattei, Säcker, (D), Betriebsvereinbarung I, D I 4; Däubler/Kittner/Klebe/Berg, § 77 Rn 8; Galperin/Löwisch, § 77 Rn 6; GK/Kreutz, § 77 Rn 31, 143; Fitting/Kaiser/Heither/Engels, § 77 Rn 13; Hess/Schlochauer/Glaubitz, § 77 Rn 3; MünchArbR/Matthes, § 319 Rn 1; Richardi, § 77 Rn 24; Waltermann, Rechtsetzung durch Betriebsvereinbarung, S. 96; a. A.: Nebel, Normen des Betriebsverbandes, S. 162-205; Kessal-Wulf, Innenverbände, S. 333

Betriebsvereinbarung ersetzen[4] sowie einseitig gemäß § 77 Abs. 5 BetrVG durch Kündigung beenden können. Andererseits wirkt die Betriebsvereinbarung gegenüber den Arbeitnehmern normativ.[5] Das ordnet § 77 Abs. 4 S. 1 BetrVG an. Damit stellt sich die Frage, ob die Auswirkungen der Betriebsratslosigkeit auf bestehende Betriebsvereinbarungen dem Vertragsrecht oder den Regeln von Rechtsnormen folgen. So öffnet sich der Blick für grundlegende Überlegungen zu den Geltungsvoraussetzungen der Betriebsvereinbarung.[6]

Wird eine Lösung anhand des Vertragscharakters verfolgt, kann die Frage nicht mit einem Seitenblick auf das allgemeine Zivilrecht beantwortet werden. Denn dort ist ausgeschlossen, daß eine Vertragspartei ersatz- und übergangslos wegfällt. Juristische Personen werden vor ihrer Aufhebung liquidiert. Die Liquidation ist erst abgeschlossen, nachdem alle Verträge, an die die juristische Person gebunden ist, beendet worden sind.[7] Sind Vertragsparteien natürliche Personen, so tritt gemäß § 1922 BGB bei ihrem Tod der Erbe bzw. die Erbengemeinschaft an ihre Stelle. Das gilt nur dann nicht, wenn der Erblasser einen sogenannten höchstpersönlichen Vertrag abgeschlossen hat.[8] Bei diesem kommt es der anderen Vertragspartei gerade darauf an, die konkrete Person vertraglich zu binden.[9] Aber auch das höchstpersönliche Rechtsgeschäft gibt keine Antwort auf die Frage, welche Auswirkungen der Wegfall des Betriebsrats auf bestehende Betriebsvereinbarungen hat. Denn der Bestand der Betriebsvereinbarung ist unabhängig von der Zusammensetzung des Betriebsrats[10] und der Identität der Person des Arbeitgebers.[11]

---

[4] BAG 17.3.1987, AP Nr 9 zu § 1 BetrAVG Ablösung, Ls. 1, Bl. 4 (I 3 c der Gründe); AR-Blattei, Brune, SD 520 Rn 457; Däubler/Kittner/Klebe/Berg, § 77 Rn 12, 46; ErfK/Hanau/Kania, § 77 BetrVG Rn 75; GK/Kreutz, § 77 Rn 308; Hess/Schlochauer/Glaubitz, § 77 Rn 216; MünchArbR/Matthes, § 319 Rn 36; Richardi, § 77 Rn 159, 180; Weiss/Weyand, § 77 Rn 18

[5] AR-Blattei, Brune, SD 520 Rn 51-58; Däubler/Kittner/Klebe/Berg, § 77 Rn 42; ErfK/Hanau/Kania, § 77 BetrVG Rn 2; Fitting/Kaiser/Heither/Engels, § 77 Rn 110; GK/Kreutz, § 77 Rn 193; Hess/Schlochauer/Glaubitz, § 77 Rn 3, 7; MünchArbR/Matthes, § 319 Rn 3; Stege/Weinspach, § 77 Rn 27; Waltermann, Rechtsetzung durch Betriebsvereinbarung, S. 93; Weiss/Weyand, § 77 Rn 11f

[6] vgl. unten Teil 3 B

[7] vgl. Larenz/Wolf, Allgemeiner Teil, S. 232; Palandt/Heinrichs, § 49 Rn 2

[8] Blomeyer, Anm. zu BAG, SAE 1972, S. 109 (111); Enneccerus/Nipperdey, Allgemeiner Teil, Band II, S. 1390

[9] MüKo/Schwerdtner, vor § 620 Rn 30; Schaub, Arbeitsrechtshandbuch, S. 1064

[10] BAG 28.7.1981, AP Nr 2 zu § 87 BetrVG Urlaub, Bl. 3R (IV 2 der Gründe); Däubler/Kittner/Klebe/Berg, § 77 Rn 52; Fitting/Kaiser/Heither/Engels, § 77 Rn 149; GK/Kreutz, § 77 Rn 322; Hess/Schlochauer/Glaubitz, § 77 Rn 226; Richardi, § 77 Rn 195

Auch die Orientierung allein an der normativen Geltung der Betriebsvereinbarung führt unmittelbar zu keiner schlüssigen Lösung. Zwar ließe sich so begründen, daß die Betriebsvereinbarung über den Bestand des Betriebsrats hinausreichend bestehen kann. Aber damit ist noch nicht geklärt, wie sie beendet werden kann und welche inhaltlichen Anforderungen hierfür bestehen. Es müssen also zumindest weitere Überlegungen hinzutreten, die zu einer konkreten Lösung führen.

Wenn eine Lösung anhand ausschließlich der zivilrechtlichen Dogmatik bzw. mit Hilfe von Überlegungen zur Rechtsnormeigenschaft des normativen Teils der Betriebsvereinbarung nicht überzeugt, ist die Anwendung von § 613a Abs. 1 S. 2 BetrVG zu prüfen. Denn aufgrund dieser Norm werden normative Kollektivregelungen in den Arbeitsvertrag übergeleitet.[12] Durch die analoge Anwendung dieser Norm ließen sich die normativen Regelungen der Betriebsvereinbarung aufrechterhalten, ohne daß sich das Problem der fehlenden Beendigungsmöglichkeit stellt. Fraglich ist indes, ob die Voraussetzungen der Analogie vorliegen und so eine sachgerechte Lösung zu erreichen ist.

B. Abgrenzung des Themas

Die vorliegende Untersuchung hat nicht das Restmandat des Betriebsrats bei Betriebsstillegung zum Gegenstand. Dieses ist bereits durch die Rechtsprechung des BAG und von der überwiegenden Meinung in der Literatur anerkannt[13] sowie durch die Dissertation von *Biebl*[14] umfassend behandelt worden.

---

[11]BAG 5.2.1991, AP Nr 89 zu § 613a BGB, Bl. 8 (B IV 2 c bb der Gründe); 27.7.1994, AP Nr 118 zu § 613a BGB, Bl. 4R (B II der Gründe); Fitting/Kaiser/Heither/Engels, § 77 Rn 143; GK/Wiese/Kreutz, § 21 Rn 62; GK/Kreutz, § 77 Rn 322; Hess/Schlochauer/Glaubitz, § 77 Rn 226, Richardi, § 77 Rn 193; Seiter, Betriebsinhaberwechsel, S. 124

[12]BAG 5.2.1991, AP Nr 89 zu § 613a BGB, Bl. 8R (B IV 2 c cc der Gründe); 27.7.1994, AP Nr 118 zu § 613a BGB, Bl. 4R (B II der Gründe); ErfK/Preis, § 613a BGB Rn 67; Erman/Hanau, § 613a Rn 78; Fitting/Kaiser/Heither/Engels, § 77 Rn 145; Galperin/Löwisch, § 77 Rn 65; GK/Kreutz, § 77 Rn 330; Hanau/Vossen, FS Hilger/Stumpf, S. 271 (279); Lorenz, DB 1980, S. 1745 (1747); MüKo/Schaub, § 613a Rn 106; MünchArbR/Matthes, § 319 Rn 25; MünchArbR/Wank, § 120 Rn 174; Seiter, Betriebsinhaberwechsel, S. 89f; Soergel/Raab, § 613a Rn 104, 120; a. A. Staudinger/Richardi/Annuß, § 613a Rn 174f; Zöllner, DB 1995, 1401f

[13]BAG 14.11.1978, AP Nr 6 zu § 59 KO, Bl. 1R (2 der Gründe); 30.10.1979, AP Nr 9 zu § 112 BetrVG, Bl. 1R, 2 (II 1 der Gründe); 24.3.1981, AP Nr 12 zu § 112 BetrVG, Bl. 3R (II 2 der Gründe); 20.4.1982, AP Nr 15 zu § 112 BetrVG, Bl. 1R (I 1 der Gründe); 16.6.1987, AP

Kein Thema dieser Untersuchung ist auch die Frage nach den Auswirkungen, die der rechtsgeschäftliche Betriebsübergang, in dessen Zuge der Betriebsrat wegfällt, auf bestehende Betriebsvereinbarungen hat. § 613a Abs. 1 S. 2 BGB ordnet an, daß die Regelungen, die bisher in einer Betriebsvereinbarung die Rechte und Pflichten der Arbeitsvertragsparteien bestimmt haben, mit Betriebsübergang Bestandteil des Arbeitsverhältnisses mit dem neuen Arbeitgeber werden. Nach Auffassung der herrschenden Meinung führt diese Norm zur Individualisierung der Regelungen der Betriebsvereinbarung.[15] Nach der vorherrschend vertretenen Auffassung greift § 613a Abs. 1 S. 2 BGB nur bei einem rechtsgeschäftlichen Betriebsübergang, der zum Verlust der Betriebsidentität führt.[16] Bleibt die Identität des Betriebes vom Betriebsübergang unberührt, bleibt auch der Betriebsrat im Amt und hat der Betriebsübergang keinen Einfluß auf die bestehenden Betriebsvereinbarungen. Insoweit ergibt sich kein Raum für Überlegungen nach den Auswirkungen des Wegfalls des Betriebsrats auf bestehende Betriebsvereinbarungen. Gleiches gilt für Betriebsvereinbarungen in Betrieben, hinsichtlich derer eine

---

Nr 20 zu § 111 BetrVG, Bl. 3R (II 2 b der Gründe); Biebl, ArbuR 1990, S. 307 (311f); Däubler/Kittner/Klebe/Buschmann, § 21 Rn 40f; ErfK/Eisemann, § 21 BetrVG Rn 6; Fitting/Kaiser/Heither/Engels, § 21 Rn 54; Galperin/Löwisch, § 21 Rn 21, § 111 Rn 9; Hess/Schlochauer/Glaubitz, § 21 Rn 26; Kissel, FG Söllner, S. 143 (149-152); Weiss/Weyand, § 21 Rn 7

[14]Das Restmandat des Betriebsrats nach Betriebsstillegung, Berlin 1991

[15]BAG 5.2.1991, AP Nr 89 zu § 613a BGB, Bl. 8R (B IV 2 c cc der Gründe); 27.7.1994, AP Nr 118 zu § 613a BGB, Bl. 4R (B II der Gründe); ErfK/Preis, § 613a BGB Rn 67; Erman/Hanau, § 613a Rn 78; Fitting/Kaiser/Heither/Engels, § 77 Rn 145; Galperin/Löwisch, § 77 Rn 65; GK/Kreutz, § 77 Rn 330; Hanau/Vossen, FS Hilger/Stumpf, S. 271 (279); Lorenz, DB 1980, S. 1745 (1747); MüKo/Schaub, § 613a Rn 106; MünchArbR/Matthes, § 319 Rn 25; MünchArbR/Wank, § 120 Rn 174; Seiter, Betriebsinhaberwechsel, S. 89f; Soergel/Raab, § 613a Rn 102, 105, 118; a. A. Staudinger/Richardi/Annuß, § 613a Rn 174f; Zöllner, DB 1995, S. 1401f

[16]BAG 23.11.1988, AP Nr 77 zu § 613a BGB, Bl. 3 (unter I 2 a aa); 5.2.1991, AP Nr 89 zu § 613a BGB, Bl. 8R (unter IV 2 c cc); 27.7.1994, AP Nr 118 zu § 613a BGB, Bl. 4, 4R (unter B. II.); Däubler/Kittner/Klebe/Blank, § 77 Rn 48; ErfK/Preis, § 613a BGB Rn 69; Erman/Hanau, § 613a Rn 79; Fitting/Kaiser/Heither/Engels, § 77 Rn 143a; GK/Kreutz, § 77 Rn 327-330; Gussen, Zur Weitergeltung von Gesamtvereinbarungen beim Betriebsübergang nach § 613a BGB, S. 16-22; ders., Anm. zu BAG AP Nr 118 zu § 613a, Bl. 5R-8; Hanau/Vossen, FS Hilger/Stumpf, S. 271 (272-275); Hess/Schlochauer/Glaubitz, § 77 Rn 226; Jung, RdA 1981, S. 360 (362); Knigge, BB 1980, S. 1272 (1276); MünchArbR/Matthes, § 319 Rn 42; MüKo/Schaub, § 613a Rn 90, 103f; Richardi, § 77 Rn 193; Schaub, Das Arbeitsrecht der Gegenwart, Bd. 18, 1980, S. 71 (78f); Simon, ZfA 1987, S. 311 (330f); Soergel/Kraft, § 613a Rn 46; Sowka, DB 1988, S. 1318 (1319, 1321); Stege/Weinspach, § 77 Rn 34

Verschmelzung, Spaltung und Vermögensübertragung erfolgt. In § 324 des Umwandlungsgesetzes (UmwG) wird angeordnet, daß für diese Betriebe die Regelung des § 613a Abs. 1 BGB unberührt bleibt. Die herrschende Meinung versteht § 324 UmwG so, daß diese Norm die Anwendung der Regelungen zum rechtsgeschäftlichen Betriebsübergang auch für die bezeichneten Fälle der Rechtsnachfolge anordnet.[17] Ebenfalls befaßt sich diese Untersuchung nicht mit den unternehmensinternen Umstrukturierungen. Nach inzwischen wohl überwiegend vertretener Auffassung fällt in diesen Fällen der Betriebsrat nicht weg, sondern hat in Analogie zu § 321 UmwG, § 13 SpTrUG, § 6b Abs. 9 VermG, § 20 DBGrG ein Übergangsmandat.[18] Das BAG hat hierzu noch nicht entschieden. Vor Inkrafttreten der genannten Gesetze hat es sich zwar für den Fall der Unternehmensaufspaltung gegen den unveränderten Fortbestand bzw. gegen ein Restmandat gewandt, weil das Amt des Betriebsrates betriebsbezogen sei.[19] Freilich machen gerade die nunmehr eine Analogie begründenden Rechtsvorschriften von diesem Grundsatz im Interesse der Kontinuität der betriebsverfassungsrechtlichen Interessenvertretung, d. h. zum Schutz vor dem Verlust der Beteiligungsrechte des Betriebsrats, Ausnahmen.[20] Für die Annahme eines Übergangsmandats spricht zusätzlich, daß die neu gefaßte Betriebsübergangsrichtlinie[21] in Art. 5 Abs. 1 Unterabs. 4 für den Betriebsübergang, der zum Verlust der Betriebsidentität führt, den Mitgliedstaaten aufgibt, für eine angemessene Vertretung der vom Übergang betroffenen Arbeitnehmer zu sorgen. Damit ist dem Gesetzgeber aufgegeben,

---

[17] Boecken, ZIP 1994, S. 1087 (1089-1091); Däubler, RdA 1995, S. 136 (139); Dehmer, Umwandlungsgesetz, § 324 Rn 1; ErfK/Preis, § 324 UmwG Rn 6; Hennrichs, Formwechsel und Gesamtrechtsnachfolge bei Umwandlungen, S. 129; Kallmeyer, Umwandlungsgesetz, § 324 Rn 1, 2; Kreßel, BB 1995, S. 925 (928-930); Lutter/Joost, Umwandlungsgesetz, § 324 Rn 3, 23; Neye, ZIP 1994, S. 917 (919); Willemsen, NZA 1996, S. 791 (798f); Wlotzke, DB 1995, S. 40 (42)

[18] LAG Berlin 8.1.1996, BB 1996, S. 1937; LAG Berlin 19.10.1998, ArbuR 1999, S. 155; Bachner, DB 1995, S. 2068 (2070); Däubler/Kittner/Klebe/Buschmann, § 21 Rn 34, 68a; Engels, FS Wlotzke, S. 279 (284); ErfK/Eisemann, § 21 Rn 8; Fitting/Kaiser/Heither/Engels, § 21 Rn 52; Lutter/Joost, Umwandlungsgesetz, § 321 Rn 4; Klar, NZA 1997, S. 470 (471); Mengel, Umwandlungen im Arbeitsrecht, S. 442-450; Schlachter, RdA 1993, S. 313 (316f); Trittin, AiB 1996, S. 349 (350); a.A. BR fällt weg: Bauer/Lingemann, NZA 1994, S. 1057 (1058); Heinze, DB 1998, S. 1861 (1863); Schiefer, NJW 1998, S. 1817 (1822f); Willemsen, NZA 1996, S. 791 (802); BR besteht unverändert fort: Berscheid, FS Stahlhacke, S. 15 (52-54); GK/Wiese/Kreutz, § 21 Rn 81f; Kreutz, FS Wiese, S. 235 (244-247); Metzke, AuR 1986, S. 78 (81); Vogelsang, DB 1990, S. 1329 (1331f)

[19] BAG 23.11.1988, AP Nr 77 zu § 613a BGB, Bl. 2R-4R (I 2 der Gründe)

[20] vgl. Begründung RegE UmwG, BT-Ds 12/6699, S. 174; Begründung des SpTrUG-Entwurfs der CDU/CSU und FDP Fraktionen, BT-Ds 12/105, S. 14

[21] Richtlinie 98/50/EG des Rates vom 29.6.1998, NZA 1998, S. 1211-1213

für die Fälle des rechtsgeschäftlichen Betriebsübergangs ein Übergangsmandat, wie bereits in § 321 UmwG normiert, zu regeln.[22] Dessen ungeachtet hat der 7. Senat des BAG in einem *obiter dictum* angedeutet, daß beim rechtsgeschäftlichen Übergang eines Betriebsteils auch nach der derzeitigen Rechtslage ein Übergangsmandat anzunehmen sein könnte.[23]

Schließlich befaßt sich die vorliegende Arbeit auch nicht mit den Auswirkungen, die der Wegfall eines Gesamtbetriebsrats auf Gesamtbetriebsvereinbarungen hat. Es mögen sich Parallelfragen stellen. Insofern soll diese Untersuchung dazu beitragen, weiterführende Einsichten zu ermöglichen; eine ausdrückliche Behandlung dieser Frage erfolgt jedoch im Interesse einer in sich geschlossenen und knappen Darstellung nicht.

C. Methodischer Ansatz

Obwohl die Frage nach den Auswirkungen, die der Wegfall des Betriebsrats auf bestehende Betriebsvereinbarungen hat, nicht zuletzt für die arbeitsrechtliche Praxis von Interesse ist, hat die Literatur noch keine befriedigende Lösung erarbeitet. Längere Ausführungen zu dieser Fragestellung liegen nur von *Kissel* im Rahmen eines Festgabebeitrags[24] und von *Gaul* in Gestalt eines Aufsatzes[25] vor. Die Rechtsprechung hat zu diesem Thema, soweit ersichtlich, noch nicht entschieden.

Die wohl herrschende Meinung vertritt die Auffassung, daß eine einheitliche Lösung für alle Fälle des Betriebsratswegfalls gelten soll.[26] Zum Teil wird angenommen, daß die Betriebsvereinbarung trotz Wegfalls des Betriebsrats unverändert fortbesteht und der Arbeitgeber weiterhin das Recht hat, sie zu kündigen. Einzig soll die Kündigung nach Wegfall des Betriebsrats gegenüber den Arbeitnehmern,[27] nach Meinung von *Matthes* und *Kreutz* erleichtert durch

[22]vgl. Krause, NZA 1998, S. 1201 (1203)
[23]BAG 31.5.00, Pressemitteilung in DB 2000, S. 1232
[24]FG Söllner, S. 143 (154f)
[25]NZA 1986, S. 628-632
[26]AR-Blattei, Brune, SD 520 Rn 412; Däubler/Kittner/Klebe/Berg, § 77 Rn 52; Fitting/Kaiser/Heither/Engels, § 77 Rn 149; Galperin/Löwisch, § 77 Rn 63; Gaul, NZA 1986, S. 628 (631); GK/Kreutz, § 77 Rn 324; Hanau/Preis, NZA 1991, S. 81 (88f); Kissel, FG Söllner, S. 143 (154f); MünchArbR/Matthes, § 319 Rn 39; differenzierend: Löwisch, § 77 Rn 32; Richardi, § 77 Rn 196
[27]AR-Blattei, Brune, SD 520 Rn 412; Däubler/Kittner/Klebe/Berg, § 77 Rn 52; Fitting/Kaiser/Heither/Engels, § 77 Rn 149; Galperin/Löwisch, § 77 Rn 63; GK/Kreutz, § 77 Rn 324; MünchArbR/Matthes, § 319 Rn 39;

die Erklärung mit Aushang am Schwarzen Brett,[28] möglich sein. Nach Auffassung von *Kissel* löst sich der den Inhalt des Einzelarbeitsverhältnisses regelnde Teil der Betriebsvereinbarung von seinem Entstehungsgrund und wird integraler Bestandteil des Individualarbeitsverhältnisses.[29] Die übrigen Bestandteile der Betriebsvereinbarung würden unwirksam.[30] Auf *Kissel* Bezug nehmend vertreten *Hanau* und *Preis* den Standpunkt, daß in jeder Betriebsvereinbarung ein individualrechtlicher Kern enthalten sei, der mit Wegfall des Betriebsrats und dem damit verbundenen Ende der Betriebsvereinbarung erkennbar werde und aus dem sich künftig die Rechte und Pflichten der Arbeitsvertragsparteien ergäben.[31] Für *Gaul* führt der Wegfall des Betriebsrats zum Ablauf der Betriebsvereinbarungen; die freiwilligen Betriebsvereinbarungen endeten, die erzwingbaren wirkten gemäß § 77 Abs. 6 BetrVG nach.[32]

I. Das Defizit der Einheitslösungen

So verschieden die erwähnten Lösungsvorschläge auch sind, ist ihnen allen gemeinsam, daß sie nicht nach den Gründen für den Wegfall des Betriebsrats differenzieren. Sie gehen vielmehr von der unausgesprochenen Prämisse aus, daß für alle Fälle des Betriebsratswegfalls immer dieselbe Lösung gelten muß. Genau darin liegt aber ihre Schwäche. Denn die Frage nach den Auswirkungen, die der Wegfall des Betriebsrats auf bestehende Betriebsvereinbarungen hat, berührt eine Vielzahl ganz unterschiedlicher innerbetrieblicher Situationen, in denen der Betrieb betriebsratslos wird. So kann zum Beispiel der Betriebsrat selbst durch seine Amtstätigkeit die Ursache für seinen Wegfall schaffen oder der Betriebsrat wird durch gerichtliche Entscheidung aufgelöst, wenn er eine grobe Pflichtverletzung begangen hat (§§ 23 Abs. 1, 13 Abs. 2 Nr. 5 BetrVG). Denkbar ist auch, daß der Wegfall des Betriebsrats bloße Folge von Veränderungen ist, auf die er keinen Einfluß hat, die nicht seiner Sphäre entstammen. So fällt nach Auffassung der herrschenden Meinung der Betriebsrat weg, wenn der Betrieb wegen Reduzierung der Beschäftigtenzahl unter fünf seine Betriebsratsfähigkeit verloren hat.[33] Schließlich ist auch daran zu denken, daß der Betrieb betriebsratslos wird, weil die Belegschaft davon

[28] GK/Kreutz, § 77 Rn 324; MünchArbR/Matthes, § 319 Rn 39
[29] FG Söllner, S. 143 (154)
[30] Kissel, FG Söllner, S. 143 (154f)
[31] NZA 1991, S. 81 (88f)
[32] NZA 1986, S. 628 (631)
[33] Däubler/Kittner/Klebe/Buschmann, § 21 Rn 26; ErfK/Eisemann, § 21 BetrVG Rn 5; Fitting/Kaiser/Heither/Engels, § 21 Rn 32; Galperin/Löwisch, § 21 Rn 16; GK/Wiese/Kreutz, § 21 Rn 37; Hess/Schlochauer/Glaubitz, § 21 Rn 21; Richardi, § 21 Rn 23

absieht, nach Ablauf der regulären Amtszeit des bisherigen einen neuen Betriebsrat zu wählen. Es kann angesichts dieser weitreichenden Verschiedenheit möglicher Fallgestaltungen nicht überzeugen, *a priori* anzunehmen, daß für alle diese Fallgestaltungen eine einheitliche Lösung gilt. Deshalb wird in dieser Untersuchung der umgekehrte Weg beschritten. Zunächst werden Fallgruppen bezüglich der Gründe des Betriebsratswegfalls herausgearbeitet, anhand derer dann eine Lösung erarbeitet wird.

II. Leitende Gesichtspunkte

Um diese Fallgruppen zu entwickeln, ist es zuvor geboten, die wesentlichen Gesichtspunkte herauszuarbeiten, die nicht nur der in dieser Untersuchung entwickelten Lösung zugrundeliegen, sondern auch der Unterscheidung in einzelne Fallgruppen.

1. Betriebsvereinbarung als Interessenausgleich zwischen Arbeitgeber und Belegschaft

Gemäß § 2 Abs. 1 BetrVG arbeiten Arbeitgeber und Betriebsrat zum Wohl der Arbeitnehmer und des Betriebes zusammen. Unter anderem schließen beide Parteien zu diesem Zweck Betriebsvereinbarungen ab. Typischerweise werden die Interessen der Arbeitnehmer hierbei von dem von ihnen gewählten Betriebsrat wahrgenommen. Fällt der Betriebsrat weg, ändert dieses Ereignis als solches grundsätzlich nichts daran, daß der zuvor von diesem mitgetragene Ausgleich der Interessen seinen Sinn behält; denn die Arbeitsverhältnisse zwischen dem Arbeitgeber und den Arbeitnehmern werden vom Wegfall des Betriebsrats inhaltlich nicht betroffen. Bezüglich der Inhalte der Betriebsvereinbarung, die das Arbeitsverhältnis inhaltlich regeln, ist deshalb der an den Wegfall des Betriebsrats gebundene Ablauf der normativen Bestimmungen der Betriebsvereinbarung jedenfalls nicht grundsätzlich erforderlich, um eine sinnlose Lösung zu vermeiden.
Das verdeutlicht das Beispiel einer Betriebsvereinbarung zur Regelung gleitender Arbeitszeit. Hinsichtlich der Lage der Arbeitszeit, wovon auch die Festlegung gleitender Arbeitszeit umfaßt ist,[34] hat der Betriebsrat gemäß § 87 Abs. 1 Nr. 2 BetrVG ein erzwingbares Mitbestimmungsrecht. Hat er sich,

[34]BAG 18.4.1989, AP Nr 33 zu § 87 BetrVG Arbeitszeit, Bl. 4 (B II 2 a der Gründe); Däubler/Kittner/Klebe, § 87 Rn 80; ErfK/Hanau/Kania, § 87 BetrVG Rn 29; Fitting/Kaiser/Heither/Engels, § 87 Rn 115; Galperin/Löwisch, § 87 Rn 89; GK/Wiese, § 87 Rn 334; Hess/Schlochauer/Glaubitz, § 87 Rn 165; MünchArbR/Matthes, § 326 Rn 55-58; Richardi, § 87 Rn 316

beispielsweise in Wahrnehmung seines Inititativrechts,[35] gegen den anfänglichen Widerstand des Arbeitgebers durchgesetzt und haben die Betriebsparteien in einer Betriebsvereinbarung eine entsprechende Regelung getroffen, ist so das Interesse der Belegschaft an gleitender Arbeitszeit durchgesetzt worden. Der so getroffene Ausgleich der Interessen setzt inhaltlich keinen Betriebsrat voraus. Er behält deshalb auch über den Wegfall des Betriebsrats hinaus seinen Sinn.

Sinnlos sind allerdings die Regelungen der Betriebsvereinbarung, die sich als schuldrechtliche Vorschriften[36] auf einen bestehenden Betriebsrat beziehen. Die normativen Bestandteile der Betriebsvereinbarung sind ausnahmsweise dann sinnlos und änderungsbedürftig, wenn sich parallel zum Wegfall des Betriebsrats auch die betriebliche Situation, die die entsprechende Betriebsvereinbarung regelt, maßgeblich geändert hat.

2. Einigungszwang und Zurechenbarkeit der Betriebsratslosigkeit

Ein weiterer wesentlicher Gesichtspunkt für die Erörterung der Auswirkungen, die der Wegfall des Betriebsrats auf bestehende Betriebsvereinbarungen hat, ist die Unterscheidung zwischen freiwilligen und erzwingbaren Betriebsvereinbarungen. Während erstere auf dem freiwilligen Willensentschluß der Betriebspartner beruhen, besteht hinsichtlich letzterer ein Einigungszwang kraft gesetzlicher Anordnung. Entsprechend dem gesetzlich angeordneten Mechanismus ist eine Einigung zwischen den Betriebspartnern anzustreben. Kommt sie nicht zustande, ersetzt der Spruch der in diesem Fall anzurufenden Einigungsstelle die Einigung der Parteien (vgl. § 87 Abs. 2 BetrVG). Darüber hinaus kann der Betriebsrat gemäß dem von der Rechtsprechung und der überwiegenden Meinung in der Literatur

---

[35]BAG 14.11.1979, AP Nr 1 zu § 87 BetrVG, Ls. 1, Bl. 2f (II 2 der Gründe); 28.4.1981, AP Nr 1 zu § 87 BetrVG Vorschlagswesen, Ls. 1, Bl. 3-4 (B II 1 a der Gründe); 31.8.1982, AP Nr 8 zu § 87 BetrVG Arbeitszeit, Bl. 6f (B III 3 der Gründe); 4.3.1986, AP Nr 3 zu § 87 BetrVG Kurzarbeit, Bl. 3 (B II 3 a der Gründe); 8.8.1989, AP Nr 3 zu § 87 BetrVG Initiativrecht, Bl. 3 (B II 3 der Gründe); 28.11.1989, Nr 4 zu § 87 BetrVG Initiativrecht, Bl. 2R (B II 2 a der Gründe); Däubler/Kittner/Klebe, § 87 Rn 18-20; ErfK/Hanau/Kania, § 87 BetrVG Rn 9; Fitting/Kaiser/Heither/Engels, § 87 Rn 553-559; Galperin/Löwisch, § 87 Rn 26-33; GK/Wiese, § 87 Rn 122-134; Hess/Schlochauer/Glaubitz, § 87 Rn 42-44, 168a; MünchArbR/Matthes, § 318 Rn 34; Richardi, § 87 Rn 65-74; Weiss/Weyand, § 87 Rn 6; Zöllner/Loritz, Arbeitsrecht, S. 533

[36]Galperin/Löwisch, § 77 Rn 59; Heinze, NZA 1994, S. 580 (582); v. Hoyningen-Huene, Betriebsverfassungsrecht, S. 205; MünchArbR/Matthes, § 319 Rn 2 ; Richardi, ZfA 1992, S. 307 (322f); ders., § 77 Rn 55f; Zöllner/Loritz, Arbeitsrecht, S. 535; a. A. Birk, ZfA 1986, S. 73 (79); Fitting/Kaiser/Heither/Engels, § 77 Rn 18; GK/Kreutz, § 77 Rn 158; Hanau, RdA 1989, S. 207 (209)

angenommenen Initiativrecht[37] eigenständig die Verhandlung über erzwingbare Betriebsvereinbarungen verlangen. Damit ist das Recht des Arbeitgebers erheblich eingeschränkt, Regelungen alleine anzuordnen[38] bzw. gemeinsam mit jedem einzelnen Arbeitnehmer zu vereinbaren.[39] Es werden deshalb - jedenfalls auch - Regelungen als Betriebsvereinbarungen wirksam werden, die ohne Einigungszwang so nicht bestehen würden. Insbesondere werden diese Betriebsvereinbarungen vielfach die Interessen des Arbeitgebers nicht in dem Umfang berücksichtigen, wie sie berücksichtigt worden wären, wenn der Arbeitgeber allein oder gemeinsam mit dem einzelnen Arbeitnehmer eine Regelung getroffen hätte.

Mit Wegfall des Betriebsrats wird der Einigungszwang nicht mehr aufrechterhalten. Er setzt das Bestehen eines Betriebsrats voraus. Fraglich ist indes, welche Auswirkungen diese Tatsache auf die Betriebsvereinbarungen hat, die aufgrund des Einigungszwangs abgeschlossen worden sind. Bei bestehendem Betriebsrat kommt den aufgrund des Einigungszwangs zustandegekommenen Betriebsvereinbarungen weitreichende Kontinuität zu. Durch die Anordnung der Nachwirkung gemäß § 77 Abs. 6 BetrVG lassen sich erzwingbare Betriebsvereinbarungen nicht einseitig durch Kündigung gegen den Willen des anderen beenden. Vielmehr müssen die Regelungen durch andere - ihrerseits mitbestimmte[40] - Abmachungen über denselben Regelungsgegenstand ersetzt werden. Hinsichtlich der Mitbestimmung gemäß § 87 Abs. 1 BetrVG wird die Bedeutung der Nachwirkung aufgrund der von Rechtsprechung und überwiegender Meinung im Schrifttum vertretenen Theorie der notwendigen Mitbestimmung[41] dadurch verstärkt, daß

---

[37]BAG 14.11.1979, AP Nr 1 zu § 87 BetrVG, Ls. 1, Bl. 2f (II 2 der Gründe); 28.4.1981, AP Nr 1 zu § 87 BetrVG Vorschlagswesen, Ls. 1, Bl. 3-4 (B II 1 a der Gründe); 31.8.1982, AP Nr 8 zu § 87 BetrVG Arbeitszeit, Bl. 6f (B III 3 der Gründe); 4.3.1986, AP Nr 3 zu § 87 BetrVG Kurzarbeit, Bl. 3 (B II 3 a der Gründe); 8.8.1989, AP Nr 3 zu § 87 BetrVG Initiativrecht, Bl. 3 (B II 3 der Gründe); 28.11.1989, Nr 4 zu § 87 BetrVG Initiativrecht, Bl. 2R (B II 2 a der Gründe); Däubler/Kittner/Klebe, § 87 Rn 18-20; ErfK/Hanau/Kania, § 87 BetrVG Rn 9; Fitting/Kaiser/Heither/Engels, § 87 Rn 553-559; Galperin/Löwisch, § 87 Rn 26-33; GK/Wiese, § 87 Rn 122-134; Hess/Schlochauer/Glaubitz, § 87 Rn 42-44; MünchArbR/Matthes, § 318 Rn 34; Richardi, § 87 Rn 65-74; Weiss/Weyand, § 87 Rn 6; Zöllner/Loritz, Arbeitsrecht, S. 533

[38]vgl. GK/Wiese, vor § 87 Rn 6

[39]vgl. GK/Wiese, vor § 87 Rn 7

[40]ErfK/Hanau/Kania, § 77 BetrVG Rn 118; Hanau, RdA 1989, S. 207 (211); MünchArbR/Matthes, § 319 Rn 48

[41]BAG 13.7.1977, AP Nr 2 zu § 87 BetrVG Kurzarbeit, Bl. 5 (10 der Gründe); 16.9.1986, AP Nr 17 zu § 77 BetrVG, Bl. (C III 4 der Gründe); 20.8.1991, AP Nr 50 zu § 87 BetrVG Lohngestaltung, Ls. 1, Bl. 3f (II 2 e der Gründe); GS 3.12.1991, AP Nr 51 zu § 87 BetrVG

Regelungen, die ohne Beteiligung des Betriebsrats zustande gekommen sind, nicht nur betriebsverfassungswidrig, sondern darüber hinaus auch individualrechtlich unwirksam sind. Diese Kontinuität dient letztlich dem Schutz der Mitbestimmung.[42]

Die Mitbestimmung ihrerseits hat den Zweck, den Interessen der Arbeitnehmer Geltung zu verschaffen.[43] Zwar können ohne Betriebsrat keine neuen mitbestimmten Regelungen vereinbart werden. Aber das muß nicht umgekehrt zur Folge haben, daß in Vollzug der erzwingbaren Mitbestimmung abgeschlossene Betriebsvereinbarungen ohne Betriebsrat enden müssen. Vielmehr legt umgekehrt der Gesichtspunkt der Kontinuität der erzwingbaren Betriebsvereinbarungen die Annahme nahe, daß das Ergebnis der ausgeübten erzwingbaren Mitbestimmung auch nach Wegfall des Betriebsrats dadurch zu perpetuieren ist, daß die erzwingbaren Betriebsvereinbarungen über den Wegfall des Betriebsrats hinaus fortbestehen.

Allerdings kann dieser Gesichtspunkt nicht einen Fortbestand für alle Fälle des Betriebsratswegfalls erklären. Zum einen kann aufgrund des Schutzes der Mitbestimmung eine Fortgeltung bestehender erzwingbarer Betriebsvereinbarungen nur dann gerechtfertigt werden, wenn die erneute Ausübung von Mitbestimmung möglich erscheint, die Neuwahl eines Betriebsrats zumindest weiterhin zulässig ist. Ist hingegen der Betriebsrat weggefallen, weil der Betrieb die Betriebsratsfähigkeit verloren hat, ist eine erneute Mitbestimmung ausgeschlossen. Zum anderen wird der Schutz der Mitbestimmung dann nicht mehr die Perpetuierung der ausgeübten Mitbestimmung in Gestalt der erzwingbaren Betriebsvereinbarungen rechtfertigen können, wenn der Belegschaft selbst die Betriebsratslosigkeit im betriebsverfassungsrechtlichen Sinne zuzurechnen ist. Denn die

---

Lohngestaltung, Bl. 14R f (D II der Gründe); AP Nr 52 zu § 87 BetrVG Lohngestaltung, Bl. 13R f (D II der Gründe); 3.5.1994, AP Nr 23 zu § 23 BetrVG, Bl. 4R f (B III 2 c der Gründe); Däubler/Kittner/Klebe, § 87 Rn 4; Fitting/Kaiser/Heither/Engels, § 87 Rn 568; Galperin/Löwisch, § 87 Rn 16; GK/Wiese, § 87 Rn 92; Hess/Schlochauer/Glaubitz, § 87 Rn 93; Schaub, Arbeitsrechtshandbuch, S. 1936; Weiss/Weyand, § 87 Rn 2

42 vgl. GK/Kreutz, § 77 Rn 336

43 BAG 13.7.1977, AP Nr 2 zu § 87 BetrVG Kurzarbeit, Bl. 3 (1 der Gründe); 17.12.1980, AP Nr 4 zu § 87 BetrVG Lohngestaltung, Bl. 3 (3 der Gründe); 18.4.1989, AP Nr 18 zu § 87 BetrVG Tarifvorrang, Bl. 3 (B II 2 a der Gründe); Däubler/Kittner/Klebe, Einl. Rn 66; Fitting/Kaiser/Heither/Engels, § 1 Rn 1, 163; Galperin/Löwisch, vor § 74 Rn 6; GK/Wiese, Einl. Rn 45, 49, § 87 Rn 89; Hess/Schlochauer/Glaubitz, § 87 Rn 7; v. Hoyningen-Huene, Betriebsverfassungsrecht, S. 6; Jahnke, Tarifautonomie und Mitbestimmung, S. 25-27; Kreutz, Grenzen der Betriebsautonomie, S. 239; vgl. Richardi, § 87 Rn 8

Betriebsvereinbarung führt nicht nur einen Ausgleich der Interessen des Arbeitgebers und der Arbeitnehmer herbei. Darüber hinaus wird durch die Wahl eines Betriebsrats durch die Belegschaft hinsichtlich der Tatbestände der erzwingbaren Mitbestimmung das einseitige Bestimmungsrecht des Arbeitgebers[44] beziehungsweise die Privatautonomie der Arbeitsvertragsparteien beschränkt.[45] Die Arbeitnehmer verbessern also die eigene Rechtsposition - zu Lasten des Arbeitgebers - durch die Wahl eines Betriebsrats. Ist ihnen jedoch die Betriebsratslosigkeit zuzurechnen, ist der Wegfall des Betriebsrats ihrer Sphäre zuzuweisen, kann eine Verbesserung ihrer Rechtsposition zu Lasten des Arbeitgebers nicht gerechtfertigt werden. Ein Fortbestand der erzwingbaren Betriebsvereinbarungen wird unter diesem Gesichtspunkt in diesem Fall nicht anzunehmen sein. Die Betriebsratslosigkeit ist der Belegschaft zuzurechnen, wenn sie trotz des Rechts zur Wahl eines Betriebsrats davon absieht, einen neuen Betriebsrat zu wählen. Umgekehrt kann ihr die Betriebsratslosigkeit nicht zugerechnet werden, wenn sie gar nicht die Möglichkeit hatte, die Betriebsratslosigkeit durch die rechtzeitige Neuwahl eines Betriebsrats zu verhindern. In diesem Fall erscheint es zum Schutz der Mitbestimmung, d. h. der Ergebnisse der ausgeübten Mitbestimmung, umgekehrt geboten, solange eine Veränderungssperre hinsichtlich der bestehenden Betriebsvereinbarungen anzunehmen, bis die Möglichkeit der Neuwahl eines Betriebsrats bestand.

3. Herrschaft der Betriebspartner und Fremdbestimmtheit der Betriebsvereinbarung

Der Betriebsrat konstituiert gemeinsam mit dem Arbeitgeber durch Abschluß entsprechender Betriebsvereinbarungen die betriebliche Ordnung. Beide Betriebspartner üben aber auch darüber hinaus die Herrschaft über die bestehenden Betriebsvereinbarungen aus, indem sie diese kündigen oder gemeinsam beenden und durch Abschluß neuer Betriebsvereinbarungen ablösen können. Dieser Herrschaft kommt im vorliegenden Zusammenhang deshalb Bedeutung zu, weil sich nach Abschluß der Betriebsvereinbarungen die tatsächlichen oder rechtlichen Bedingungen im Betrieb ändern können und deshalb das Bedürfnis nach Änderung der betrieblichen Ordnung entsteht.

Nach Wegfall des Betriebsrats entfällt diese gemeinsame Herrschaft. Sie kann indes wieder aufgenommen werden, indem die Belegschaft einen neuen Betriebsrat wählt. Diese Möglichkeit besteht nicht mehr, wenn der Betrieb seine Betriebsratsfähigkeit verloren hat. Zwar hat die Belegschaft auch bei

---

[44] vgl. GK/Wiese, vor § 87 Rn 6
[45] vgl. GK/Wiese, vor § 87 Rn 7

bestehendem Betriebsrat keinen unmittelbaren Einfluß auf Inhalt und Geltungsdauer der Betriebsvereinbarung. Der Betriebsrat ist nicht mit einem imperativen Mandat betraut.[46] Er ist an keine Weisungen der Belegschaft gebunden.[47] Vielmehr schafft der Abschluß der Betriebsvereinbarung für die Belegschaft eine fremdbestimmte Ordnung. Allerdings ist Voraussetzung hierfür die vorherige Wahl des Betriebsrats. Sie legitimiert den Betriebsrat zu Schaffung dieser fremdbestimmten Ordnung.

Hinsichtlich der Frage nach den Auswirkungen der Betriebsratslosigkeit auf bestehende Betriebsvereinbarungen legen beide Gesichtspunkte - Herrschaft der Betriebspartner und Fremdbestimmung - den Schluß nahe, danach zu differenzieren, ob die Neuwahl eines Betriebsrats noch zulässig ist. Wenn es der Belegschaft rechtlich nicht mehr möglich ist, einen Betriebsrat zu wählen, würde der Fortbestand der Betriebsvereinbarungen dazu führen, daß eine für die Belegschaft fremdbestimmte Ordnung bestände, deren Herrschaft alleine dem Arbeitgeber unterliegen würde. Über deren normativen Fortbestand würde alleine der Arbeitgeber entscheiden. Es liegt nahe, in dieser Befugnis des Arbeitgebers einen Widerspruch zu den Grundsätzen des Betriebsverfassungsgesetzes zu sehen.

4. Orientierung an der höchstrichterlichen Rechtsprechung
Die hier vorgeschlagene Lösung stützt sich ganz wesentlich auf die Rechtsprechung des BAG. So wird etwa eine Billigkeitskontrolle von Betriebsvereinbarungen angenommen,[48] die vom BAG seit der Leitentscheidung vom 31.1.1970[49] in ständiger Rechtsprechung[50]

[46] Fitting/Kaiser/Heither/Engels, § 1 Rn 160; § 42 Rn 10; § 45 Rn 29; Hess/Schlochauer/Glaubitz, § 45 Rn 22; MünchArbR/v. Hoyningen-Huene, § 292 Rn 48; Richardi, § 45 Rn 22

[47] Däubler/Kittner/Klebe/Berg, § 42 Rn 2; Fitting/Kaiser/Heither/Engels, § 42 Rn 10; § 45 Rn 29; Galperin/Löwisch, § 45 Rn 17, 20; GK/Fabricius, § 45 Rn 75; Hess/Schlochauer/Glaubitz, § 45 Rn 22; MünchArbR/Joost, § 304 Rn 77; Richardi, § 45 Rn 22, 29

[48] vgl. unten Teil 3 D II 2 b aa

[49] AP Nr 142 zu § 242 BGB Ruhegehalt, Ls. 2, Bl. 6R-7R (B IV 3 b der Gründe)

[50] BAG 11.6.1975, AP Nr 1 zu § 77 BetrVG Auslegung, Ls. 2, Bl. 3 (2 der Gründe); 11.3.1976, AP Nr 11 zu § 242 BGB Ruhegehalt -Unverfallbarkeit-, Bl. 2 (II 2 a der Gründe); 8.12.1981, AP Nr 1 zu § 1 BetrAVG Unterstützungskasse, Bl. 3 (II 3 der Gründe); 9.12.1981, AP Nr 14 zu § 112 BetrVG, Bl. 2 (II 2 a der Gründe); GS 16.9.1986, EzA § 77 BetrVG Nr 17, S. 97f (C II 5 der Gründe); 3.11.1987, EzA § 77 BetrVG Nr 20, S. 9-11 (II 4 der Gründe); 20.11.1987, AP Nr 2 zu § 620 BGB Altersgrenze, Bl. 5Rf (VI der Gründe); 25.4.1991, EzA § 611 BGB Gratifikation -Prämie- Nr 85, Ls. 2, S. 9f (II 3 e der Gründe); 21.1.1992, EzA § 1

vorgenommen wird. Das erfolgt trotz der Kritik, die in weiten Teilen der Literatur an dieser Rechtsprechung geübt wird.[51] Freilich wird für die Billigkeitsprüfung auf den in der neueren höchstrichterlichen Rechtsprechung angewendeten Prüfungsmaßstab abgestellt, der der Sache nach zu einer Rechtskontrolle führt. Danach ist zu überlegen, ob die betriebliche Regelung gesetzlichen Grundentscheidungen widerspricht und den Gleichbehandlungsgrundsatz beachtet.[52] Weiterhin wird für die Untersuchung die Auffassung des BAG[53] zugrundegelegt, daß die Betriebsparteien bezüglich der Inhalte freiwilliger Betriebsvereinbarungen eine umfassende Regelungsbefugnis haben, obwohl auch in dieser Frage zahlreiche Stimmen in der Literatur[54] eine andere Auffassung vertreten. Der Grund für die Orientierung an der Rechtsprechung des BAG ist zum einen darin zu sehen, daß auf diese Weise zu den Problemen vorgedrungen wird, die sich auch in der Praxis stellen werden. Erst auf diese Weise kann erreicht werden, daß eine für die Rechtsanwendung praktizierbare Lösung gefunden wird. Zum anderen wirkt die in dieser Untersuchung entwickelte Lösung auf diese Weise systembildend, weil sie nicht an Weichenstellungen, die der Frage nach den Auswirkungen des Wegfalls des Betriebsrats auf bestehende Betriebsvereinbarungen vorgelagert sind, entschieden wird, sondern bis zum eigentlichen Problem vordringen kann.

BetrAVG Ablösung Nr 8, S. 5 (I 2 der Gründe); 1.12.1992, EzA § 77 BetrVG Nr 50, S. 8 (I 3 a der Gründe)

[51] vgl. AR-Blattei, Brune, SD 520 Rn 320; Blomeyer, FS Hilger/Stumpf, S. 42 (50f); Fastrich, Inhaltskontrolle, S. 204; GK/Kreutz, § 77 Rn 259-265; v. Hoyningen-Huene, Billigkeit im Arbeitsrecht, S. 161-168; ders., BB 1992, S. 1640 (1641f); ders., Betriebsverfassungsrecht, S. 218; Jobs, ArbuR 1986, S. 147; Käppler, FS Kissel, S. 475 (495); Kreutz, ZfA 1975, S. 65; ders., Grenzen der Betriebsautonomie, S. 11, 248; Leinemann, BB 1989, S. 1905f; MünchArbR/Matthes, § 319 Rn 79; Stege/Weinspach, § 77 Rn 24a; Weiss/Weyand, § 77 Rn 24; a. A. Däubler/Kittner/Klebe/Berg, § 77 Rn 84; Fitting/Kaiser/Heither/Engels, § 77 Rn 198; Galperin/Löwisch, § 77 Rn 54; Hess/Schlochauer/Glaubitz, § 77 Rn 53; Hilger/Stumpf, FS G. Müller, S. 209 (278f); Kempen, RdA 1994, S. 140 (150); Säcker, ArbuR 1994, S. 1 (10); Schwerdtner, Anm. zu BAG AP Nr 86 zu § 611 BGB Gratifikation, Bl. 7R

[52] BAG 22.5.1990, AP Nr 3 zu § 1 BetrAVG Betriebsvereinbarung, Bl. 2 (2 a der Gründe); 21.1.1992, EzA § 1 BetrAVG Ablösung Nr 8, S. 5 (I 2 der Gründe); 1.12.1992, EzA § 77 BetrVG Nr 50, S. 8 (I 3 a der Gründe); 20.4.1994, AP Nr 77 zu § 112 BetrVG, Bl. 2 (II 2 der Gründe); 26.10.1994, AP Nr 18 zu § 611 BGB Anwesenheitsprämie, Bl. 4R

[53] BAG 18.8.1987, AP Nr 23 zu § 77 BetrVG, Bl. 4 (B II 2 der Gründe); GS 7.11.1989, AP Nr 46 zu § 77 BetrVG, Bl. 2R-3R (C I 2 der Gründe); 9.4.1991, AP Nr 1 zu § 77 BetrVG Tarifvorbehalt, Bl. 2R (II 2 der Gründe); zustimmend: Fitting/Kaiser/Heither/Engels, § 88 Rn 3

[54] Galperin/Löwisch, § 88 Rn 3, 5f; GK/Wiese, § 88 Rn 10; Hess/Schlochauer/Glaubitz, § 88 Rn 3

III. Fallgruppen

Werden die soeben unter II. 1. bis 3. aufgezeigten leitenden Gesichtspunkte als Abgrenzungskriterien für die Einteilung von Fallgruppen herangezogen, lassen sich die Gründe, die zum Wegfall des Betriebsrats führen, in drei Gruppen einteilen. Erstes Unterscheidungskriterium ist die Betriebsratsfähigkeit des Betriebes. Fällt diese weg, hat das auch den Wegfall des Betriebsrats zur Folge[55] (Fallgruppe 3). Bei bestehender Betriebsratsfähigkeit ist zweitens danach zu unterscheiden, ob die Belegschaft die Möglichkeit hat, die Betriebsratslosigkeit zu verhindern (Fallgruppen 1 und 2).

1. Fallgruppe 1 - vermeidbare Betriebsratslosigkeit

Der Betrieb wird betriebsratslos, wenn die Belegschaft trotz nahendem Ende der Amtszeit des amtierenden Betriebsrats keinen neuen Betriebsrat wählt. Nach Ablauf der regelmäßigen Amtszeit[56], nach Auffassung von *Richardi* jedenfalls mit Ende des Zeitraums für Neuwahlen, also mit Ablauf des 31. Mai des Wahljahres,[57] scheidet der bisherige Betriebsrat aus dem Amt. In dieser Fallgruppe nehmen die Arbeitnehmer die Möglichkeit, die Betriebsratslosigkeit des Betriebes zu vermeiden, nicht wahr.
Zu dieser Fallgruppe zählen auch die Fälle, die zu einer vorgezogenen Wahl eines Betriebsrats führen und bei denen der Betriebsrat bis zum Abschluß der Neuwahl, längstens bis zum Ende der regulären Amtszeit, im Amt bleibt (§ 21 S. 5 BetrVG) bzw. solange die Geschäfte weiterführt (§ 22 BetrVG). Hierzu zählen die erhebliche Verringerung bzw. Verkleinerung des Betriebes (§ 13 Abs. 2 Nr. 1 BetrVG), das Absinken der Gesamtzahl der Betriebsratsmitglieder (§ 13 Abs. 2 Nr. 2 BetrVG) und der Rücktritt des Betriebsrats (§ 13 Abs. 2 Nr. 3 BetrVG). Schließlich gehört hierher das Inkrafttreten eines Tarifvertrags nach § 3 Abs. 1 Nr. 3 BetrVG über die Errichtung einer anderen Vertretung der Arbeitnehmer, denn auf diesen Fall ist § 22 BetrVG entsprechend anzuwenden.[58]

---

[55] Däubler/Kittner/Klebe/Buschmann, § 21 Rn 26; ErfK/Eisemann, § 21 BetrVG Rn 5; Fitting/Kaiser/Heither/Engels, § 21 Rn 32; Galperin/Löwisch, § 21 Rn 16; GK/Wiese/Kreutz, § 21 Rn 37; Hess/Schochauer/Glaubitz, § 21 Rn 21; Richardi, § 21 Rn 23

[56] Fitting/Kaiser/Heither/Engels, § 21 Rn 17, 20; GK/Wiese/Kreutz, § 21 Rn 24; Galperin/Löwisch, § 21 Rn 8 f

[57] § 21 Rn 13

[58] Däubler/Kittner/Klebe/Trümner, § 3 Rn 59; Fitting/Kaiser/Heither/Engels, § 3 Rn 38, § 21 Rn 33, § 22 Rn 7; GK/Kraft, § 3 Rn 44; Richardi, § 3 Rn 35, § 21 Rn 22, § 22 Rn 3; a. A. GK/Wiese/Kreutz, § 21 Rn 35, § 22 Rn 15

2. Fallgruppe 2 - zwingende Betriebsratslosigkeit bei bestehender Betriebsratsfähigkeit des Betriebes

In dieser Fallgruppe ist eine zumindest vorübergehende Betriebsratslosigkeit für die Belegschaft nicht zu vermeiden. Diese *zwingende Betriebsratslosigkeit* entsteht, weil die Amtszeit des Betriebsrats vorzeitig endet. Das ist erstens der Fall, wenn der Betrieb vor Ende der regulären Amtszeit betriebsratslos wird, weil jedes einzelne Betriebsratsmitglied sein Amt niederlegt (§ 24 Abs. 1 Nr. 2 BetrVG). Denn dann verbleibt vom Betriebsrat nicht mehr als eine "leere Hülle".[59] Das gilt zweitens, wenn die Betriebsratswahl erfolgreich gerichtlich angefochten wird (§ 13 Abs. 2 Nr. 4 BetrVG) und wenn der Betriebsrat wegen grober Pflichtverletzung gemäß § 23 Abs. 1 BetrVG durch gerichtliche Entscheidung aufgelöst wird (§ 13 Abs. 2 Nr. 5 BetrVG). Anders als in den sonstigen in § 13 Abs. 2 BetrVG genannten Fällen, für die die §§ 21, 22 BetrVG Besonderheiten regeln, fällt der Betriebsrat nach Rechtskraft der gerichtlichen Entscheidung übergangslos weg.[60] Anderes würde gelten, hätte der Gesetzgeber auch die Nummern 4 und 5 des § 13 Abs. 2 BetrVG in diese Regelungen einbezogen. Die Entscheidung des Gesetzgebers ist indes sinnvoll, weil dem Betriebsrat im Fall der erfolgreichen Anfechtung der Betriebsratswahl die Legitimation zur Interessenwahrung der Belegschaft fehlt und bei gerichtlicher Auflösung des Betriebsrats weitere Pflichtverstöße zu besorgen sind. Zweitens wird der Betrieb vor Ende der regulären Amtszeit betriebsratslos, wenn jedes einzelne Betriebsratsmitglied sein Amt niederlegt (§ 24 Abs. 1 Nr. 2 BetrVG). Denn dann verbleibt vom Betriebsrat nicht mehr als eine "leere Hülle".[61]

3. Fallgruppe 3 - Verlust der Betriebsratsfähigkeit

Die Belegschaft kann eine langdauernde Betriebsratslosigkeit dann nicht vermeiden, wenn die Beschäftigtenzahl unter fünf abgesunken ist. Unabhängig von den Gründen für das Absinken wird der Betrieb dann nicht nur automatisch

---

59vgl. Däubler/Kittner/Klebe/Buschmann, § 21 Rn 28; GK/Wiese/Kreutz, § 22 Rn 12; Fitting/Kaiser/Heither/Engels, § 21 Rn 29; Richardi, § 24 Rn 8; bzgl. der gemeinschaftlichen Amtsniederlegung a. A. Hess/Schlochauer/Glaubitz, § 13 Rn 23; Fitting/Kaiser/Heither/Engels, § 13 Rn 38

60Däubler/Kittner/Klebe/Buschmann, § 22 Rn 5; Fitting/Kaiser/Heither/Engels, § 22 Rn 6; Galperin/Löwisch, § 22 Rn 2; GK/Wiese/Kreutz, § 22 Rn 8; Hess/Schlochauer/Glaubitz, § 22 Rn 5; Richardi, § 22 Rn 2

61vgl. Däubler/Kittner/Klebe/Buschmann, § 21 Rn 28; GK/Wiese/Kreutz, § 22 Rn 12; Fitting/Kaiser/Heither/Engels, § 21 Rn 29; Richardi, § 24 Rn 8; bzgl. der gemeinschaftlichen Amtsniederlegung a. A. Hess/Schlochauer/Glaubitz, § 13 Rn 23; Fitting/Kaiser/Heither/Engels, § 13 Rn 38 betriebsratslos,[62] sondern die Arbeitnehmer können auch keinen neuen Betriebsrat wählen, weil § 1 BetrVG hierfür eine Mindestbeschäftigtenzahl von fünf Arbeitnehmern anordnet. Die Amtszeit des Betriebsrats endet auch, wenn der Betrieb stillgelegt wird. Allerdings stellt sich hier nicht das Problem, welche Auswirkungen der Wegfall des Betriebsrats auf die bestehenden Betriebsvereinbarungen hat, weil der Betriebsrat nach herrschender Meinung solange ein nachwirkendes Mandat hat, bis keine Beteiligungsbefugnisse mehr auszuüben sind.[63] Mit Erreichen dieses Zeitpunkts besteht grundsätzlich kein Bedürfnis mehr für den Fortbestand von Betriebsvereinbarungen, die das betriebliche Geschehen bzw. Rechte und Pflichten der Arbeitsvertragsparteien regeln. Etwas anderes gilt nur für die Regelungen einer betrieblichen Altersversorgung und den Sozialplan, der nach Auffassung der herrschenden Meinung eine Betriebsvereinbarung, wenn auch mit einigen Besonderheiten, ist.[64] Bezüglich dieses Normenvertrages ist zu überlegen, welche Auswirkungen die Betriebsratslosigkeit hat. Allerdings kann das Ergebnis kaum sein, daß der Sozialplan mit Ablauf des Restmandats des Betriebsrats wegfällt. Denn der Sozialplan ist gerade für die Situation der Betriebsstillegung zwischen den Betriebspartnern ausgehandelt worden.[65]

---

[62] Däubler/Kittner/Klebe/Buschmann, § 21 Rn 26; ErfK/Eisemann, § 21 BetrVG Rn 5; Fitting/Kaiser/Heither/Engels, § 21 Rn 32; Galperin/Löwisch, § 21 Rn 16; GK/Wiese/Kreutz, § 21 Rn 37; Hess/Schochauer/Glaubitz, § 21 Rn 21; Richardi, § 21 Rn 23

[63] BAG 14.11.1978, AP Nr 6 zu § 59 KO, Bl. 1R (2 der Gründe); 30.10.1979, AP Nr 9 zu § 112 BetrVG, Bl. 1R, 2 (II 1 der Gründe); 24.3.1981, AP Nr 12 zu § 112 BetrVG, Bl. 3R (II 2 der Gründe); 20.4.1982, AP Nr 15 zu § 112 BetrVG, Bl. 1R (I 1 der Gründe); 16.6.1987, AP Nr 20 zu § 111 BetrVG, Bl. 3R (II 2 b der Gründe); LAG Hamm 23.10.1975, EzA § 112 BetrVG Nr 10, Ls. 3, S. 31-33 (II 1 der Gründe); LAG Niedersachsen 25.2.1976, ArbuR 1976, S. 312f; Biebl, Restmandat, S. 35-41; ders., ArbuR 1990, S. 307 (311f); Däubler/Kittner/Klebe/Buschmann, § 21 Rn 40f; ErfK/Eisemann, § 21 BetrVG Rn 6; Fitting/Kaiser/Heither/Engels, § 21 Rn 54; Galperin/Löwisch, § 21 Rn 21, § 111 Rn 9; Hess/Schlochauer/Glaubitz, § 21 Rn 26; Kissel, FG Söllner, S. 143 (149-152); Weiss/Weyand, § 21 Rn 7

[64] BAG 27.8.1975, AP Nr 2 zu § 112 BetrVG, Ls. 2, Bl. 2; 17.2.1981, E 35, S. 80 (92, II 2 c der Gründe); 24.3.1981, AP Nr 12 zu § 112 BetrVG, 2R (II 1 der Gründe); 9.12.1981, AP Nr 14 zu § 112 BetrVG, Bl. 2R (II 2 a der Gründe); 10.8.1994, AP Nr 86 zu § 112 BetrVG, Bl. 4 (B II 3 a der Gründe); Galperin/Löwisch, § 112 Rn 44; GK/Fabricius, §§ 112, 112a Rn 63; v. Hoyningen-Huene, Betriebsverfassungsrecht, S. 359; MünchArbR/Matthes, § 354 Rn 38; Richardi, § 112 Rn 137; Weiss/Weyand, § 112 Rn 28

[65] vgl. Däubler/Kittner/Klebe/Berg, § 77 Rn 47; Fitting/Kaiser/Heither/Engels, § 77 Rn 140; Galperin/Löwisch, § 77 Rn 66; GK/Kreutz, § 77 Rn 319; Richardi, § 77 Rn 197

Teil 2 Bisherige Lösungsansätze

A. Einführung

Im folgenden werden die bisher diskutierten Lösungsansätze hinsichtlich der Auswirkungen, die der Wegfall des Betriebsrats auf bestehende Betriebsvereinbarungen hat, auf ihre Eignung als Problemlösung hin untersucht. Hierbei wird eine Darstellung gewählt, die sich an den Rechtsfolgen orientiert. Es wird zunächst überlegt, ob sich die Auffassung, daß die Betriebsvereinbarung bezüglich ihres normativen Inhalts unverändert fortbesteht (unter B.), als Lösung eignet. Anschließend wird die Meinung eingehend betrachtet, daß die Betriebsvereinbarung automatisch mit Wegfall des Betriebsrats endet und entweder automatisch als ganzes erlischt oder vollständig oder in Teilen nachwirkt (unter C.). Schließlich wird in Erwägung gezogen, daß die Betriebsvereinbarung als Individualrecht weitergilt, soweit sie Rechte und Pflichten der Arbeitsvertragsparteien enthält (unter D.).

Im Rahmen dieser Diskussion erfolgt auch ein Seitenblick auf das Recht des Tarifvertrags. Für diesen wird in der Literatur seit langem die Fragestellung erörtert, welche Auswirkungen die Auflösung einer Tarifvertragspartei auf bestehende Tarifverträge hat.[66] Eine Diskussion hinsichtlich etwaiger Parallelen erscheint zum einen deshalb fruchtbar, weil auch der Tarifvertrag als Normenvertrag betrachtet wird.[67] Betriebsvereinbarung und Tarifvertrag ist gemeinsam, daß beide als Vertrag zustandekommen und wie ein Vertrag durch Kündigung wieder beendet werden können,[68] gleichzeitig jedoch gegenüber den Arbeitnehmern (beim Verbandstarifvertrag zusätzlich gegenüber den Arbeitgebern) normativ wirken (§ 77 Abs. 4 S. 1 BetrVG, § 4 Abs. 1, 2 TVG).

---

[66] AR-Blattei, A. Hueck, (D), Tarifvertrag VIII, A IV; ders., Recht des Tarifvertrages, S. 79f; Blomeyer, Anm. zu BAG, SAE 1972, S. 109; Däubler, Rn 1521; Frey, RdA 1965, S. 363-367; Gamillscheg, Kollektives Arbeitsrecht, I, S. 789; Hueck/Nipperdey/Stahlhacke, § 1 Rn 41; Hueck/Nipperdey, II/1, S. 474 Fn 59; Kempen/Zachert, § 3 Rn 39 (für die Auflösung eines AG-Verbandes), § 3 Rn 45 (für die Auflösung einer Gewerkschaft); Krischker, Tarifverbandsauflösung und Tarifvertrag; Maus, § 1 Rn 303; Nikisch, II, S. 355; Nipperdey, Anm. zu RAG, ARS 8, S. 141; Richardi, Kollektivgewalt, S. 219; v. Stebut, Anm. zu BAG, SAE 1987, S. 203; Wiedemann/Wank, § 4 Rn 78-84; Wiedemann, Anm. zu BAG, AP Nr 28 zu § 2 TVG, Bl. 6

[67] Gamillscheg, Kollektives Arbeitsrecht, I, S. 510; MünchArbR/Richardi, § 234 Rn 43

[68] BV: § 77 Abs. 5 BetrVG; TV: BAG 10.11.1982, AP Nr 8 zu § 1 TVG Form, Bl. 6R; Däubler, Tarifvertragsrecht, Rn 1431; Gamillscheg, Kollektives Arbeitsrecht, I, S. 770; Kempen/Zachert, § 4 Rn 41; Löwisch/Rieble, § 1 Rn 360; Oetker, RdA 1995, S. 82 (88-98); Wiedemann/Wank, § 4 Rn 21

Zum anderen kann eine der Vertragsparteien bei beiden Normenverträgen wegfallen, der Betriebsrat in den bereits genannten Fällen, eine Tarifvertragspartei infolge Auflösungsbeschlusses ihrer Mitglieder. Hinsichtlich des Tarifvertrages hat sich - anders als bezüglich des Rechts der Betriebsvereinbarung - das BAG mit dem Wegfall einer Vertragspartei befaßt. In einer Entscheidung vom 11.11.1970[69] hat es zu den Auswirkungen auf den schuldrechtlichen Teil des Tarifvertrages entschieden, in einer späteren Entscheidung vom 1.10.1986[70] zu den Auswirkungen auf den normativen Teil. Sowohl diese Entscheidungen als auch die Auffassungen in der Literatur, soweit sie sich auf das Recht der Betriebsvereinbarung beziehen lassen, werden im folgenden in der soeben angesprochenen Reihenfolge behandelt.

Bei der rechtsfolgenorientierten Darstellung kommt ein Recht zur Anpassung der Betriebsvereinbarung von vorneherein nicht in Betracht. Denn der Wegfall des Betriebsrats stellt keinen Umstand dar, der eine Änderung der Betriebsvereinbarung erfordert. Entweder setzt die Betriebsvereinbarung den Bestand des Betriebsrats voraus, dann kann sie mit dessen Wegfall nicht mehr angewendet werden. Das gilt für Regelungen des schuldrechtlichen Teils, die nicht auf den normativen Teil der Betriebsvereinbarung bezogen sind. Oder die Betriebsvereinbarung bedarf für ihre Anwendung keines Betriebsrats. Das gilt für den normativen Teil der Betriebsvereinbarung. Dann besteht auch keine Veranlassung, diese wegen des Wegfalls des Betriebsrats zu ändern. Zwar wird der Arbeitgeber möglicherweise für die erzwingbare Betriebsvereinbarung ein Interesse daran haben, diese so zu ändern, daß sie den Vorteil der effektiven, weil normativen Geltung gegenüber den Arbeitnehmern mit dem Vorzug der inhaltlichen Übereinstimmung mit seinen Vorstellungen verbindet. Aber das widerspricht dem Regelungssystem des BetrVG. Das Gesetz sieht die in § 77 Abs. 4 S. 1 BetrVG angeordnete normative Geltung ausschließlich bei Einigung der Betriebspartner bzw. bei einem Spruch der Einigungsstelle vor. Die Betriebsvereinbarung ist dadurch gekennzeichnet, daß sie einen Ausgleich der Interessen des Betriebes und der Arbeitnehmer trifft. Für ihre inhaltliche Gestaltung ist deshalb der Abschluß von Arbeitgeber und Betriebsrat bzw. die Entscheidung der Einigungsstelle Voraussetzung.

---

[69]BAG, AP Nr 28 zu § 2 TVG
[70]BAG, AP Nr 4 zu § 3 TVG

B. Unveränderter Fortbestand

I. Beendigung durch Kündigung gegenüber den Arbeitnehmern

Nach weit verbreiteter Meinung[71] kann die Betriebsvereinbarung auch nach Wegfall des Betriebsrats durch den Arbeitgeber gekündigt werden. Der Arbeitgeber soll die Kündigung ab diesem Zeitpunkt gegenüber den Arbeitnehmern erklären können, nach Auffassung von *Kreutz*[72] und *Matthes*[73] soll hierfür sogar ein Aushang am Schwarzen Brett genügen. Diese Meinung erscheint auf den ersten Blick naheliegend, weil das Motiv des Arbeitgebers für die Kündigung - jedenfalls soweit es ihm um die normativen Bestimmungen geht - auch bei bestehendem Betriebsrat nicht dessen Tätigkeit oder gar dessen Bestand bildet. Vielmehr kündigt er, um die normative Wirkung gegenüber den Adressaten der Betriebsvereinbarung, also den Arbeitnehmern, zu beenden; und diese normative Wirkung besteht auch nach Wegfall des Betriebsrats, so daß sie auch weiterhin die Beendigung durch den Arbeitgeber motivieren wird. Umgekehrt wird der Arbeitgeber nicht in jedem Fall ein Interesse am Ablauf der Betriebsvereinbarung mit dem Wegfall des Betriebsrats haben. Soweit die Betriebsvereinbarung individualvertragliche Abmachungen mit den einzelnen Arbeitnehmern ersetzt, wird er vielfach am Fortbestand der Betriebsvereinbarung interessiert sein - jedenfalls wenn der Ablauf der Betriebsvereinbarung den Fortfall der Regelungen zur Folge hat. Selbst wenn die Betriebsvereinbarung einseitige Anordnungen des Arbeitgebers ersetzt, muß der Arbeitgeber nicht in jedem Fall ein Interesse am Wegfall der Betriebsvereinbarung haben. Möglicherweise haben sich nach seiner Auffassung die Regelungen der Betriebsvereinbarung bewährt, so daß er den Aufwand einseitiger Anordnungen als überflüssig empfindet.[74] Allerdings stehen der Auffassung des Kündigungsrechts des Arbeitgebers erhebliche dogmatische und praktische Bedenken entgegen.

1. Gegenargument - § 77 Abs. 4 S. 1 BetrVG

Zur Annahme eines fortbestehenden Kündigungsrechts könnte kommen, wer die Belegschaft des Betriebes[75] als Partei der Betriebsvereinbarung ansieht.

---

[71] Fitting/Kaiser/Heither/Engels, § 77 Rn 149; GK/Kreutz, § 77 Rn 324; AR-Blattei, Brune, SD 520 Rn 412; MünchArbR/Matthes, § 319 Rn 39; Däubler/Kittner/Klebe/Berg, § 77 Rn 52
[72] GK, § 77 Rn 324
[73] MünchArbR, § 319 Rn 39
[74] vgl. Teil 3 C I 1 a
[75] Fitting/Auffarth/Kaiser/Heither, 17. Aufl., § 77 Rn 16; Galperin/Löwisch, § 77 Rn 7, 9; G. Hueck, Betriebsvereinbarung, S. 38, 40, 42; Hueck/Nipperdey, II/2, S. 1257; a. A. GK/Kreutz, § 77 Rn 34; Kreutz, Grenzen der Betriebsautonomie, S. 16-40

Wesentliches Argument für die Vertreter dieser Meinung ist, daß die Mitbestimmungsrechte der Belegschaft[76] bzw. den einzelnen Arbeitnehmern[77] zugewiesen sind. Da die Belegschaft selbst nicht handeln könne, solle ihr das Tätigwerden des Betriebsrats zugerechnet werden.[78] Der Betriebsrat handele als ihr Repräsentant[79] bzw. ihr Organ.[80] Hierbei wird aber ein wesentlicher Gesichtspunkt außer acht gelassen. Die Arbeitnehmer können schon deshalb nicht Partei der Betriebsvereinbarung sein, weil sich die normative Wirkung der Betriebsvereinbarung gegenüber den Arbeitnehmern nicht rechtsgeschäftlich erklären läßt.[81] Das liegt daran, daß die Arbeitnehmer sich nicht der Geltung der Betriebsvereinbarung unterwerfen. Wenn aber die Betriebsvereinbarung gegenüber den Arbeitnehmern kraft gesetzlicher Anordnung normativ wirkt, dann können die normunterworfenen Arbeitnehmer nicht zugleich Partei der Betriebsvereinbarung sein.

Wenn die Arbeitnehmer aber nicht Partei der Betriebsvereinbarung sein können, kommen sie auch nicht als Kündigungsadressaten in Betracht. Indem in § 77 Abs. 5 BetrVG die Kündigung der Betriebsvereinbarung zugelassen wird, wird auf einen Begriff aus dem Vertragsrecht im allgemeinen Zivilrecht Bezug genommen. Dort ist anerkannt, daß ein Vertrag, der nicht nur eine einmalige Leistung oder ein einmaliges Ereignis regelt, von jeder Partei auch gegen den Willen der anderen Vertragspartei durch Kündigung beendet werden

---

[76]BAG 27.6.1989, SAE 1990, S. 162 (164, B II 2 b aa der Gründe); Iff, Rechtstellung des Betriebsrats, S. 15f; Däubler, ArbuR 1982, S. 6, 9; Nebel, Normen des Betriebsverbandes, S. 86;

[77]Belling, Anm. zu BAG SAE 1990, S. 166 (170); derselbe, Haftung des Betriebsrats, S. 115-119; Weitnauer, FS Duden, S. 705, 709f

[78]Gester, Belegschaft und Betriebsrat, S. 38; Hueck/Nipperdey, II/2, S. 1091; Quasten, Zulässigkeit und Unzulässigkeit von Betriebsvereinbarungen, S. 36; Strasser, Betriebsvereinbarung, S. 108; Travlos-Tzanetatos, Regelungsbefugnis der Betriebspartner, S. 43, 58; a. A. Fitting/Kaiser/Heither/Engels, § 77 Rn 13; GK/Kreutz, § 77 Rn 34; v. Hoyningen-Huene, Betriebsverfassungsrecht, S. 200; Nikisch, III, S. 264f

[79]Galperin/Löwisch, vor § 1 Rn 19; Heinze, ZfA 1988, S. 53 (63); v. Hoyningen-Huene, Betriebsverfassungsrecht, S. 46; Hueck/Nipperdey, II/2, S. 1091; Richardi, Einl. Rn 97; AR-Blattei, Säcker, (D), Betriebsvereinbarung I, C I; vgl. Däubler/Kittner/Klebe/Schneider, Einl. Rn 112; GK/Kraft, § 1 Rn 50

[80]BAG 6.7.1955, E 2, S. 50 (54); 6.11.1959, E 8, S. 207 (212, II 3 der Gründe); 19.7.1977, AP Nr 1 zu § 77 BetrVG, Bl. 3, 3R (1 b der Gründe); 27.6.1989, SAE 1990, S. 162 (164, B II 2 b aa der Gründe); Repräsentant und Organ: Galperin/Löwisch, vor § 1 Rn 19)

[81]vgl. BAG 25.3.1971, E 23, S. 257 (270, III 1 a der Gründe); Däubler/Kittner/Klebe/Berg, § 77 Rn 42; Fitting/Kaiser/Heither/Engels, § 77 Rn 109; Hess/Schlochauer/Glaubitz, § 77 Rn 3, 7; G. Hueck, Betriebsvereinbarung, S. 27-29; MünchArbR/Matthes, § 319 Rn 3; Stege/Weinspach, § 77 Rn 27; Waltermann, Rechtsetzung durch Betriebsvereinbarung, S. 93

kann.[82] Diese einseitige Gestaltungserklärung muß gegenüber dem anderen Vertragspartner abgegeben werden. Indem das BetrVG diesen Begriff verwendet, zeichnet es die Auffassung nach, die auch schon vor der Neuregelung des BetrVG im Jahr 1972 vorherrschend war und die auch § 77 Abs. 1 BetrVG nahelegt,[83] daß die Betriebsvereinbarung als Vertrag[84] zustandekommt. So wird die Betriebsvereinbarung als Normenvertrag bezeichnet.[85] Dann wird in § 77 Abs. 5 BetrVG der Begriff der Kündigung im allgemein-zivilrechtlichen Sinne zu verstehen sein, als einseitige Gestaltungserklärung, die gegenüber dem anderen Vertragspartner zu erklären ist.

2. Gegenargument - Fehlende betriebsverfassungsrechtliche Handlungsfähigkeit der Arbeitnehmer

Doch selbst wenn von der Auffassung ausgegangen wird, daß die Belegschaft Partei der Betriebsvereinbarung ist, ist die Lösung in sich widersprüchlich, denn auch bei der Annahme, daß die Kündigungserklärung nach Wegfall des Betriebsrats an die Belegschaft bzw. an die Arbeitnehmer adressiert werden kann, ist nicht zu erklären, wieso bis zu seinem Wegfall der Betriebsrat selbst - gemäß § 26 Abs. 3 S. 2 BetrVG der Vorsitzende bzw. dessen Stellvertreter - ausschließlich Kündigungsempfänger ist.[86] Es kann nicht angenommen werden, daß der Betriebsrat nur während seines Bestandes die an sich bestehende Zuständigkeit der Belegschaft bzw. der einzelnen Arbeitnehmer, etwa aus Praktikabilitätserwägungen, für betriebsverfassungsrechtliche Erklärungen des Arbeitgebers verdrängt. Weder der einzelne Arbeitnehmer noch die Belegschaft sind empfangsberechtigt.

---

[82]Medicus, Schuldrecht I, S. 253; Palandt/Heinrichs, Einl. v. § 241 Rn 18

[83]MünchArbR/Matthes, § 319 Rn 1

[84]AR-Blattei, Brune, SD 520 Rn 48; AR-Blattei, Säcker, (D), Betriebsvereinbarung I, D I 4; Däubler/Kittner/Klebe/Berg, § 77 Rn 8; Galperin/Löwisch, § 77 Rn 6; GK/Kreutz, § 77 Rn 31, 143; Fitting/Kaiser/Heither/Engels, § 77 Rn 13; Hess/Schlochauer/Glaubitz, § 77 Rn 3; MünchArbR/Matthes, § 319 Rn 1; Richardi, § 77 Rn 24; Waltermann, Rechtsetzung durch Betriebsvereinbarung, S. 96; a. A.: Nebel, Normen des Betriebsverbandes, S. 162-205; Kessal-Wulf, Innenverbände, S. 333

[85]Fitting/Kaiser/Heither/Engels, § 77 Rn 13; GK/Kreutz, § 77 Rn 143; Galperin/Löwisch, § 77 Rn 6; Hess/Schlochauer/Glaubitz, § 77 Rn 7; v. Hoyningen-Huene, Betriebsverfassungsrecht, S. 200; MünchArbR/Matthes, § 319 Rn 1; Richardi, § 77 Rn 26; a. A. Hanau, RdA 1989, S. 207 (208)

[86]Fitting/Kaiser/Heither/Engels, § 77 Rn 137; Galperin/Löwisch, § 77 Rn 62; GK/Kreutz, § 77 Rn 315; MünchArbR/Matthes, § 319 Rn 39

Soweit die *einzelnen Arbeitnehmer* als Partner der Betriebsvereinbarung angesehen werden, ließe sich zwar daran denken, daß die Arbeitnehmer des Betriebsrats ausschließlich zur Verfolgung ihrer Rechte bedürfen, daß sie jedoch selbst Adressat von betriebsverfassungs-rechtlichen Erklärungen des Arbeitgebers sein können. Aber es fehlt eine gesetzliche Regelung, daß die Arbeitnehmer - neben dem Betriebsrat oder für den Betriebsrat - Erklärungsempfänger sein können. Das Fehlen einer entsprechenden Regelung wäre nur dann unbeachtlich, wenn die Befugnis der Arbeitnehmer zur Entgegennahme von betriebsverfassungsrechtlichen Erklärungen dem BetrVG vorgelagert wäre, also aufgrund einheitlichen, allgemeinen Verständnisses von der Betriebsverfassung generell bestünde, allerdings erst zum Tragen kommen würde, wenn die ausdrückliche - nicht abschließende - Regelung des BetrVG wegen Fehlens des Betriebsrats nicht mehr gelten könnte. Nur kann ein solches allgemeines Verständnis nicht ausgemacht werden. Die Betriebsverfassung, aus der sich die Notwendigkeit zu betriebsverfassungsrechtlichen Erklärungen für den Arbeitgeber ergibt, wird durch das BetrVG konstituiert.[87] Es zeichnet mit Ausnahme der Mitwirkungs- und Beschwerderechte des Arbeitnehmers in den §§ 81 bis 86 BetrVG, die Konkretisierung der arbeitsvertraglichen Fürsorgepflicht des Arbeitgebers sein sollen,[88] keine bestehenden Rechte nach, sondern gewährt diese erst originär.[89]

Auch wer die Auffassung vertritt, daß die *Belegschaft* als Verband der Arbeitnehmer des Betriebes Partei der Betriebsvereinbarung ist, kann nicht erklären, warum sie erst nach Wegfall des Betriebsrats als Erkärungsempfänger in Betracht kommt. Das BetrVG weist der Belegschaft keine eigene betriebsverfassungsrechtliche Handlungsfähigkeit zu. Das BetrVG benennt auf Seiten der Arbeitnehmer ausschließlich diese selbst (in den §§ 81 - 84) und den Betriebsrat als Adressaten betriebsverfassungsrechtlicher Handlungsbefugnisse. Nichts anderes ergibt sich aus der Einrichtung der Betriebsversammlung, die gemäß § 42 Abs. 1 S. 1 1. HS BetrVG aus den Arbeitnehmern des Betriebes besteht. Ihr wird durch das BetrVG grundsätzlich die Befugnis zugewiesen, Angelegenheiten, die den Betrieb oder seine Arbeitnehmer unmittelbar betreffen (§ 45 Abs. 1 S. 1 BetrVG), innerhalb der Belegschaft, mit dem Betriebsrat und gegebenenfalls mit dem Arbeitgeber zu beraten, insbesondere soll der Betriebsrat in den Betriebsversammlungen die Belegschaft informieren

---

[87] Fitting/Kaiser/Heither/Engels, § 1 Rn 1; Galperin/Löwisch, vor § 1 Rn 1; Richardi, Vorbem. vor § 1 Rn 1

[88] Fitting/Kaiser/Heither/Engels, § 81 Rn 2; GK/Wiese, vor § 81 Rn 18; Hess/Schlochauer/Glaubitz, vor §§ 81-86 Rn 2, 3; Richardi, Vorbem. vor § 81 Rn 2; Weiss/Weyand, vor § 81 Rn 1

[89] GK/Kraft, § 1 Rn 52; Richardi, Vorbem. vor § 1 Rn 1

(§ 43 Abs. 1 S. 1 BetrVG). Eine Ausnahme von diesem bloßen Recht zur Beratung bildet die Betriebsversammlung zur Wahl eines Wahlvorstandes gemäß § 17 Abs. 1 BetrVG. Aber das ist eine eindeutig und abschließend geregelte Ausnahme für die Situation, daß noch kein Betriebsrat vorhanden ist. Dem BetrVG ist der Grundsatz zu entnehmen, daß die Mitbestimmung, die Wahrung der kollektiven Belegschaftsinteressen einzig durch den Betriebsrat gewahrt wird und daß nur dieser der Partner des Arbeitgebers ist, soweit es um das betriebliche Miteinander im Betrieb geht (vgl. §§ 2, 75, 77 BetrVG).

Es führt auch nicht weiter, den Begriff der Handlungsfähigkeit im Sinne des *allgemeinen Zivilrechts* zu verstehen. Dort dient die Handlungsfähigkeit als Oberbegriff für die Geschäfts- und Deliktsfähigkeit.[90] Die Belegschaft ist in diesem Sinne nicht handlungsfähig, weder mit noch ohne Betriebsrat. Wer nicht - nicht einmal beschränkt - geschäftsfähig ist, kann aber auch niemals in eigenem Namen eine Willenserklärung entgegennehmen (§ 164 Abs. 1, 3 BGB); vielmehr bedarf es immer der Zwischenschaltung eines Vertreters. An der Handlungsfähigkeit der Arbeitnehmer besteht hingegen kein Zweifel. Sie besteht unabhängig vom Bestand des Betriebsrats.

3. Gegenargument - Nichtberücksichtigung der Gründe für den Wegfall des Betriebsrats

Schließlich wird bei Annahme des Kündigungsrechts gegenüber den Arbeitnehmern nicht nach den Gründen unterschieden, wegen derer der Betriebsrat weggefallen ist. Vielmehr wird für alle Tatbestände, die zum Wegfall des Betriebsrats führen, ein einheitliches Kündigungsrecht angenommen. Es hat sich jedoch bereits in der Einleitung in Teil 1 unter C. erwiesen, daß eine solche Einheitslösung nicht überzeugen kann. Vielmehr ist geboten, nach Fallgruppen zu unterscheiden und für die Fälle der zwingenden Betriebsratslosigkeit (Fallgruppe 2) eine *Veränderungssperre* für die Zeitdauer anzunehmen, die die Belegschaft benötigt, um einen neuen Betriebsrat zu wählen. Die Beendigung der erzwingbaren Betriebsvereinbarung innerhalb dieses Zeitraums würde die Gefahr in sich bergen, daß den Arbeitnehmern einerseits Ergebnisse der Mitbestimmung des Betriebsrats entzogen würden, ohne daß sie eine Möglichkeit hätten, das zu verhindern. Andererseits hätten die Arbeitnehmer aber keine Möglichkeit zur Korrektur bereits getroffener Vereinbarungen durch Beendigung der bisherigen und dem Abschluß neuer Regelungen. Die Lösung wäre also ungleichgewichtig. Das ist um so weniger sachgerecht, als der Belegschaft der Fortfall des Betriebsrats in der Fallgruppe

90Brox, AT, Rn 656; Enneccerus/Nipperdey, Allgemeiner Teil, Band I, II. Halbband, S. 869f

2 nicht zugerechnet werden kann.[91] Das gilt für die Anfechtung der Betriebsratswahl ebenso wie für die Auflösung durch gerichtliche Entscheidung wegen groben Pflichtverstoßes und die Niederlegung des Betriebsratsamtes durch alle Mitglieder des Betriebsrats. Soweit die Zahl der in der Regel beschäftigten Arbeitnehmer unter fünf gesunken ist - (Fallgruppe 3) -, besteht die Möglichkeit der Neuwahl eines Betriebsrats nicht. Damit ist eine wesentliche Geltungsvoraussetzung der Betriebsvereinbarung entfallen, denn nur wenn *zumindest die Möglichkeit der Neuwahl* eines Betriebsrats besteht, kann erklärt werden, daß durch die Betriebsvereinbarung für die Arbeitnehmer fremdbestimmte Regelungen geschaffen werden.[92] Deshalb muß die Betriebsvereinbarung in diesen Fällen sofort mit Wegfall des Betriebsrats automatisch enden.[93]

Als Argument ist auch nicht der Einwand geeignet, daß das Beendigungsrecht für den Arbeitgeber auch nach Wegfall des Betriebsrats sachlich geboten ist und deshalb die Kündigung gegenüber der Belegschaft naheliegend ist. Das zeigt nur das Bedürfnis, eine in sich stimmige und dogmatisch schlüssige Lösung zu erarbeiten.

II. Beendigung durch Kündigung gegenüber einem Ersatzempfänger

Die Kündigung der Betriebsvereinbarung bedarf als empfangsbedürftige Willenserklärung eines Adressaten, dem gegenüber sie erklärt werden kann.[94] Während seines Bestandes ist dies bei Kündigungen, die der Arbeitgeber erklärt, der Betriebsrat. Um die Kündigungsmöglichkeit für den Arbeitgeber trotz Wegfalls des Betriebsrats beizubehalten - dessen Interesse am Fortbestand der Betriebsvereinbarung wurde bereits oben angesprochen -, könnte die Annahme einer Ersatzinstanz ausschließlich als Kündigungsempfänger in Betracht kommen. Es ließe sich daran denken, daß insoweit der Betriebsrat als "latenter Betriebsrat" fortbesteht oder eine dritte Stelle hierfür bestimmt wird.

So wird zwar die Frage, wie die Kündigung auch nach Wegfall des Betriebsrats möglich ist, geklärt. Allerdings bleibt gegen alle Lösungsversuche mit Hilfe eines Ersatzempfängers ein wesentlicher Einwand bestehen. Es bleibt offen, unter welchen Einschränkungen der Arbeitgeber eine Betriebsvereinbarung

---

[91] vgl. oben Teil 1 C II 2

[92] vgl. oben Teil 1 C II 3

[93] vgl. oben Teil 1 C II 3

[94] Fitting/Kaiser/Heither/Engels, § 77 Rn 137; Galperin/Löwisch, § 77 Rn 62; GK/Kreutz, § 77 Rn 315; MünchArbR/Matthes, § 319 Rn 39

auch nach Wegfall des Betriebsrats kündigen kann. Ebenso wie eben unter I. 3. angesprochen besteht auch hier die Notwendigkeit, nach Fallgruppen zu unterscheiden und im Falle der zwingenden Betriebsratslosigkeit eine Veränderungssperre anzunehmen, sowie bei Absinken der Beschäftigtenzahl unter fünf Arbeitnehmer zum ersatzlosen Wegfall der Betriebsvereinbarung zu kommen. Im übrigen vermag jede der in Betracht kommenden Möglichkeiten für die Annahme eines Ersatzadressaten auch aus anderen Gründen nicht zu überzeugen.

1. Bestellung eines Ersatzempfängers

Gaul[95] und *Kissel*[96] haben die Möglichkeit angesprochen, einen Ersatzempfänger zu bestellen, dem gegenüber die Kündigung an Stelle des weggefallenen Betriebsrats ausgesprochen werden kann. Mehrere gesetzliche Regelungen könnten für eine Analogie in Betracht kommen.

a) Analogie der §§ 16 Abs. 2, 17 Abs. 3, 18 Abs. 1 S. 2, 23 Abs. 2 S. 1 BetrVG

Mit der Bestellung könnte das Arbeitsgericht in *Analogie der §§ 16 Abs. 2, 17 Abs. 3,*[97] *18 Abs. 1 S. 2, 23 Abs. 2 S. 1 BetrVG* betraut werden. Nach diesen Vorschriften ist das Arbeitsgericht verpflichtet, einen Wahlvorstand zu bestellen. Die Analogie setzt voraus, daß die für den geregelten Sachverhalt wesentlichen Gesichtspunkte auch für den nicht geregelten Sachverhalt gelten;[98] um diese Gesichtspunkte herauszuarbeiten, ist es erforderlich, den Zweck der gesetzlichen Regelung heranzuziehen.[99] Es ist zu fragen, ob dieser Zweck auch der fiktiven Regelung des nicht geregelten Sachverhalts zugrundeliegen würde. Das kann vorliegend nicht bejaht werden, denn das BetrVG enthält den Grundsatz, daß die Betriebsparteien ihre Angelegenheiten selbständig regeln (vgl. §§ 2, 75 BetrVG).[100] Nur für die Entscheidung von Rechtsfragen ist das Arbeitsgericht zuständig. Von diesem Grundsatz wird für die Fälle der §§ 16 Abs. 2, 17 Abs. 3, 18 Abs. 1 S. 2, 23 Abs. 2 S. 1 BetrVG eine Ausnahme zugelassen, indem hier das Arbeitsgericht selbst die Zusammensetzung eines Organs der Betriebsverfassung, des Wahlvorstandes, bestimmt. Der Zweck für diese Ausnahme ist darin zu sehen, daß die Anforderungen an die Wahl eines Betriebsrats möglichst gering sein sollen,

---

[95] NZA 1986, S. 628 (629f)

[96] FG Söllner, S. 143 (154)

[97] insoweit genannt und verneint von Kissel, FG Söllner, S. 143 (154)

[98] Larenz/Canaris, Methodenlehre, S. 202

[99] Larenz/Canaris, Methodenlehre, S. 202f

[100] Fitting/Kaiser/Heither/Engels, § 76 Rn 58f; Galperin/Löwisch, § 76 Rn 1f; GK/Kreutz, § 76 Rn 8; Germelmann/Matthes/Prütting, ArbGG, § 2a Rn 87; Grunsky, ArbGG, § 2a Rn 22, 26; MünchArbR/Matthes, § 318 Rn 18

weil das BetrVG den gesetzgeberischen Willen widerspiegelt, daß in möglichst jedem betriebsratsfähigen Betrieb ein Betriebsrat errichtet wird.[101] Allerdings bleibt als Voraussetzung für das Amt des Betriebsrats immer dessen Wahl (vgl. § 1 BetrVG). Damit normiert das BetrVG die demokratische Legitimation des Betriebsrats.[102] Diesem Grundsatz würde widersprochen, wenn das Arbeitsgericht die Zusammensetzung eines Betriebsrats anordnen würde. Darüber hinaus erscheint die Bestellung eines Ersatzempfängers als umständlich und wenig praktikabel. Das Arbeitsgericht selbst hat keinen Einblick in den Betrieb und wäre deshalb auf die Informationen der Antragsteller angewiesen. Antragsteller müßte, entgegen der Regelung in § 16 Abs. 2 BetrVG, auch der Arbeitgeber sein. Mit seinem Antrag müßte der Antragsteller Arbeitnehmer benennen, die ihrerseits in der Lage sein müßten, die Kündigung der Betriebsvereinbarung allen Arbeitnehmern mitzuteilen. Diese Eignung hätte das Arbeitsgericht vor Bestellung zu prüfen. Einfacher ist es, wenn ein Weg gefunden wird, auf dem der Arbeitgeber selbständig die Beendigung erreichen kann und dann auch das Risiko der ungenügenden Mitteilung trägt.

b) Analogie zu § 31 Abs. 1 MitBestG i. V. m. § 85 AktG
Ebensowenig ist die von *Gaul* [103]angesprochene *Analogie zu § 31 Abs. 1 MitBestG i. V. m. § 85 AktG* für eine Problemlösung geeignet. Es fehlt bereits an der Praktizierbarkeit der Regelung, denn während § 31 Abs. 1 MitBestG den Aufsichtsrat bzw. der von ihm gemäß § 27 Abs. 3 MitBestG gebildete Ausschuß zur Organbestellung, insbesondere der gemäß § 33 MitBestG vorgeschriebenen Bestellung eines Arbeitsdirektors, benennt, ist völlig unklar, welche entsprechende Stelle zur Bestellung des Erklärungsempfängers in Betracht kommen sollte. Nach Auffassung von *Gaul* scheitert eine Analogie daran, daß keine vergleichbare Interessenlage besteht: Während die Bestellung des Arbeitsdirektors nach §§ 31, 33 MitBestG zwingend sei, bestehe bezüglich des Betriebsrats kein Errichtungszwang.[104]

c) Analogie zu § 1909 Abs. 3 BGB
Gaul [105]hat ebenfalls die Möglichkeit angesprochen, *§ 1909 Abs. 3 BGB* analog anzuwenden. Dann könnte - wie in § 1909 Abs. 3 BGB ein Ersatzpfleger - im Falle den Wegfalls des bisherigen Betriebsrats ein Ersatzbetriebsrat bestellt

[101]BAG 19.3.1974, AP Nr 1 zu § 17 BetrVG, Bl. 2f (II. 4. der Gründe)
[102]v. Hoyningen-Huene, Betriebsverfassungsrecht, S. 46
[103]NZA 1986, S. 628 (629f)
[104]Gaul, NZA 1986., S. 628 (629f)
[105]NZA 1986, S. 628 (630)

werden. Doch scheitert diese Möglichkeit nach seiner eigenen Auffassung daran, daß der Ersatzpfleger bestellt werden *muß*, der Betriebsrat selbst aber gewählt werden *kann*.[106] Außerdem sei der Ersatzbetriebsrat in einem Kleinstbetrieb nicht denkbar, weil dort nur ein Obmann vorgesehen sei.[107]

2. "Latenter" Betriebsrat als Erklärungsempfänger

Es ließe sich daran denken, daß einzelne Mitglieder, etwa der Vorsitzende und für den Fall seiner Unerreichbarkeit dessen Stellvertreter, als latenter Betriebsrat für die "Restbefugnis" der Entgegennahme der Kündigung im Amt bleiben. Das hätte den Vorteil, daß dem Arbeitgeber die Kündigung der bestehenden Betriebsvereinbarung weiterhin möglich wäre. Für die Betriebsstillegung ist anerkannt, daß der Betriebsrat - unabhängig von der gesetzlich geregelten Dauer seiner Amtszeit[108] - solange im Amt bleibt, bis die Wahrnehmung seiner mit der Betriebsstillegung zusammenhängenden Aufgaben abgeschlossen ist.[109] Das sogenannte Restmandat soll also solange Bestand haben, wie Verhandlungsgegenstände im Zusammenhang mit der Betriebsstillegung tatsächlich noch offen sind.[110] Diese Ausweitung der Amtszeit wird im wesentlichen[111] mit der Gefahr begründet, daß der Arbeitgeber ansonsten die Mitbestimmung im Zusammenhang mit der Betriebsstillegung dadurch ausschließen könnte, daß er die Betriebsstillegung

---

[106] Gaul, NZA 1986, S. 628 (630)

[107] Gaul, NZA 1986, S. 628 (630)

[108] BAG 16.6.1987, AP Nr 20 zu § 111 BetrVG, Bl. 3R (II 2 b der Gründe); Kissel, FG Söllner, S. 143 (151); Richardi, § 21 Rn 17

[109] BAG 14.11.1978, AP Nr 6 zu § 59 KO, Bl. 1R (2 der Gründe); 30.10.1979, AP Nr 9 zu § 112 BetrVG, Bl. 1Rf (II 1 der Gründe); 24.3.1981, AP Nr 12 zu § 112 BetrVG, Bl. 3R (II 2 der Gründe); 20.4.1982, AP Nr 15 zu § 112 BetrVG, Bl. 1R (I 1 der Gründe); 16.6.1987, AP Nr 20 zu § 111 BetrVG, Bl. 3R (II 2 b der Gründe); LAG Hamm 23.10.1975, EzA § 112 BetrVG Nr 10, Ls. 3, S. 31-33 (II 1 der Gründe); LAG Niedersachsen 25.2.1976, ArbuR 1976, S. 312f; Biebl, Restmandat, S. 35-41; ders., ArbuR 1990, S. 307 (311f); Däubler/Kittner/Klebe/Buschmann, § 21 Rn 40f; ErfK/Eisemann, § 21 BetrVG Rn 6; Fitting/Kaiser/Heither/Engels, § 21 Rn 54; Galperin/Löwisch, § 21 Rn 21, § 111 Rn 9; Hess/Schlochauer/Glaubitz, § 21 Rn 26; Kissel, FG Söllner, S. 143 (149-152); Richardi, § 21 Rn 17, § 111 Rn 26; einschränkend: GK/Wiese, § 21 Rn 51 (nur für anhängige gerichtliche Verfahren oder Verfahren vor der Einigungsstelle); Weiss/Weyand, § 21 Rn 7; a. A. LAG Düsseldorf 26.3.1975, BB 1976, S. 602; Hanau, ZfA 1974, S. 109; Richardi, Sozialplan und Konkurs, S. 39

[110] BAG 24.3.1981, AP Nr 12 zu § 112 BetrVG, Bl. 3R (II 3 der Gründe)

[111] andere Begründung bei Biebl, Restmandat, S. 35-41

besonders schnell durchführt.[112] Dann wären alle Arbeitsverhältnisse beendet, ohne daß der Betriebsrat mitbestimmt hätte, insbesondere einen Sozialplan abgeschlossen hätte. Es geht also darum, die Umgehung der Mitbestimmungsrechte des Betriebsrats durch den Arbeitgeber zu verhindern. Eine vergleichbare Umgehungsgefahr besteht bei Wegfall des Betriebsrats nicht, es geht vielmehr darum, dem Arbeitgeber die Kündigungsmöglichkeit der Betriebsvereinbarung zu bewahren. Auch ist dem Arbeitgeber grundsätzlich der Wegfall des Betriebsrats nicht zuzurechnen.[113]

Gegen die Annahme eines Restmandats spricht aber vor allem, daß in den Fällen der Wahlanfechtung und der gerichtlichen Auflösung wegen groben Pflichtverstoßes (vgl. § 13 Abs. 2 Nr. 4, 5 BetrVG) der Betriebsrat fortbestünde. Da der Gesetzgeber in den §§ 21, 22 BetrVG einen Fortbestand der Amtszeit bzw. die Fortsetzung der Geschäftsführung durch den bisherigen Betriebsrat ausdrücklich nur für den vorzeitigen Fortfall des Betriebsrats in den Fällen des § 13 Abs. 2 Nr. 1 bis 3 BetrVG angeordnet hat, führt der Umkehrschluß dazu, daß der Betrieb in den Fällen der Nummern 4 bis 6 des § 13 Abs. 2 BetrVG tatsächlich sofort betriebsratslos werden soll.[114] Weil die erfolgreiche Wahlanfechtung die fehlende Legitimation zur Folge hat bzw. ein grober Pflichtverstoß die fehlende Eignung des Betriebsrats offenbart, ist es folgerichtig, daß der Betriebsrat keinerlei Geschäfte mehr führen darf. Deshalb kommt die Annahme eines unbeschränkten Restmandates nicht in Betracht. Allerdings ließe sich überlegen, ob der Betriebsrat in seinen Befugnissen auf die Entgegennahme von Kündigungen beschränkt fortbesteht. Er hätte die Funktion eines "Briefkastens", der solange bloß latent bestünde, bis der Arbeitgeber ihn zur Entgegennahme einer Kündigungserklärung einsetzte. Wenn anerkannt ist, daß der Betriebsrat über das Ende seiner Amtszeit hinaus sogar bezüglich der Mitbestimmung im Zusammenhang mit der Betriebsstillegung als "aktiver" Betriebsrat fortbesteht, dann müßte es erst recht zulässig sein, ihn als bloßen "latenten Betriebsrat", beschränkt auf die Aufgabe, Kündigungserklärungen entgegenzunehmen, fortbestehen zu lassen. Doch sprechen im Grunde die vorstehenden Bedenken auch gegen einen solchen reduzierten Fortbestand des Betriebsrats. Der Makel der fehlenden Legitimation bzw. Eignung schließt auch die Annahme eines "latenten Betriebsrats" in diesen Fällen aus. Denn auch der "latente Betriebsrat" ist mehr als ein "Briefkasten",

---

[112]BAG 30.10.1979, AP Nr 9 zu § 112 BetrVG, Bl. 2 (B II 1 der Gründe); Fitting/Kaiser/Heither/Engels, § 21 Rn 54; GK/Wiese/Kreutz, § 21 Rn 46; v. Hoyningen-Huene, Betriebsverfassungsrecht, S. 149

[113]vgl. unten Teil 3 C II

[114]vgl. oben Teil 1 C III 2

wie jeder Kündigungsempfänger müßte auch er die Möglichkeit haben, auf die Kündigung zu reagieren. So müßte er etwa auch die fehlende Vollmacht des Kündigenden rügen dürfen (§ 174 S. 1 BGB).

Darüber hinaus würde die Annahme eines "latenten Betriebsrats" dazu führen, daß mit Rückgriff auf diese Konstruktion Betriebsvereinbarungen selbst dann fortgelten würden, wenn eine Neuwahl des Betriebsrats durch die Belegschaft wegen Verlustes der Betriebsratsfähigkeit des Betriebes ausgeschlossen wäre. Damit würden die Betriebsvereinbarungen zu einer einseitig vom Arbeitgeber zu kontrollierenden innerbetrieblichen Normenordnung. Die Belegschaft hätte keine Möglichkeit, die Beendigung - mit Hilfe eines neu gewählten Betriebsrats - oder ablösende Neuregelung der Betriebsvereinbarungen zu bewirken. Die über den Betriebsrat vermittelte Herrschaft der Belegschaft über die Betriebsvereinbarung ist jedoch, wie bereits oben in Teil 1 unter C. II. 3. dargestellt worden ist, deren Geltungsvoraussetzung.

Auch ist die Annahme eines "latenten Betriebsrats" wenig praktikabel. Seine Funktion bestünde möglicherweise über einen langen Zeitraum, weshalb *Kissel* für diese Fälle ein Restmandat ablehnt.[115] Es könnte das Problem entstehen, daß der Arbeitgeber lange Zeit nach Wegfall des "aktiven" Betriebsrats eine bestehende Betriebsvereinbarung kündigen wollte und den "latenten Betriebsrat" nicht mehr ausfindig machen könnte. Selbst wenn der Arbeitgeber alles ihm Mögliche unternehmen würde, um die Mitglieder des "latenten Betriebsrats" auch nach ihrem Ausscheiden aus dem Betrieb erreichen zu können, könnte er unter Umständen nicht verhindern, daß er ihnen die Kündigungserklärung nicht zustellen könnte. Insbesondere drohte die Gefahr, daß sich die Mitglieder des Betriebsrats der Zustellung entzögen. Die Konsequenz wäre für den Arbeitgeber dann schwerwiegend: Die Betriebsvereinbarung wäre faktisch unkündbar. Auch wenn er den "latenten Betriebsrat" ausfindig machen könnte, bedeutete es unter Umständen einen erheblichen Aufwand, wenn ein bereits aus dem Betrieb ausgeschiedenes Mitglied nur für die Bekanntgabe der Kündigung wieder in den Betrieb zurückkehren müßte.

3. Arbeitsgericht als Erklärungsempfänger

Schließlich könnte das Arbeitsgericht berufen sein, die Kündigungserklärung des Arbeitgebers zu empfangen. Allerdings sehen weder das BetrVG noch das ArbGG eine entsprechende Einbeziehung des Arbeitsgerichtes in den Betrieb

---

[115] FG Söllner, S. 143 (154)

vor. *Gaul* [116] überlegt, ob nicht aus dem Rechtsgedanken der §§ 100, 103 BetrVG die Rechtstellung des Arbeitsgerichts als Ersatz-erklärungsempfänger gefolgert werden kann. In diesen Vorschriften wird das Arbeitsgericht ermächtigt, die an sich vom Betriebsrat zu erteilende Zustimmung zu einer Maßnahme des Arbeitgebers zu ersetzen. *Gaul* selbst verneint die Heranziehung des Rechtsgedankens der §§ 100, 103 BetrVG mit der Begründung, dort ginge es um die Prüfung individueller Maßnahmen, die Kündigung der Betriebsvereinbarung hingegen sei ein kollektivrechtlicher Vorgang.[117] Außerdem bestehe in den Fällen der §§ 100, 103 BetrVG ein Betriebsrat, der seine Mitbestimmungsrechte wahrnehme, daher sei für eine Betriebsratsersatzgestellung, wie sie bei einem betriebsratslosen Betrieb notwendig wäre, kein Raum.[118] Im übrigen würde die Mitteilung an das Arbeitsgericht eine wenig praktikabele Lösung sein. Denn das Arbeitsgericht müßte zunächst in Erfahrung bringen, wer Arbeitnehmer im Betrieb ist und müßte dann die Kündigungsmitteilung diesen Arbeitnehmern zustellen. Das ist ein umständliches Verfahren, für dessen Anwendung keine Notwendigkeit besteht.[119]

C. Automatisches Ende der Betriebsvereinbarung

Nach Auffassung von *Gaul* endet die freiwillige Betriebsvereinbarung automatisch, sobald endgültig feststeht, daß ein betriebsratsloser Betrieb gegeben ist.[120] Noch in der 17. Auflage haben *Fitting/Auffarth/Kaiser/Heither* einen ähnlichen Standpunkt vertreten. Nach ihrer ohne Begründung vertretenen Auffassung sollten alle Betriebsvereinbarungen dann enden, wenn der endgültige und dauerhafte Fortfall des Betriebsrats feststeht.[121] Diesen Standpunkt haben die genannten Autoren in der 18. Auflage aufgegeben.[122] *Löwisch* vertritt ebenfalls die Auffassung, die endgültige Betriebsratslosigkeit führe zum Ende der im Betrieb bestehenden Betriebsvereinbarungen.[123]

Der automatische Wegfall der Betriebsvereinbarung wird zum Teil mit der Annahme begründet, daß ohne Betriebsrat das BetrVG nicht angewendet werden könne und daß ohne Geltung des BetrVG wiederum auch

---

[116] NZA 1986, S. 628 (630)
[117] Gaul, NZA 1986, S. 628 (630)
[118] Gaul, NZA 1986, S. 628 (630)
[119] vgl. Teil 3 D
[120] NZA 1986, S. 628 (630)
[121] Fitting/Auffarth/Kaiser/Heither, 17. Aufl., § 77 Rn 55 (vgl. aber Rn 57)
[122] vgl. § 77 Rn 149
[123] BetrVG, § 77 Rn 32

Betriebsvereinbarungen keinen Bestand hätten (unter I.).[124] Es ließe sich auch daran denken, daß sich der Ablauf der Betriebsvereinbarung aus den Grundsätzen zum Wegfall der Geschäftsgrundlage ergibt (unter II.).[125] Es wird auch vertreten, daß der Umstand, der Arbeitgeber verbleibe als einziger Kündigungsberechtigter, zum Wegfall der Betriebsvereinbarung führe (unter III.).[126] Schließlich kann überlegt werden, ob der schuldrechtliche und der normative Teil der Betriebsvereinbarung eine unauflösliche Verbindung darstellt, so daß das Ende des schuldrechtlichen Teils infolge des Wegfalls des Betriebsrats auch das Ende des normativen Teils bedeutet (unter IV.). Mit dieser Überlegung wird Bezug genommen auf die Diskussion des Parallelproblems, daß eine Tarifvertragspartei wegfällt.[127] Dieses Parallelproblem eröffnet auch den Blick auf eine weitere denkbare Problemlösung. Für das Recht des Tarifvertrags ist vorgeschlagen worden, daß dieser nach Verstreichen der ersten Kündigungsmöglichkeit nach Erlöschen einer Tarifvertragspartei automatisch endet (unter V.).[128]

I. Mit dauerhaftem Wegfall des Betriebsrats keine Geltung des BetrVG, ohne Geltung des BetrVG keine Betriebsvereinbarung

Nach Auffassung von *Gaul* [129] läuft die Betriebsvereinbarung ab, sobald klar ist, daß der Betrieb endgültig betriebsratslos geworden ist.

Gaul wird von der Auffassung geleitet, daß mit dem Wegfall des Betriebsrats als Vertreter der Arbeitnehmer nicht nur dessen Gestaltungs*berechtigung*, sondern auch die Gestaltungs*mittel*, nämlich die Betriebsvereinbarungen, ihre Wirksamkeit verlieren müßten.[130] Das ergebe sich daraus, daß das Recht der Stellvertretung des BGB mit seinen Regelungen zum Wegfall des Vertreters für den Betriebsrat nicht angewendet werden könne.[131] Nach den Grundsätzen des Vertreterrechts sei bei Wegfall des Vertreters allein der Vertretene noch zur Entgegennahme von Willenserklärungen zuständig. Könnten diese Grundsätze nicht angewendet werden, würden die Arbeitnehmer mit Wegfall des

---

[124] so Gaul, NZA 1986, S. 628 (630f)

[125] vgl. AR-Blattei, Säcker, (D), Betriebsvereinbarung I, F IV 2

[126] Löwisch, BetrVG, § 77 Rn 32

[127] AR-Blattei, A. Hueck, (D), Tarifvertrag VIII, A IV; ders., Recht des Tarifvertrages, S. 79f; Hueck/Nipperdey/Stahlhacke, § 1 Rn 41; Nikisch, II, S. 355; Richardi, Kollektivgewalt, S. 219

[128] Frey, RdA 1965, S. 363 (365f)

[129] NZA 1986, S. 628 (631f)

[130] Gaul, NZA 1986, S. 628 (631)

[131] Gaul, NZA 1986, S. 628 (631)

Betriebsrats nicht an dessen Stelle treten, so daß die Betriebsvereinbarung in ihrer Rechtsnatur in dem Zeitpunkt unterginge, in dem auch der Betriebsrat endgültig seine Funktion verloren habe.[132] In dem Zeitpunkt, in dem endgültig feststehe, daß es sich um einen betriebsratslosen Betrieb handele, greife das BetrVG mit seinem Regelungsinstrumentarium nicht mehr ein, so daß keine Betriebsvereinbarung begründet werden oder erhalten bleiben könne.[133]

Gaul ist entgegenzuhalten, daß er die Prämissen seiner Schlußfolgerungen nicht aufdeckt. Er erklärt nicht, warum der Wegfall der Gestaltungs*berechtigung* auch zum Wegfall der Gestaltungs*mittel* führen muß. *Gaul* behauptet dieses Ergebnis. Auch wenn das Recht zur Stellvertretung des BGB nicht angewendet werden kann, kann die Betriebsvereinbarung möglicherweise als Normativordnung mit dem Arbeitgeber als verbliebenem Betriebspartner weiterbestehen. Das BetrVG ordnet nicht ausdrücklich den Ablauf der Betriebsvereinbarung mit Wegfall des Betriebsrats an. Im Gesetz ist nur geregelt, daß bei Abschluß und Kündigung einer Betriebsvereinbarung ein Betriebsrat bestehen muß (vgl. § 77 Abs. 2, 5 BetrVG). *Gaul* beachtet nicht, daß die Betriebsvereinbarung nicht nur als Vertrag zustandekommt und dadurch zwischen den Betriebspartnern Rechte und Pflichten begründen kann, sondern darüber hinaus gemäß § 77 Abs. 4 S. 1 BetrVG gegenüber den Arbeitnehmern normativ wirkt. Weil die Betriebsvereinbarung gegenüber den Arbeitnehmern als bzw. wie eine Rechtsnorm wirkt, ist nicht zu fragen, ob die Betriebsvereinbarung gemäß ihrer Rechtsnatur als Vertrag mit Wegfall des Betriebsrats ablaufen muß. Die Eigenschaft der Betriebsvereinbarung als Normenvertrag weist über die Regeln zu allgemein - zivilrechtlichen Verträgen hinaus, so daß der von *Gaul* unausgesprochen gezogene Schluß, daß kein Vertrag ohne beide Vertragsparteien bestehen könne, nicht zwingend ist: Bei anderen, schuldrechtlichen Vertragsbeziehungen wird schon deshalb der *ersatzlose* Wegfall einer Partei zum Ablauf des Vertrages führen, weil mit dem Wegfall der Partei auch der Vertragsgegenstand fortgefallen ist. Das erklärt, warum aus § 613 S. 1 BGB abgeleitet wird, daß der Arbeitsvertrag mit Tod des Arbeitnehmers automatisch endet.[134] Beim Normenvertrag hingegen ist zu überlegen, ob wegen der angeordneten normativen Wirkung gegenüber den Arbeitnehmern ein Fortbestand geboten ist.[135] Hierfür spricht, daß die Regelungsgegenstände der Normativbestimmungen unabhängig vom Wegfall

---

[132]Gaul, NZA 1986, S. 628 (631)

[133]Gaul, NZA 1986, S. 628 (631)

[134]vgl. Palandt/Putzo, § 613 Rn 2; MüKo/Schwerdtner, vor § 620 Rn 30; Schaub, Arbeitsrechtshandbuch, S. 1064

[135]vgl. unten Teil 3 B II

des Betriebsrats weiterhin bestehen.[136] Deshalb wird man nicht annehmen können, daß das Fehlen des Betriebsrats, anders als bei den anerkannten Unwirksamkeitsgründen[137], etwa dem Verstoß gegen den Tarifvorrang in § 77 Abs. 3 S. 1 BetrVG, kein so schwerwiegender "Makel" ist, daß es den Ablauf der Betriebsvereinbarung zur Folgen haben muß.

Schließlich ist *Gaul* der Vorwurf der begrifflichen Unklarheit entgegenzuhalten. Nach seiner Auffassung soll die Betriebsvereinbarung ablaufen, wenn endgültig feststeht, daß es sich um einen betriebsratslosen Betrieb handelt; die Betriebsvereinbarung gehe in ihrer Rechtsnatur in dem Zeitpunkt unter, in dem auch der Betriebsrat endgültig seine Funktion verliere.[138] *Gaul* macht nicht deutlich, wann diese endgültige Feststellung getroffen werden kann, wann der Funktionsverlust des Betriebsrats endgültig ist. Für die praktische Anwendung eignet sich der Lösungsvorschlag deshalb nicht.

Die Darstellungen von *Gaul* sind hilfreich, weil er ausführlich nach Möglichkeiten der Gesetzes- und Rechtsanalogie sucht. Den zwingenden Ablauf der bestehenden Betriebsvereinbarung mit Wegfall des Betriebsrats kann er hingegen nicht überzeugend begründen.

II. Wegfall der Geschäftsgrundlage

Wird dem Standpunkt der weit überwiegenden Meinung gefolgt, sind die Grundsätze zum Wegfall der Geschäftsgrundlage zwar auch auf Betriebsvereinbarungen anzuwenden.[139] Indes soll der Wegfall der Geschäftsgrundlage nicht zur Folge haben, daß die Betriebsvereinbarungen automatisch enden.[140] Soweit ersichtlich vertritt einzig *Säcker*[141] eine

---

[136] vgl. unten Teil 3 B II 1

[137] vgl. zu diesen GK/Kreutz, § 77 Rn 46

[138] Gaul, NZA 1986, S. 628 (631)

[139] vgl. BAG 10.8.1994, AP Nr 86 zu § 112 BetrVG, Bl. 6R (B II 3 c aa der Gründe); 28.8.1996, NZA 1997, S. 109 (110, II 2 b der Gründe); Däubler/Kittner/Klebe/Berg, § 77 Rn 55; Fitting/Kaiser/Heither/Engels, § 77 Rn 135a; GK/Kreutz, § 77 Rn 325; Hess/Schlochauer/Glaubitz, § 77 Rn 222f; MünchArbR/Matthes, § 319 Rn 44; Richardi, § 77 Rn 181

[140] vgl. BAG 10.8.1994, AP Nr 86 zu § 112 BetrVG, Bl. 6R (B II 3 c aa der Gründe); 28.8.1996, NZA 1997, S. 109 (110, II 2 b der Gründe); Däubler/Kittner/Klebe/Berg, § 77 Rn 55; GK/Kreutz, § 77 Rn 325; Hess/Schlochauer/Glaubitz, § 77 Rn 222f; MünchArbR/Matthes, § 319 Rn 44; Richardi, § 77 Rn 181

[141] AR-Blattei, (D), Betriebsvereinbarung I, F IV 2

differenzierende Lösung: Zwar meint auch er, daß grundsätzlich das Recht zum Ausspruch der (außerordentlichen) Kündigung die einzige Rechtsfolge des Wegfalls der Geschäftsgrundlage einer Betriebsvereinbarung sei.[142] Ausnahmsweise soll jedoch die Betriebsvereinbarung dann *automatisch* enden, wenn bei Wegfall der Geschäftsgrundlage außergewöhnliche Verhältnisse eine an sich zulässige außerordentliche Kündigung unmöglich oder doch unzumutbar machen.[143] Es könnte in Erwägung gezogen werden, daß der Wegfall des Betriebsrats einen solchen Umstand darstellt.

Nach Auffassung von *Säcker* soll die objektive Geschäftsgrundlage[144] mit der Wirkung der automatischen Beendigung der Betriebsvereinbarung entfallen, wenn die tatsächlichen Grundlagen für die Weitergeltung einer Betriebsvereinbarung durch äußere, evidente Ereignisse sowohl für den Arbeitgeber als auch für den Betriebsrat dauernd oder doch auf unabsehbare Zeit weggefallen seien.[145] Welche Fälle *Säcker* bei der Annahme des automatischen Endes im Auge hat, zeigt der Sachverhalt der Entscheidung des BAG, auf die er selbst Bezug nimmt. In dieser Entscheidung[146] ging es um Ansprüche eines Arbeitnehmers, der in Schlesien in einem Berg- und Hüttenwerk angestellt war. 1945 flohen sowohl Arbeitnehmer als auch Arbeitgeber nach dem Westen, ohne daß es zuvor bei den überstürzenden Ereignissen zu einer Kündigung des Arbeitsverhältnisses gekommen war. 1959 begehrten die Erben des Arbeitnehmers Feststellung, daß der Arbeitgeber zur Zahlung von Ruhegehalt verpflichtet war. In diesem Extremfall nahm das BAG - wenn auch ohne Auseinandersetzung mit der Kritik in der Literatur[147] - das automatische Ende des Arbeitsverhältnisses an. Der Zusammenbruch und die bedingungslose Kapitulation mit der Flucht der Parteien aus Schlesien hätten dazu geführt, daß die tatsächlichen Grundlagen für eine Beschäftigung weggefallen seien. Weil die tatsächliche Grundlage für eine Beschäftigung des Arbeitnehmers durch äußere Umstände für beide Parteien erkennbar auf unabsehbare Zeit weggefallen sei, habe das Arbeitsverhältnis ohne Gestaltungserklärung geendet.[148]

---

142 AR-Blattei, Säcker, (D), Betriebsvereinbarung I, F IV 2

143 AR-Blattei, Säcker, (D), Betriebsvereinbarung I, F IV 2

144 zum Begriff: Larenz, Geschäftsgrundlage und Vertragserfüllung, S. 17; ders., Schuldrecht AT, S. 324-328

145 AR-Blattei, Säcker, (D), Betriebsvereinbarung I, F IV 2

146 BAG 3.10.1961, AR-Blattei, (D), Arbeitsvertrag-Arbeitsverhältnis VIII, Entscheidung 4

147 Frey, ArbuR 1956, S. 193 (195f); Hueck/Nipperdey, I, S. 477, Fn 1; Molitor, Anm. zu BAG, AR-Blattei, (D), Arbeitsvertrag-Arbeitsverhältnis VIII, Entscheidung 4; Nikisch, I, S. 668; Siebert, BB 1953, S. 624

148 BAG 3.10.1961, AR-Blattei, (D), Arbeitsvertrag-Arbeitsverhältnis VIII, Entscheidung 4

Auf das Recht der Betriebsvereinbarung übertragen müßte der Bestand des Betriebsrats Geschäftsgrundlage der Betriebsvereinbarung sein und dessen Wegfall infolgedessen die Erklärung der Kündigung für den Arbeitgeber unmöglich oder zumindest unzumutbar machen. Weil - wie weiter oben[149] deutlich geworden ist - die Kündigung der Betriebsvereinbarung mit Wegfall des Betriebsrats für den Arbeitgeber nicht nur unzumutbar, sondern unmöglich geworden ist, wäre mit dieser Begründung eine automatische Beendigung der Betriebsvereinbarungen zu erreichen.
Indes wird sich nicht begründen lassen, daß der Bestand des Betriebsrats Geschäftsgrundlage der Betriebsvereinbarungen ist. Dessen Wegfall ist nicht nur keiner der anerkannten Fallgruppen zuzuordnen. Vielmehr zeigt der Blick auf diese Fallgruppen, daß ein für diese bestimmendes Element beim Wegfall des Betriebsrats fehlt: In den Fällen der Äquivalenzstörung,[150] der Störung des Verwendungszwecks[151] und des gemeinschaftlichen Irrtums[152] geht es darum, daß sich konkrete inhaltliche Regelungen eines Rechtsverhältnisses aufgrund der Änderung der Geltungsbedingungen für einen der Vertragspartner als unzumutbar erweisen.[153] Das unveränderte Festhalten am konkreten Regelungsinhalt würde zu einem Ergebnis führen, das der Gerechtigkeit gröblich widerspräche.[154] Der Wegfall des Betriebsrats ist ein solcher Umstand nicht.
Für freiwillige Betriebsvereinbarungen ergibt sich dieses Ergebnis aus der Überlegung, daß der Arbeitgeber zum Abschluß der konkreten Vereinbarung nicht gezwungen war, sondern zur Regelung der betrieblichen Verhältnisse selbst gewählt hat. Bestimmend für den Abschluß der Betriebsvereinbarungen war nicht der Fortbestand des Betriebsrats, sondern die Möglichkeit, mit Hilfe des Normenvertrages eine Regelung der betrieblichen Verhältnisse zu erreichen. Diese konkreten betrieblichen Verhältnisse ändern sich indes nicht durch den Wegfall des Betriebsrats. Die Regelung bleibt sinnvoll.
Aber auch für erzwingbare Betriebsvereinbarungen gilt entsprechendes. Zwar ist nicht zu verkennen, daß Fälle denkbar sind, in denen der Arbeitgeber kraft

---

[149] Teil 2 B
[150] MüKo/Roth, § 242 Rn 587-655; Palandt/Heinrichs, § 242 Rn 135-143
[151] MüKo/Roth, § 242 Rn 656-664; Palandt/Heinrichs, § 242 Rn 144-147
[152] MüKo/Roth, § 242 Rn 665-700; Palandt/Heinrichs, § 242 Rn 149-152
[153] für das allgemeine Zivilrecht: BGH 29.1.1957, WM 1957, S. 401, Ls. 1; 20.3.1967, WM 1967, S. 561 (II 2 der Gründe); 16.12.1968, WM 1969, S. 335 (337, III 2 der Gründe); 4.5.1973, WM 1973, S. 752 (753); 1.10.1975, WM 1975, S. 1131 (1132, II 3 der Gründe); Haarmann, Wegfall der Geschäftsgrundlage bei Dauerrechtsverhältnissen, S. 128f; MüKo/Roth, § 242 Rn 509, 540
[154] BGH 23.5.1951, Z 2, S. 176 (188f); Erman/O. Werner, § 242 Rn 179

des Einigungszwangs[155] - verstärkt durch die Theorie der notwendigen Mitbestimmung[156] - Regelungen gemeinsam mit dem Betriebsrat getroffen oder durch Spruch der Einigungsstelle aufgezwungen bekommen hat, die er so ohne Einigungszwang nicht abgeschlossen hätte. Indes wird dieser Umstand alleine nicht begründen können, daß es dem Arbeitgeber schlechterdings unzumutbar ist, nach Wegfall des Betriebsrats - d.h. nach Fortfall des Einigungszwangs - länger an sie gebunden zu sein. Denn erstens ist die Regelung in der Vergangenheit bereits angewendet worden. Sie kann also zur Regelung der tatsächlichen betrieblichen Verhältnisse nicht gänzlich sinnlos sein, was ein Indiz für die Unzumutbarkeit für den Arbeitgeber wäre. Dem wird nicht engegengehalten werden können, daß der Arbeitgeber in der Vergangenheit möglicherweise nur wegen des Einigungszwangs die Regelungen der erzwingbaren Betriebsvereinbarungen geduldet hat. Denn wenn sie auch schon in der Vergangenheit für den Arbeitgeber unzumutbar gewesen wären, wären sie auf Grundlage der gerichtlichen Billigkeitskontrolle zu ändern gewesen.[157] Zweitens sind Situationen denkbar, in denen die fortgesetzte Geltung sogar im Interesse des Arbeitgebers liegt. So mögen sich die Regelungen der erzwingbaren Betriebsvereinbarungen bewährt haben oder der Arbeitgeber möchte die Unruhe in der Belegschaft vermeiden, die mit einer Neuregelung verbunden wären. Es müssen also andere Umstände vorliegen, die die Unzumutbarkeit der fortgesetzten Geltung begründen, nachdem der Betriebsrat weggefallen ist.

---

[155] vgl. oben Teil 1 C II 2

[156] BAG 13.7.1977, AP Nr 2 zu § 87 BetrVG Kurzarbeit, Bl. 5 (10 der Gründe); 16.9.1986, AP Nr 17 zu § 77 BetrVG, Bl. (C III 4 der Gründe); 20.8.1991, AP Nr 50 zu § 87 BetrVG Lohngestaltung, Ls. 1, Bl. 3f (II 2 e der Gründe); GS 3.12.1991, AP Nr 51 zu § 87 BetrVG Lohngestaltung, Bl. 14R f (D II der Gründe); AP Nr 52 zu § 87 BetrVG Lohngestaltung, Bl. 13R f (D II der Gründe); 3.5.1994, AP Nr 23 zu § 23 BetrVG, Bl. 4R f (B III 2 c der Gründe); Däubler/Kittner/Klebe, § 87 Rn 4; Fitting/Kaiser/Heither/Engels, § 87 Rn 568; Galperin/Löwisch, § 87 Rn 16; GK/Wiese, § 87 Rn 92; Hess/Schlochauer/Glaubitz, § 87 Rn 93; Schaub, Arbeitsrechtshandbuch, S. 1936; Weiss/Weyand, § 87 Rn 2

[157] vgl. BAG 30.1.1970, AP Nr 142 zu § 242 BGB Ruhegehalt, Ls. 2, Bl. 6R-7R (B IV 3 b der Gründe); 11.6.1975, AP Nr 1 zu § 77 BetrVG Auslegung, Ls. 2, Bl. 3 (2 der Gründe); 11.3.1976, AP Nr 11 zu § 242 BGB Ruhegehalt -Unverfallbarkeit-, Bl. 2 (II 2 a der Gründe); 8.12.1981, AP Nr 1 zu § 1 BetrAVG Unterstützungskasse, Bl. 3 (II 3 der Gründe); 9.12.1981, AP Nr 14 zu § 112 BetrVG, Bl. 2 (II 2 a der Gründe); GS 16.9.1986, AP Nr 17 zu § 77 BetrVG, Bl. 97f (C II 5 der Gründe); 3.11.1987, EzA § 77 BetrVG Nr 20, S. 9-11 (II 4 der Gründe); 20.11.1987, AP Nr 2 zu § 620 BGB Altersgrenze, Bl. 5Rf (VI der Gründe); 25.4.1991, EzA § 611 BGB Gratifikation-Prämie- Nr 85, Ls. 2, S. 9f (II 3 e der Gründe); 21.1.1992, EzA § 1 BetrAVG Ablösung Nr 8, S. 5 (I 2 der Gründe); 1.12.1992, EzA § 77 BetrVG Nr 50, S. 8 (I 3 a der Gründe)

III. Arbeitgeber verbleibt als einziger Kündigungsberechtigter

Löwisch meint, die Betriebsvereinbarungen endeten automatisch in dem Zeitpunkt, in dem ein Betrieb endgültig betriebsratslos werde.[158] Andernfalls läge die Entscheidung darüber, ob eine Betriebsvereinbarung gekündigt werden könne, einzig bei dem anderen Vertragspartner,[159] also beim Arbeitgeber. Eine nur vorübergehende Betriebsratslosigkeit sei demgegenüber ohne Auswirkungen auf den Fortbestand der Betriebsvereinbarungen.

Zwar ist dem Lösungsansatz von *Löwisch*, anders als dem von *Gaul*, nicht der Einwand begrifflicher Unklarheit entgegenzuhalten. Denn *Löwisch* deckt durch die Benennung von Beispielen auf, daß für ihn die in dieser Untersuchung in den Fallgruppen 1 und 3 zusammengefaßten Gründe eine endgültige und die in der Fallgruppe 2 erfaßten Gründe eine nur vorübergehende Betriebsratslosigkeit beinhalten.[160] Aber seine Begründung für das automatische Ende der Betriebsvereinbarung bei endgültiger Betriebsratslosigkeit, daß andernfalls die Entscheidung, ob die Betriebsvereinbarung gekündigt werden soll oder nicht, allein beim anderen Vertragspartner liege, differenziert nicht genug hinsichtlich der verschiedenen Betriebsvereinbarungsinhalte. Die alleinige Herrschaft des Arbeitgebers über die Betriebsvereinbarungen ist nicht in jedem Fall ein Grund, der zu deren sofortigem Ende führen muß. Wie bereits in Teil 1[161] in der Begründung für die Unterscheidung nach Fallgruppen angedeutet, macht es einen Unterschied, ob die Belegschaft das Recht zur Neuwahl eines Betriebsrats hat. Denn wenn dieses Recht besteht, kann sie ihrerseits durch Neuwahl eines Betriebsrats die alleinige Herrschaft des Arbeitgebers wieder beenden. Sofern das unterbleibt, erscheint das alleinige Recht des Arbeitgebers, über den Beendigungszeitpunkt bestehender Betriebsvereinbarungen zu entscheiden, hinnehmbar. Denn wie eben bereits deutlich wurde, liegt nicht nur dem Arbeitgeber an dem Fortbestand der Betriebsvereinbarungen. Haben auch die Arbeitnehmer, wie grundsätzlich für die erzwingbare Betriebsvereinbarung, ein Interesse an der Fortgeltung, werden sie es nicht als Rechtsbeeinträchtigung empfinden, wenn der Arbeitgeber alleine die Dauer der Fortgeltung bestimmt.
Verliert der Betrieb hingegen seine Betriebsratsfähigkeit, müssen die Betriebsvereinbarungen wegfallen. Insoweit ist *Löwisch* im Ergebnis zuzustimmen.

---

[158] BetrVG, § 77 Rn 32
[159] Löwisch, BetrVG, § 77 Rn 32
[160] vgl. die Beispiele bei Löwisch, BetrVG, § 77 Rn 32
[161] C II 3

IV. Ablauf des normativen Teils wegen des Ablaufs des schuldrechtlichen Teils der Betriebsvereinbarung

Der schuldrechtliche Teil der Betriebsvereinbarung, der nicht auf den normativen Teil bezogen ist, wird mit Wegfall des Betriebsrats sinnlos.[162] Für den Tarifvertrag hat das BAG - Stimmen in der Literatur folgend[163] - in seiner Entscheidung vom 11.11.1970[164] hinsichtlich des schuldrechtlichen Teils entschieden, daß dieser mit Auflösung der Tarifvertragspartei wegfalle. Für den Tarifvertrag wird aus diesem Ergebnis zum Teil die Konsequenz gezogen, daß der normative Teil des Tarifvertrages in seinem Bestand vom Fortbestand des schuldrechtlichen Teils abhängt und deshalb mit Ende des schuldrechtlichen Teils endet.[165] Wenn diese Auffassung überzeugen und auf das Recht der Betriebsvereinbarung übertragen werden kann, endet die Betriebsvereinbarung mit Wegfall des Betriebsrats als ganzes. Indes ist nicht nur fraglich, ob sich diese Parallele für die Betriebsvereinbarung ziehen läßt, zweifelhaft ist bereits, ob der Zusammenhang beider Bestandteile für den Tarifvertrag anzunehmen ist.

Für den Tarifvertrag wird als Argument für die unzertrennliche Verbindung zwischen obligatorischem und normativem Teil angeführt, daß beide Teile durch einen einzigen Vertragsschluß begründet würden, ohne daß sie äußerlich kaum jemals räumlich getrennt seien.[166] Ebenso hingen sie auch in ihrem Bestand voneinander ab, Rücktritt oder Kündigung einer Tarifpartei ließen beide Bestandteile gleichermaßen entfallen.[167] Im übrigen bestimme sich der Gegenstand, dessen Sicherung die Durchführungs- und Friedenspflicht dienten, aus dem normativen Teil. So könne sich der obligatorische Teil auch nicht auf Regelungsinhalte beziehen, die im normativen Teil nicht zulässig wären.[168] Schließlich entspreche es nicht dem Willen der Tarifvertragsparteien, den Tarifvertrag nur in seinem normativen Teil fortgelten zu lassen, wenn der schuldrechtliche Teil wegen der Unmöglichkeit seiner Erfüllung wegfalle.[169]

---

[162] vgl. oben Teil 1 C II 1

[163] AP Nr 28 zu § 2 TVG

[164] AP Nr 28 zu § 2 TVG

[165] AR-Blattei, A. Hueck, (D), Tarifvertrag VIII, A IV; ders., Recht des Tarifvertrages, S. 79f; Hueck/Nipperdey/Stahlhacke, § 1 Rn 41; Nikisch, II, S. 355; Richardi, Kollektivgewalt, S. 219

[166] Hueck/Nipperdey, II/1, S. 336; Özfirat, S. 131 f

[167] Hueck/Nipperdey/Tophoven/Stahlhacke, § 1 Rn 184; Hueck/Nipperdey, II/1, S. 337; Özfirat, S. 135 f

[168] Hueck/Nipperdey, II/1, S. 337

[169] A. Hueck, AR-Blattei, Tarifvertrag VII, A IV

Gegen die unauflösliche Verbindung zwischen normativem und schuldrechtlichem Teil spricht jedoch, daß für den Tarifvertrag in § 4 Abs. 5 TVG die nachwirkende Fortgeltung des normativen Teils über die Beendigung des schuldrechtlichen Teils hinaus angeordnet wird. Nach Auffassung der herrschenden Meinung bezeichnet die Nachwirkung die unmittelbare Fortgeltung als Rechtsnorm,[170] es findet keine Transformation statt.[171] Die Nachwirkung - und damit die vom schuldrechtlichen Teil losgelöste Geltung des normativen Teils des Tarifvertrages - tritt unabhängig vom Willen der Tarifvertragsparteien kraft gesetzlicher Anordnung ein. Gleiches gilt für den normativen Teil der erzwingbaren Betriebsvereinbarung, die gemäß § 77 Abs. 6 BetrVG unabhängig vom Willen der Betriebspartner nachwirkt.
Aus der Feststellung, daß der schuldrechtliche Teil des Normenvertrages auf den normativen Teil bezogen sei, läßt sich nicht umgekehrt schließen, daß der normative Teil seinerseits ohne schuldrechtlichen Teil nicht bestehen kann - auch insoweit gilt das Argument der gesetzlichen Regelung in den §§ 4 Abs. 5 TVG, 77 Abs. 6 BetrVG.
Neben dieser für beide Normenverträge geltenden Kritik ist darüber hinaus für die Betriebsvereinbarung darauf hinzuweisen, daß die typischen und wesentlichen Inhalte des schuldrechtlichen Teils des Tarifvertrages für die Betriebsvereinbarung bereits aus dem Gesetz folgen, die Friedenspflicht ergibt sich aus § 74 Abs. 2 S. 1, 2 BetrVG, die Durchführungspflicht folgt aus § 77 Abs. 1 S. 1 BetrVG.
Wegen beider Gesichtspunkte spricht auch nicht die formale Einheit von schuldrechtlichem und normativem Teil in einer Vertragsurkunde gegen die getrennte Geltung bzw. die Fortgeltung des normativen Teils über das Ende des schuldrechtlichen Teils hinaus. Das folgt für die Betriebsvereinbarung daraus, daß die Nichtigkeit von Teilen der Betriebsvereinbarung regelmäßig nicht zur Nichtigkeit des gesamten Normenvertrages führt. Einzige Voraussetzung der Teilnichtigkeit ist, daß der vom Nichtigkeitsgrund nicht erfaßte Teil eine sinnvolle und in sich geschlossene Regelung enthält.[172] Der Fortbestand des

---

[170] BAG 14.2.1973, AP Nr 6 zu § 4 TVG Nachwirkung, Bl. 2; 29.1.1975, AP Nr 8 zu § 4 TVG Nachwirkung, Bl. 2; Däubler, Tarifvertragsrecht, Rn 1449; Gamillscheg, Kollektives Arbeitsrecht, I, S. 872f; Hueck/Nipperdey, II/1, S. 542; Hueck/Nipperdey/Stahlhacke, § 4 Rn 63; Kempen/Zachert, § 4 Rn 293; Löwisch/Rieble, § 4 Rn 225; Wiedemann/Wank, § 4 Rn 320

[171] so aber Nikisch, II, S. 391

[172] BAG 28.4.1981, AP Nr 1 zu § 87 BetrVG Vorschlagswesen, Bl. 7 (IV der Gründe); 23.6.1992, EzA § 77 BetrVG Nr 49, S. 7 (B II 3 der Gründe); 12.10.1994, EzA § 87 BetrVG Kurzarbeit Nr 2, S. 3 (II 3 der Gründe); AR-Blattei, Brune, SD 520 Rn 116; Fitting/Kaiser/Heither/Engels, § 77 Rn 30a; Galperin/Löwisch, § 77 Rn 18; GK/Kreutz, § 77

normativen Teils bedeutet für die Arbeitsvertragsparteien auch keinen Rechtsverlust. Denn die einzelne Partei hat einen Anspruch gegen die andere Arbeitsvertragspartei, die Rechtsnormen des Tarifvertrages und der Betriebsvereinbarung einzuhalten.[173]

V. Automatischer Wegfall nach Verstreichen der ersten Kündigungsmöglichkeit

Schließlich könnte daran gedacht werden, daß die Betriebsvereinbarung über den Wegfall des Betriebsrats hinaus bis zum Ablauf der ersten Kündigungsmöglichkeit fortbesteht. Für den Tarifvertrag nimmt *Frey* rechtsfortbildend den Fortbestand des normativen Teils des TV über den Zeitpunkt der Auflösung einer Tarifvertragspartei hinaus *bis zum Ablauf der ersten Kündigungsmöglichkeit nach Auflösung des Tarifvertragspartners* bzw. bis zum Fristablauf an.[174] Er kommt zu diesem Ergebnis, weil der die Auflösung überdauernde Bestand des normativen Teils durch die Funktion des Tarifvertrages geboten sei, individuelle Ansprüche der im Verband gebundenen Arbeitsvertragsparteien zu sichern und die Arbeitsbeziehungen zu ordnen.[175] Hierdurch würden die Arbeitsvertragsparteien auch nicht schutzlos, denn Streitigkeiten zwischen ihnen bezüglich der Anwendung des Tarifvertrages nach Auflösung einer Tarifvertragspartei könnten auch weiterhin gerichtlich entschieden werden.[176] Auf der anderen Seite sei nicht davon auszugehen, daß die normativen Tarifvertragsteile über die erste Kündigungsmöglichkeit hinausgehend fortbestehen müßten. Sonst würde der infolge Vertragsparteiwegfall "hinkende" Tarifvertrag gegenüber dem von beiden Parteien getragenen Tarifvertrag privilegiert, der einseitig durch Kündigung beendet werden könne, obwohl nach der Tarifvertragsrechtsordnung der mangelfreie Tarifvertrag gegenüber dem mangelbehafteten Tarifvertrag die höhere Existenzgarantie verdiene.[177]

Das beachtliche am Lösungsweg von *Frey* ist im vorliegenden Zusammenhang, daß er die Fortgeltung des normativen Teils über den Zeitpunkt des Wegfalls einer Tarifvertragspartei hinaus begründet. Das hierfür bestimmende Argument der Ordnungsfunktion gilt auch für die Betriebsvereinbarung, deren

---

Rn 49; Hess/Schlochauer/Glaubitz, § 77 Rn 225; MünchArbR/Matthes, § 319 Rn 72; Richardi, § 77 Rn 43

[173] Frey, RdA 1965, S. 363 (365)

[174] Frey, RdA 1965, S. 363 (366)

[175] Frey, RdA 1965, S. 363 (365f)

[176] Frey, RdA 1965, S. 363 (366)

[177] Frey, RdA 1965, S. 363 (366)

normativem Teil gleichfalls eine Ordnungsfunktion zukommt.[178] Gleichzeitig ist jedoch die automatische Beendigung des normativen Teils der Betriebsvereinbarung für alle Fälle des Wegfalls des Betriebsrats nicht geboten. Es ist bereits in der Einleitung in Teil 1 unter C. deutlich geworden, daß eine einheitliche Lösung für alle Fälle des Betriebsratswegfalls nicht sachgerecht ist. Vielmehr ist nach Fallgruppen zu unterscheiden, für die jeweils unterschiedliche Lösungen zu entwickeln sind. So ist in der Fallgruppe 2 für die Fälle der zwingenden Betriebsratslosigkeit eine Veränderungssperre anzunehmen, während bei Verlust der Betriebsratsfähigkeit jede Fortgeltung über den Wegfall des Betriebsrats hinaus nicht angemessen ist.[179] Gleichzeitig ist das Argument von *Frey*, der "hinkende" Tarifvertrag solle nicht gegenüber dem von beiden Parteien getragenen Tarifvertrag privilegiert werden, bereits für den Tarifvertrag nicht überzeugend. Denn die Privilegierung beruht auf dem Auflösungsbeschluß des anderen Tarifvertragspartners. Seine Mitglieder beschließen die Auflösung in Kenntnis der Rechtsfolgen, die damit verbunden sind, bzw. in der Möglichkeit der vorherigen Information über sie. Insoweit ist ihnen die Privilegierung des anderen Tarifvertragspartners zuzumuten. Zuzustimmen ist *Frey* hingegen, daß die Arbeitsvertragsparteien infolge Fortbestands des "hinkenden" Normenvertrages nicht schutzlos würden. Denn auch hinsichtlich der Regelungen der Betriebsvereinbarung, die den Inhalt des Arbeitsverhältnisses bestimmen, ist Rechtsschutz aus dem Arbeitsverhältnis zu erlangen.

D. Nachwirkung

Wer, entgegen dem hier vertretenen Standpunkt, annimmt, daß die Betriebsvereinbarung mit Wegfall des Betriebsrats abläuft oder durch Kündigung beendet werden kann, muß nicht gleichzeitig annehmen, daß damit auch alle Regelungen, sie sich bisher aus der Betriebsvereinbarung ergaben, enden. Es ist denkbar, daß auch in diesem Fall § 77 Abs. 6 BetrVG anzuwenden ist, daß also (zumindest) die erzwingbaren Betriebsvereinbarungen nachwirken (unter I.). Ebenfalls kann in Erwägung gezogen werden, daß - begründet mit einer Analogie von § 77 Abs. 6 BetrVG oder § 4 Abs. 5 TVG - nicht nur erzwingbare, sondern auch freiwillige Betriebsvereinbarungen mit ihrem

---

[178] W. Siebert, FS Nipperdey, S. 119 (123); Schelp, DB 1962, S. 1242; Karakatsanis, Die kollektivrechtliche Gestaltung des Arbeitsverhältnisses, S. 31ff, 56, 108f; Biedenkopf, Tarifautonomie, S. 293; Canaris, AuR 1966, S. 129ff; Jaeckle, Die Ablösung kollektiver Ordnungen, S. 100, 125ff, 128ff; Quasten, Zulässigkeit und Unzulässigkeit von BV, S. 14, 62; Travlos-Tsanetatos, Die Regelungsbefugnis der Betriebspartner, S. 49f; a. A. Kreutz, Grenzen der Betriebsautonomie, S. 226

[179] vgl. oben Teil 1 C II 2, 3

Ablauf nachwirken - jedenfalls soweit sie Rechte und Pflichten der Arbeitsvertragsparteien regeln (unter II.).

Beiden Lösungsmodellen ist gemeinsam, daß sie von einem normativen Fortbestand der Betriebsvereinbarungen über den Wegfall des Betriebsrats hinaus ausgehen. Denn nach nahezu einhelliger Auffassung bezeichnen sowohl § 77 Abs. 6 BetrVG als auch § 4 Abs. 5 TVG die Fortgeltung der normativen Regelungen als Rechtsnormen.[180] Soweit ersichtlich sehen einzig *von Hoyningen-Huene*[181] und *Gaul*[182] für die Betriebsvereinbarung in der Nachwirkung die Überleitung als *Inhalt der Arbeitsverträge*, entsprechend betrieblicher Übung oder Gesamtzusage.[183] Der Wortlaut der Norm stützt die von der herrschenden Meinung vertretene Auffassung der weiterhin bestehenden normativen Geltung, denn es wird ausschließlich die *Weitergeltung* angeordnet. Es fehlt jeder Hinweis darauf, daß hiermit eine Überleitung in Individualrecht verbunden ist. Vielmehr liegt die Annahme näher, daß die vorher unmittelbar und zwingend geltende Betriebsvereinbarung nunmehr nicht mehr zwingend, wohl aber noch unmittelbar gilt. Denn so läßt sich die Nachwirkung mit der in § 77 Abs. 4 S. 1 BetrVG angeordneten normativen Wirkung vereinbaren: Allgemein gilt in der Rechtsordnung, daß normative Regelungen entweder zwingend oder dispositiv gelten. Die erzwingbare Betriebsvereinbarung wird also mit ihrem Ablauf abdingbares Recht.[184] Dafür spricht auch die Entstehungsgeschichte der Norm. Der Gesetzgeber hat mit der Anordnung der Nachwirkung die bis dahin bestehende Rechtsunsicherheit beseitigen wollen, indem er unter Anlehnung an die Regelungen für den Tarifvertrag nach dem Tarifvertragsgesetz die Nachwirkung festgeschrieben hat.[185] § 4 Abs. 5 TVG regelt jedoch nach einhelliger Auffassung, daß der Tarifvertrag nach seinem Ablauf noch

---

180 für BV: AR-Blattei, Brune, SD 520, Rn 419; Däubler/Kittner/Klebe/Berg, § 77 Rn 61; Fitting/Kaiser/Heither/Engels, § 77 Rn 151; Galperin/Löwisch, § 77 Rn 42; GK/Kreutz, § 77 Rn 332; MünchArbR/Matthes, § 319 Rn 47; Richardi, § 77 Rn 153; Weiss/Weyand, § 77 Rn 47; für TV: ErfK/Schaub, § 4 TVG Rn 73; Wiedemann/Wank, § 4 Rn 320; Kempen/Zachert, § 4 Rn 293

181 RdA 1983, S. 225 (229)

182 NZA 1986, S. 628 (632)

183 NZA 1986, S. 628 (632) (Hervorhebung vom Verf.)

184 Rüthers/Bakker, Anm. zu BAG, EzA § 77 BetrVG Nr 26, S. 23-25; MünchArbR/Matthes, § 319 Rn 47

185 BT-DS VI/1786 zu § 77 des Regierungsentwurfs zum BetrVG 1972

unmittelbar, hingegen nicht mehr zwingend weitergilt.[186] § 4 Abs. 5 TVG bestimmt also die Abdingbarkeit der Inhaltsnormen,[187] nicht die Überleitung in Individualrecht. Dann regelt auch § 77 Abs. 6 BetrVG keine Individualisierung, sondern ordnet die kollektivrechtliche, wenn auch abdingbare Fortgeltung der abgelaufenen Betriebsvereinbarung an.

I. Nachwirkung der erzwingbaren Betriebsvereinbarung

Gaul hat eine betriebsverfassungsrechtliche Analogielösung vorgeschlagen.[188] Nach seiner Auffassung führt der Wegfall des Betriebsrats zum *Ablauf der Betriebsvereinbarung* im Sinne von § 77 Abs. 6 BetrVG. Freiwillige Betriebsvereinbarungen enden demnach mit Wegfall des Betriebsrats,[189] die erzwingbaren Betriebsvereinbarungen wirken gemäß § 77 Abs. 6 BetrVG nach.

Bei bestehendem Betriebsrat ist nachvollziehbar und sinnvoll, daß die Nachwirkung nur für erzwingbare Betriebsvereinbarungen angeordnet wird. Denn die sogleich darzustellenden Regelungszwecke gelten nur für erzwingbare Betriebsvereinbarungen. Weil § 77 Abs. 6 BetrVG die Nachwirkung der Betriebsvereinbarung in solchen Angelegenheiten anordnet, in denen die Einigungsstelle die Einigung zwischen Arbeitgeber und Betriebsrat ersetzen kann, freiwillige Betriebsvereinbarungen hingegen mit ihrem Ablauf enden, liegt es nahe, bei der Ermittlung des Regelungszwecks an diesem Unterschied anzusetzen. Würden erzwingbare Betriebsvereinbarungen nicht nachwirken, könnte der Arbeitgeber durch die Kündigung die infolge Einigungszwangs zustandegekommenen Betriebsvereinbarungen beenden. Zwar wäre es ihm nicht möglich, die abgelaufene Betriebsvereinbarung durch neue Regelungen zu ersetzen. Denn das verbietet die Mitbestimmungspflicht, für die wichtige Gruppe der Mitbestimmungsangelegenheiten des § 87 Abs. 1 BetrVG verstärkt durch die von der herrschenden Meinung vertretene Theorie der notwendigen Mitbestimmung.[190] Danach ist jede individualrechtliche

---

[186] BAG 29.1.1975, AP Nr 8 zu § 4 TVG Nachwirkung, Bl. 2R; Däubler, Tarifvertragsrecht, Rn 1449; Kempen/Zachert, § 4 Rn 50f; Löwisch/Rieble, § 4 Rn 224; Wiedemann/Wank, § 4 Rn 322f

[187] BAG 28.1.1987, AP Nr 16 zu § 4 TVG Nachwirkung, Bl. 3 (III 2 der Gründe); Däubler, Tarifvertragsrecht, Rn 1449; Kempen/Zachert, § 4 Rn 51; Löwisch/Rieble, § 4 Rn 228

[188] Gaul, NZA 1986, S. 628 (631)

[189] Gaul, NZA 1986, S. 628 (631)

[190] BAG 13.7.1977, AP Nr 2 zu § 87 BetrVG Kurzarbeit, Bl. 5 (10 der Gründe); 16.9.1986, AP Nr 17 zu § 77 BetrVG, Bl. (C III 4 der Gründe); 20.8.1991, AP Nr 50 zu § 87 BetrVG Lohngestaltung, Ls. 1, Bl. 3f (II 2 e der Gründe); GS 3.12.1991, AP Nr 51 zu § 87 BetrVG Lohngestaltung, Bl. 14R f (D II der Gründe); AP Nr 52 zu § 87 BetrVG Lohngestaltung, Bl.

Maßnahme, bei der der Betriebsrat nicht mitbestimmt hat, unwirksam. Aber die Kündigung würde dazu führen, daß solche individualvertraglichen Regelungen, die durch die Betriebsvereinbarung nur in der Anwendung verdrängt, aber nicht aufgelöst worden sind, wieder zur Anwendung kommen. Damit würde zum einen das *Institut der Mitbestimmung* geschwächt, weil auf diese Weise nicht-mitbestimmte Regelungen wieder gelten würden, obwohl im Betrieb Mitbestimmungspflicht herrscht. Umgekehrt könnte auch der Betriebsrat das Kündigungsrecht nutzen. Denn denkbar ist auch, daß die individualvertraglichen Vereinbarungen mit einzelnen Arbeitnehmern für den gesamten Betrieb zu widersprüchlichen, nicht sinnvollen Regelungen führte. Daran wird gerade der Arbeitgeber kein Interesse haben. Damit könnte der Betriebsrat die Drohung mit der Kündigung einer erzwingbaren Betriebsvereinbarung dazu verwenden, einen wesentlichen Vorteil im betrieblichen "bargaining"-Prozeß[191] zu erringen. Auf diese Weise könnte der Betriebsrat also das durch die Anordnung des Mitbestimmungszwangs geschaffene Kräftegleichgewicht zu seinen Gunsten stören. Wer aus der Kündigung tatsächlich einen Vorteil erlangen kann, hängt von der konkreten Situation im einzelnen Betrieb ab. Diese Überlegung zeigt, daß die Nachwirkung den Betriebsfrieden und die *Funktionsfähigkeit der innerbetrieblichen Mitbestimmung* schützt.

Diese Zwecke greifen folgerichtig nicht für freiwillige Betriebsvereinbarungen, unabhängig von Bestand oder Wegfall des Betriebsrats. Denn sie setzen einen Einigungszwang voraus. Freiwillige Betriebsvereinbarungen kommen aber ohne gesetzlichen Zwang zustande. Die freiwillige Betriebsvereinbarung endet, weil die Betriebspartner von vorneherein eine entsprechende Befristung vorgesehen haben oder weil einer der Betriebspartner von seinem Recht, die Betriebsvereinbarung durch Ausspruch einer entsprechenden Gestaltungserklärung zu beenden, Gebrauch gemacht hat.

Geht es hingegen um den Erhalt von Regelungen *im Anschluß an den Wegfall des Betriebsrats*, so ist die Frage nicht, warum die erzwingbaren Betriebsvereinbarungen weitergelten, die freiwilligen nicht. Vielmehr ist hierbei zu überlegen, ob im Zweifel Betriebsvereinbarungen beider Kategorien über den Zeitpunkt des Wegfalls des Betriebsrats hinaus fortbestehen.[192]

13R f (D II der Gründe); 3.5.1994, AP Nr 23 zu § 23 BetrVG, Bl. 4R f (B III 2 c der Gründe); Däubler/Kittner/Klebe, § 87 Rn 4; Fitting/Kaiser/Heither/Engels, § 87 Rn 568; Galperin/Löwisch, § 87 Rn 16; GK/Wiese, § 87 Rn 92; Hess/Schlochauer/Glaubitz, § 87 Rn 93; Schaub, Arbeitsrechtshandbuch, S. 1936; Weiss/Weyand, § 87 Rn 2

[191] Kittner, Anm. zu BAG, EzA § 77 BetrVG Nr 36, S. 12

[192] vgl. unten Teil 3 B, C

Grund hierfür ist dann nicht, daß das Institut der innerbetrieblichen Mitbestimmung und dessen Funktionsfähigkeit geschützt werden müssen. Anders als bei der Kündigung geht es hier um die Frage, welche Rechtsfolgen mit dem Wegfall des Betriebsrats *ohne vorhergehende Gestaltungserklärung*, also ohne den Beendigungswillen zumindest eines der Betriebspartner, eintreten. Insoweit ist die Differenzierung zwischen erzwingbaren und nicht erzwingbaren Betriebsvereinbarungen nicht sachgerecht.

II. Nachwirkung aller Betriebsvereinbarungen

Es hat sich soeben gezeigt, daß die Differenzierung bei der Nachwirkung zwischen erzwingbaren und nicht erzwingbaren Betriebsvereinbarungen nicht überzeugen kann. Bereits zuvor wurde deutlich, daß der Wegfall des Betriebsrats auch nicht dazu führen kann, daß die bestehenden Betriebsvereinbarungen sofort und ersatzlos enden[193] oder daß sie unverändert und unbeendbar fortbestehen.[194] Deshalb ist zu überlegen, ob sich nicht konstruieren läßt, daß die Betriebsvereinbarung zwar fortbesteht, aber ihre Geltung so verändert, daß sie für den Arbeitgeber auch ohne Betriebsrat beendbar wird. Unabhängig vom jeweiligen gesetzgeberischen Zweck der Vorschriften gewähren sowohl das TVG als auch das BetrVG Regelungen, die den beschriebenen Mechanismus normieren: § 4 Abs. 5 TVG ordnet an, daß die Rechtsnormen eines Tarifvertrags über den Ablauf des Tarifvertrags hinaus weitergelten, bis sie durch eine andere Abmachung ersetzt werden. § 77 Abs. 6 BetrVG ordnet dieselbe Rechtsfolge für die Regelungen erzwingbarer Betriebsvereinbarungen an. Lassen sich diese Normen auch bei Wegfall des Betriebsrats anwenden, so wird es für den Arbeitgeber möglich, die Betriebsvereinbarung auch ohne Betriebsrat zu beenden, indem die Betriebsvereinbarung nunmehr durch abweichende individualvertragliche Regelungen abgelöst werden können. Damit schaffen beide Vorschriften eine *Verbindung zwischen Kollektiv- und Individualrecht* und sind deshalb für das vorliegende Problem interessant.

1. Keine generelle Anwendung von § 77 Abs. 6 BetrVG

Wie soeben unter I. herausgearbeitet worden ist, beruht § 77 Abs. 6 BetrVG darauf, daß durch die Nachwirkung der normativen Regelungen der Betriebsvereinbarung die Funktionsfähigkeit und das Institut der innerbetrieblichen Mitbestimmung geschützt werden sollen. Indes setzt die Wahrung dieses Zwecks die Erzwingbarkeit der in der Betriebsvereinbarung

---

193 vgl. oben Teil 2 C

194 vgl. oben Teil 2 B

getroffenen Regelungen voraus. Wegen dieses auf erzwingbare Betriebsvereinbarungen beschränkten Regelungszwecks ist § 77 Abs. 6 BetrVG nicht dazu geeignet, die Fortgeltung aller Betriebsvereinbarungen nach Wegfall des Betriebsrats zu begründen.

2. Analoge Anwendung von § 4 Abs. 5 TVG

Da in § 4 Abs. 5 TVG die Nachwirkung auf alle Rechtsnormen des Tarifvertrages erstreckt wird, ist zu überlegen, ob eine analoge Anwendung für Betriebsvereinbarungen nach Wegfall des Betriebsrats in Betracht kommt. § 4 Abs. 5 TVG verfolgt den Regelungszweck, zeitliche Regelungslücken in den Arbeitsverhältnissen zu verhindern.[195] Weil Tarifverträge typischerweise Regelungen enthalten, die ansonsten im Arbeitsvertrag selbst vereinbart würden, dort jedoch angesichts der Regelungen im Tarifvertrag konkret nicht getroffen werden, droht die Beendigung des Tarifvertrags Lücken in den Regelungen des Arbeitsverhältnisses zu verursachen. Das soll verhindert werden, indem die Tarifverträge solange weitergelten, bis sie durch eine abweichende Vereinbarung abgelöst werden. Diese Ordnungsfunktion des Tarifvertrages führt dazu, daß nach Auffassung des BAG[196] und zahlreicher Stimmen in der Literatur[197] der Wegfall einer Tarifvertragspartei zur Folge hat, daß mit diesem Zeitpunkt die Rechtsnormen des Tarifvertrages gemäß § 4 Abs. 5 TVG nachwirken, bis sie durch eine andere Abmachung ersetzt werden. Dieser Gedanke könnte auch auf Betriebsvereinbarungen übertragbar sein, wenn diese ohne Gestaltungserklärung wegen Wegfalls des Betriebsrats enden. Hierbei geht es ebenfalls darum, zeitliche Regelungslücken zu verhindern, um durch den Fortbestand des Kollektivrechts eine Überleitung in Individualrecht zu ermöglichen, d. h. das Erfordernis der Neuregelung auf der Ebene des Individualrechts zu verhindern. Tatsächlich wird von einigen Autoren[198] vertreten, daß § 4 Abs. 5 TVG in analoger Anwendung auch für den Ablauf von freiwilligen Betriebsvereinbarungen gelten soll. So soll die Weitergeltung freiwilliger Betriebsvereinbarungen über den Wirksamkeitszeitpunkt der Kündigung hinaus erreicht werden. *Richardi* vertritt nunmehr ausdrücklich auch für den Fall, daß der Betrieb im Zuge des Wegfalls der Betriebsratsfähigkeit betriebsratslos wird oder daß die Belegschaft nach Wegfall des bisherigen keinen neuen Betriebsrat wählt, die Auffassung, daß

[195] ErfK/Schaub, § 4 TVG Rn 73; Kempen/Zachert, § 4 Rn 295; Löwisch/Rieble, § 4 Rn 220-223; Wiedemann/Wank, § 4 Rn 327

[196] BAG 15.10.1986, AP Nr 4 zu § 3 TVG, Bl. 2R

[197] Frey, RdA 1965, S. 363 (365f); Gamillscheg, Kollektives Arbeitsrecht, I, S. 789; Hueck/Nipperdey/Stahlhacke, § 1 Rn 41 i.V.m. § 4 Rn 63; Richardi, Kollektivgewalt, S. 220

[198] Blomeyer, DB 1990, S. 173 (174f); Richardi, Anm. zu BAG, AP Nr 40 zu § 77 BetrVG, Bl. 5f; Schwerdtner, ZfA 1975, 171 (192)

dann die Betriebsvereinbarungen solange nachwirken, bis der Arbeitgeber sie durch Vertragsabrede mit dem einzelnen Arbeitnehmer aufgehoben hat.[199] Mit dem Begriff der Nachwirkung bezeichnet er die Rechtsfolge des § 4 Abs. 5 TVG.[200] Eine solche Analogie zu § 4 Abs. 5 TVG für den Fall des Wegfalls des Betriebsrats liegt nahe, weil sich aus der Perspektive der normunterworfenen Arbeitnehmer beide Situationen - jedenfalls bei zwingender Betriebsratslosigkeit (Fallgruppen 2) und bei Verlust der Betriebsratsfähigkeit des Betriebes (Fallgruppe 3)[201] - ähneln: Es entfallen Regelungen für ihre Arbeitsverhältnisse, ohne daß das der Belegschaft zugerechnet werden kann. Beim Tarifvertrag entfallen diese Regelungen durch den Ablauf des Tarifvertrags, den die Tarifvertragsparteien - also nicht die Arbeitnehmer - herbeigeführten haben. Bei der Betriebsvereinbarung erfolgt dies durch den Wegfall des Betriebsrats. Deshalb könnte das Regelungsziel des § 4 Abs. 5 TVG auch bezüglich der Auswirkungen des Wegfalls des Betriebsrats auf die bestehenden Betriebsvereinbarungen gelten. Dem muß nicht entgegenstehen, daß mit § 77 Abs. 6 BetrVG eine Sonderregelung getroffen worden ist, so daß eine ungewollte Regelungslücke nicht vorzuliegen scheint. Denn während mit § 77 Abs. 6 BetrVG der Zweck verfolgt wird, die Institution und Funktionsfähigkeit der innerbetrieblichen Mitbestimmung des Betriebsrats zu schützen, dient § 4 Abs. 5 TVG dazu, zeitliche Regelungslücken in den Arbeitsverhältnissen zu verhindern.[202] Die Nachwirkung gemäß § 77 Abs. 6 BetrVG verfolgt damit ein anderes Ordnungsziel als § 4 Abs. 5 TVG.[203]

Dennoch kommt die Analogie zu § 4 Abs. 5 TVG nicht in Betracht. Wird die Rechtsfolge von § 4 Abs. 5 TVG angewendet, hat das eine Schlechterstellung sowohl der Arbeitgeber als auch der Arbeitnehmer gegenüber der Rechtslage bei bestehendem Betriebsrat zur Folge, obwohl grundsätzlich weder dem Arbeitgeber noch den Arbeitnehmern der Wegfall des Betriebsrats zugerechnet werden kann.[204] Etwas anderes gilt nur, wenn der Arbeitgeber die Betriebsgröße bewußt unter die Beschäftigtenzahl von fünf verringert (vgl. Fallgruppe 3) bzw. wenn die Belegschaft nach Ablauf der regulären Amtszeit des Betriebsrats keinen neuen Betriebsrat wählt (Fallgruppe 1). Um in den

[199] § 77 Rn 196

[200] Richardi, § 77 Rn 152

[201] vgl. zu den Fallgruppen oben Teil 1 C III

[202] Wiedemann/Wank, § 4 Rn 327

[203] Blomeyer, DB 1990, S. 173 (174f); GK/Kreutz, § 77 Rn 336; Hilger/Stumpf, BB 1990, S. 929 (930); Kreutz, Grenzen der Betriebsautonomie, S. 226-228; Loritz, RdA 1991, S. 65 (75); Richardi, § 77 Rn 151; ders., Anm. zu BAG 9.2.1989, AP Nr 40 zu § 77 BetrVG, Bl. 4; Schwerdtner, ZfA 1975, S. 171 (192); Zöllner/Loritz, S. 536f

[204] vgl. oben Teil 1 C II

übrigen Fällen die Schlechterstellung der Arbeitnehmer zu verhindern, ist es insbesondere geboten, daß mit Neuwahl eines Betriebsrats die nachwirkende Betriebsvereinbarung wieder zu zwingendem Recht erstarkt - ein Ergebnis, das mit analoger Anwendung von § 4 Abs. 5 TVG nicht zu erreichen ist. Führt aber die Rechsfolge einer analog angewendeten Norm zu Ergebnissen, die für den zu regelnden Sachverhalt nicht passen, zeigt sich, daß der geregelte und der nicht geregelte Sachverhalt nicht vergleichbar sind. Vergleichbarkeit ist jedoch Voraussetzung der Analogie.[205] Im einzelnen wird die Unanwendbarkeit der Rechtsfolge von § 4 Abs. 5 TVG an folgenden zwei Gesichtspunkten deutlich.

a) Änderbarkeit des Arbeitsvertrages - Änderbarkeit von Regelungen der Betriebsvereinbarung

Dieser Lösungsweg gibt dem Arbeitgeber "Steine statt Brot". Denn er kann sich - anders als bei bestehendem Betriebsrat - von der Betriebsvereinbarung nur lösen, wenn er sie durch eine andere Abmachung ersetzt. Gegen den Willen der Arbeitnehmer gelingt ihm das nur durch Ausspruch einer eine solche neue Regelung schaffenden Änderungskündigung. Das erschwert eine Änderung im Zweifel so sehr, daß sie für den Arbeitgeber nicht mehr in Betracht kommt.[206] Denn nicht nur bei der Beendigungskündigung des Arbeitsvertrages, sondern auch bei der Änderungskündigung greift der individualarbeitsrechtliche Kündigungsschutz, insbesondere sind Kündigungsfristen gemäß § 622 BGB, Verbote der ordentlichen Kündigung (vgl. etwa § 15 Abs. 1 S. 1 KSchG oder aufgrund tarifvertraglicher Regelungen) bzw. behördliche Zustimmungserfordernisse (vgl. etwa §§ 9 Abs. 3 S. 1 MuSchG, 18 Abs. 1 S. 2 BErzGG, 15 SchwbG) und im Geltungsbereich des KSchG die Einhaltung des *numerus clausus* der Kündigungsgründe in § 1 Abs. 2 KSchG zu beachten. Soweit der Arbeitgeber ordentliche Änderungskündigungen ausspricht, wird er in der Regel keine einheitliche Regelung für alle Arbeitnehmer, für die bisher die Betriebsvereinbarung galt, erreichen können - allenfalls zu dem Zeitpunkt, zu dem die Kündigungsfrist des am längsten beschäftigten Arbeitnehmers endet. Liegen die Voraussetzungen der außerordentlichen Änderungskündigung vor, so muß der Arbeitgeber auch hier die behördlichen Zustimmungserfordernisse beachten, außerdem muß er sich gemäß § 626 Abs. 2 BGB innerhalb von zwei Wochen entscheiden, ob er die Änderungskündigungen erklären möchte. Abgesehen davon wird der Wegfall des Betriebsrats nicht in jedem Fall einen Sachverhalt darstellen, der an sich geeignet ist, einen wichtigen Grund im Sinne von § 626 Abs. 1 BGB abzugeben. Die Annahme eines wichtigen Grundes setzt voraus, daß es dem

---

[205] vgl. Larenz/Canaris, Methodenlehre, S. 202

[206] vgl. Hanau/Preis, NZA 1991, S. 81 (84)

Arbeitgeber unzumutbar ist, bis zum Ablauf der nächsten Beendigungsmöglichkeit an die Betriebsvereinbarung gebunden zu sein. Der Bestand des Betriebsrats muß der wesentliche Grund für den Abschluß der Betriebsvereinbarung gewesen sein.
Bei *freiwilligen Betriebsvereinbarungen* ist dies in keinem Fall zu bejahen. Zwar mag der Arbeitgeber bewußt den Abschluß der freiwilligen Betriebsvereinbarung wegen der mit ihr verbundenen leichteren Beendbarkeit der darin getroffenen Regelungen gewählt haben. Aber dann begründet dieser Umstand nicht ein Interesse am Fortfall der Betriebsvereinbarung mit Wegfall des Betriebsrats. Vielmehr wird der Arbeitgeber gerade an einer Fortgeltung interessiert sein. Dem Arbeitgeber wird die weitere Bindung an sie nach Wegfall des Betriebsrats nicht unzumutbar sein. Für freiwillige Betriebsvereinbarungen kommt in keinem Fall eine außerordentliche Änderungskündigung in Betracht.
Aber auch für die *erzwingbaren Betriebsvereinbarungen* wird der Wegfall des Betriebsrats kein wichtiger Grund für den Ausspruch einer außerordentlichen Änderungskündigung sein. Zwar beschränkt die erzwingbare Mitbestimmung die Rechte des Arbeitgebers, wenn im Betrieb ein Betriebsrat besteht.[207] Es ist deshalb denkbar, daß der Arbeitgeber nur deshalb mit dem Betriebsrat eine Einigung in Form einer Betriebsvereinbarung getroffen hat, weil er einseitig - bzw. mit dem Arbeitnehmer - eine entsprechende Regelung nicht (mehr) wirksam treffen konnte oder der Betriebsrat eine Kollektivvereinbarung in Ausübung seines Initiativrechts[208] veranlaßt hat. Mit Wegfall des Betriebsrats und damit mit Wegfall des Einigungszwangs ist der Arbeitgeber demgegenüber wieder frei, einseitig bzw. mit den einzelnen Arbeitnehmern gemeinsam abweichende Regelungen zu erreichen. Dennoch ist zweifelhaft, daß dem Arbeitgeber wegen des Wegfalls des Betriebsrats das Festhalten an den Regelungen der erzwingbaren Betriebsvereinbarungen, die zuvor ohne weiteres angewendet wurden, unzumutbar sein soll. Zweifellos zu verneinen ist ein Recht zur außerordentlichen Änderungskündigung jedenfalls bei zwingender

---

[207] v. Hoyningen-Huene, Betriebsverfassungsrecht, S. 6

[208] BAG 14.11.1979, AP Nr 1 zu § 87 BetrVG, Ls. 1, Bl. 2f (II 2 der Gründe); 28.4.1981, AP Nr 1 zu § 87 BetrVG Vorschlagswesen, Ls. 1, Bl. 3-4 (B II 1 a der Gründe); 31.8.1982, AP Nr 8 zu § 87 BetrVG Arbeitszeit, Bl. 6f (B III 3 der Gründe); 4.3.1986, AP Nr 3 zu § 87 BetrVG Kurzarbeit, Bl. 3 (B II 3 a der Gründe); 8.8.1989, AP Nr 3 zu § 87 BetrVG Initiativrecht, Bl. 3 (B II 3 der Gründe); 28.11.1989, Nr 4 zu § 87 BetrVG Initiativrecht, Bl. 2R (B II 2 a der Gründe); Däubler/Kittner/Klebe, § 87 Rn 18-20; ErfK/Hanau/Kania, § 87 BetrVG Rn 9; Fitting/Kaiser/Heither/Engels, § 87 Rn 553-559; Galperin/Löwisch, § 87 Rn 26-33; GK/Wiese, § 87 Rn 122-134; Hess/Schlochauer/Glaubitz, § 87 Rn 42-44; MünchArbR/Matthes, § 318 Rn 34; Richardi, § 87 Rn 65-74; Weiss/Weyand, § 87 Rn 6; Zöllner/Loritz, Arbeitsrecht, S. 533

Betriebsratslosigkeit, wenn also die Belegschaft noch gar keine Möglichkeit zur Neuwahl eines Betriebsrats hatte (Fallgruppe 2).[209] Dann muß eine Veränderungssperre bestehen, bis die Belegschaft die Möglichkeit zur Neuwahl eines Betriebsrats hatte. Andernfalls wirkte sich der Wegfall des Betriebsrats, der ihr bei zwingender Betriebsratslosigkeit nicht zugerechnet werden kann, zu ihrem Nachteil aus.

Der Arbeitgeber kann sich also nach Wegfall des Betriebsrats nicht mehr in jedem Fall ohne weiteres von den nachwirkenden Regelungen der Betriebsvereinbarung lösen. Im Gegensatz dazu konnte sich der Arbeitgeber vor Wegfall des Betriebsrats von *freiwilligen Betriebsvereinbarungen* unter Einhaltung der Kündigungsfrist - das sind grundsätzlich gemäß § 77 Abs. 5 BetrVG drei Monate, wenn nicht etwas anderes zwischen den Betriebspartnern vereinbart wurde - gegenüber allen Arbeitnehmern einheitlich ohne weitere Einschränkungen lösen. Die erschwerte Änderbarkeit der in der freiwilligen Betriebsvereinbarung getroffenen Regelungen infolge des Wegfalls des Betriebsrats ist sachlich nicht geboten. Denn der Wegfall des Betriebsrats gebietet keine Erhöhung des Bestandsschutzes freiwilliger Betriebsvereinbarungen.[210] Für *erzwingbare Betriebsvereinbarungen* führt die Nachwirkung dazu, daß der Arbeitgeber die Wirkungen der Betriebsvereinbarung auch dann nur durch eine Änderung des Arbeitsvertrages erreichen kann, wenn die Betriebsvereinbarung Gegenstände regelt, die der Arbeitgeber in Betrieben ohne Betriebsrat kraft seines Rechts zum Erlaß einseitiger Anordnungen, insbesondere des Direktionsrechts, einseitig anordnen kann. Will sich der Arbeitgeber nach Wegfall des Betriebsrats von diesen Regelungen lösen, muß er hierzu den Arbeitsvertrag entsprechend ergänzen, d. h. eine ausdrückliche Regelung zu diesen Angelegenheiten vereinbaren. Ist der Arbeitnehmer zu einer Änderung des Arbeitsvertrages nicht bereit, ist der Arbeitgeber auf die Änderungskündigung verwiesen. Eine einfache Lösung ist das nicht, insbesondere angesichts der mit einer individualrechtlichen Änderungskündigung verbundenen Erschwernisse für den Arbeitgeber. Auf diese Weise wird der Arbeitgeber im Zweifel mehr gebunden, als wenn ein Betriebsrat niemals bestanden hätte. Der Wegfall des Betriebsrats gebietet diese Schlechterstellung indes nicht,[211] sie wird durch den Lösungsweg erzwungen.

---

[209] vgl. oben Teil 1 C II 2

[210] ausführlich unten Teil 3 C III 2

[211] ausführlich unten Teil 3 C III 1

b) Spätere Wahl eines Betriebsrats

Eben wurde deutlich, daß die Analogie zu § 4 Abs. 5 TVG für den Arbeitgeber zu einer erheblichen Verschlechterung seiner Rechtslage führt, weil die Änderung von Regelungen der Betriebsvereinbarung nunmehr, der Geltung des Individualrechts unterfallend, erheblich erschwert ist. Es wird zu zeigen sein, daß auch aus Sicht der Arbeitnehmer die Nachwirkung aller Betriebsvereinbarungen zu erheblichen Problemen führt. Grundlegend ist hierbei die Frage, welche Konsequenzen die Nachwirkung hat, wenn im Nachwirkungszeitraum ein Betriebsrat neu gewählt wird.

Für *erzwingbare Betriebsvereinbarungen* hat die Neuwahl eines Betriebsrats keine nicht hinnehmbaren Folgen, insbesondere besteht keine Notwendigkeit, daß mit Neuwahl eines Betriebsrats die Betriebsvereinbarung automatisch erneut zwingend wirkt. Denn aufgrund der Mitbestimmungsrechte, für die wichtige Fallgruppe des § 87 Abs. 1 BetrVG in Verbindung mit der Theorie der notwendigen Mitbestimmung,[212] hat der Arbeitgeber ab diesem Zeitpunkt in jedem Fall nicht mehr das Recht, ohne Beteiligung des Betriebsrats von den Regelungen der nachwirkenden Betriebsvereinbarung abzuweichen.[213]

Für die *freiwilligen Betriebsvereinbarungen* besteht hingegen die Notwendigkeit, daß mit Neuwahl eines Betriebsrats die nachwirkenden Betriebsvereinbarungen wieder zwingend gelten. Das verdeutlicht die Überlegung, welche Folgen der Fortbestand der Betriebsvereinbarung als bloß nachwirkende Regelung hätte. Das Gesetz sieht die Kündigung nachwirkender Betriebsvereinbarungen nicht vor. Die Beendigung der nur noch unmittelbaren Geltung ist nach dem eindeutigen Wortlaut nur möglich, indem die bisherige Regelung durch eine *andere Abmachung* ersetzt wird, die dann an die Stelle der nachwirkenden Betriebsvereinbarung tritt. Das ist für die in § 77 Abs. 6 BetrVG angeordnete Nachwirkung unproblematisch, weil der Betriebsrat den Neuabschluß einer Betriebsvereinbarung erzwingen (vgl. § 87 Abs. 2 BetrVG) und so die Nachwirkung beenden kann. Dieser Mechanismus greift hingegen nicht, wenn eine freiwillige Betriebsvereinbarung nachwirkt. Für den

212 BAG 13.7.1977, AP Nr 2 zu § 87 BetrVG Kurzarbeit, Bl. 5 (10 der Gründe); 16.9.1986, AP Nr 17 zu § 77 BetrVG, Bl. (C III 4 der Gründe); 20.8.1991, AP Nr 50 zu § 87 BetrVG Lohngestaltung, Ls. 1, Bl. 3f (II 2 e der Gründe); GS 3.12.1991, AP Nr 51 zu § 87 BetrVG Lohngestaltung, Bl. 14R f (D II der Gründe); AP Nr 52 zu § 87 BetrVG Lohngestaltung, Bl. 13R f (D II der Gründe); 3.5.1994, AP Nr 23 zu § 23 BetrVG, Bl. 4R f (B III 2 c der Gründe); Däubler/Kittner/Klebe, § 87 Rn 4; Fitting/Kaiser/Heither/Engels, § 87 Rn 568; Galperin/Löwisch, § 87 Rn 16; GK/Wiese, § 87 Rn 92; Hess/Schlochauer/Glaubitz, § 87 Rn 93; Schaub, Arbeitsrechtshandbuch, S. 1936; Weiss/Weyand, § 87 Rn 2

213 vgl. soeben oben unter 2

Arbeitgeber ist das insofern nicht problematisch, als er die Möglichkeit hat, durch einzelvertragliche Vereinbarungen mit den Arbeitnehmern die Nachwirkung zu beenden. Dieser Weg ist dem Betriebsrat jedoch verschlossen. Er kann nur versuchen, eine neue Betriebsvereinbarung mit dem Arbeitgeber zu vereinbaren, allerdings ohne Anspruch auf Neuverhandlungen. Die Nachwirkung führte somit zum Fehlen jeglicher Beendigungsmöglichkeit durch den neu gewählten Betriebsrat. So würden ehemals mit einem Betriebsrat abgeschlossene kollektive Regelungen mit dem Vorzug für den Arbeitgeber weiterbestehen, daß sie unmittelbar und damit effizient die Arbeitsverhältnisse regelten - freilich ohne das Risiko der Kündigung durch den Betriebsrat. Das entspricht nicht den Grundsätzen zum Institut der Betriebsvereinbarung.[214] Immerhin kommt die Betriebsvereinbarung als Vertrag zwischen den Betriebspartnern zustande (§ 77 Abs. 2 BetrVG) und kann jederzeit durch einen Betriebspartner auch gegen den Willen des anderen Betriebspartners durch Kündigung beendet werden (§ 77 Abs. 5 BetrVG), solange nichts anderes in der Betriebsvereinbarung selbst vereinbart[215] bzw. die Betriebsvereinbarung nicht nur für einen einmaligen Tatbestand vereinbart worden ist.[216]
Allerdings läßt sich das Wiederaufleben nicht mit der analogen Geltung von § 4 Abs. 5 TVG erreichen. Auch wenn angenommen würde, daß mit Neuwahl des Betriebsrats § 4 Abs. 5 TVG nicht mehr analog angewendet wird, hätte das nicht zur Folge, daß die Betriebsvereinbarung wieder zwingend gilt - umgekehrt folgerte daraus, daß die Betriebsvereinbarung gar nicht mehr wirkt. Denn § 4 Abs. 5 TVG ordnet die unmittelbare Geltung trotz Ablaufs der Norm positiv an - reduziert nicht umgekehrt die zuvor bestehende unmittelbare und zwingende Geltung auf die bloße unmittelbare Geltung. Dieser Regelungsmechanismus ergibt sich aus dem Tatbestand der Norm, denn § 4 Abs. 5 TVG gilt nur, nachdem der Tarifvertrag *abgelaufen* ist.

Diese Überlegungen machen deutlich, daß die Nachwirkung der freiwilligen Betriebsvereinbarung letztlich zu einer unerwünschten Verfestigung von Regelungen führt, die die Betriebspartner dem flexibleren Recht der Betriebsvereinbarung unterstellt hatten. Hinsichtlich der erzwingbaren Betriebsvereinbarung führt die Nachwirkung dazu, daß der Arbeitgeber eine Regelung, die seinen Interessen im Zweifel mehr entspricht als die durch den Betriebsrat mitbestimmte nachwirkende Betriebsvereinbarung, nur erzielen

---

[214] ausführlich unten Teil 3 B III 1

[215] Fitting/Kaiser/Heither/Engels, § 77 Rn 130; GK/Kreutz, § 77 Rn 310

[216] BAG 22.6.1962, E 13, S. 156 (158f); Däubler/Kittner/Klebe/Berg, § 77 Rn 55; Fitting/Kaiser/Heither/Engels, § 77 Rn 130; Hanau/Preis, NZA 1991, S. 81 (86); Hess/Schlochauer/Glaubitz, § 77 Rn 201f; MünchArbR/Matthes, § 319 Rn 38; Richardi, § 77 Rn 184; a. A. AR-Blattei, Brune, SD 520 Rn 400, GK/Kreutz, § 77 Rn 311

kann, indem er sich der individualvertraglichen Änderungsinstrumente (einverständliche Änderung, außerordentliche oder ordentliche Änderungskündigung) bedient. Der Arbeitgeber steht damit schlechter als wenn ein Betriebsrat niemals bestanden hätte. Das ist dann ein Wertungswiderspruch, wenn der Wegfall des Betriebsrats auf Umständen beruht, die nicht dem Arbeitgeber, wohl aber den Arbeitnehmern zuzurechnen sind. Das ist der Fall, wenn die Belegschaft nach regulärem Ablauf der Amtszeit des bisherigen keinen neuen Betriebsrat gewählt hat (Fallgruppe 1).[217] Denn dann ist nicht ersichtlich, wieso die Arbeitnehmer die Vorteile der Mitbestimmung in Gestalt der nachwirkenden Betriebsvereinbarungen zum Nachteil des Arbeitgebers weiterhin in Anspruch nehmen dürfen, obwohl sie keinen neuen Betriebsrat gewählt haben und sich deshalb den Verlust ihrer Interessenvertretung zurechnen lassen müssen.

E. Geltung als Individualrecht

Die Möglichkeit der Nachwirkung von Betriebsvereinbarungen auch bei Wegfall des Betriebsrats wurde oben deshalb näher untersucht, weil durch die Nachwirkung eine Verbindung zwischen Kollektiv- und Individualarbeitsrecht geschaffen wird: Das Kollektivrecht gilt solange weiter, bis es durch eine abweichende individualvertragliche Regelung ersetzt wird. Eine andere Möglichkeit, das Kollektiv- mit dem Individualrecht zu verbinden, besteht darin, das Individualrecht unmittelbar an die Stelle der kollektivrechtlichen Regelungen treten zu lassen. Hierfür lassen sich zwei Wege konstruieren. Erstens ließe sich daran denken, daß *immer* zu den Regelungen in der Betriebsvereinbarung, die Rechte und Pflichten der Arbeitsvertragsparteien normieren, entsprechende schuldrechtliche Ansprüche der Arbeitsvertragsparteien auf der individualvertraglichen Ebene, also arbeitsvertragliche Eigenansprüche, bestehen. Die Arbeitsvertragsparteien würden Ansprüche nicht aus der Betriebsvereinbarung ableiten, sondern als von der Betriebsvereinbarung emanzipierte individualrechtliche schuldrechtliche Ansprüche aus dem Arbeitsverhältnis geltend machen (dazu unter I.). Zweitens könnten sich die Rechte und Pflichten, die bis zum Wegfall des Betriebsrats in der Betriebsvereinbarung geregelt waren, *mit Eintritt der Betriebsratslosigkeit* unmittelbar aus dem Arbeitsvertrag ergeben. Diese Rechte und Pflichten könnten entweder im Arbeitsvertrag neu entstehen (dazu unter II. 1.) oder sie würden - mit den Worten von *Kissel*[218] - "integraler Bestandteil des Arbeitsverhältnisses" - wobei *Kissel* diesen Übergang nur auf die

[217] vgl. oben Teil 1 C II 2, III 1
[218] FG Söllner, S. 143 (154)

Inhaltsnormen der Betriebsvereinbarungen bezieht, die nicht das betriebliche Geschehen regeln.[219] Dieses Ergebnis ließe sich durch die entsprechende Anwendung von § 613a Abs. 1 S. 2 BGB auch auf die Situation bei Wegfall von Betriebsvereinbarungen erreichen (dazu unter II. 2.).

I. Theorie der inhaltlichen Gestaltung der schuldrechtlichen Rechtsbeziehung durch Betriebsvereinbarungen

Schulin[220] vertritt für die betriebliche Altersversorgung in Form einer Betriebsvereinbarung die Auffassung, daß der Abschluß der Betriebsvereinbarung als solcher und für sich allein noch keine konkreten Rechte und Pflichten zwischen Arbeitgeber und Arbeitnehmer begründen kann. Die Betriebsvereinbarung sei die normative Grundlage für die Entstehung individualvertraglicher Rechtspositionen der Arbeitsvertragsparteien, durch die Betriebsvereinbarung werde objektives Recht gesetzt.[221] Sie habe ausschließlich die Funktion, die schuldrechtlichen Rechtsbeziehungen der Arbeitsvertragsparteien inhaltlich zu gestalten, ohne daß sie selbst Teil der Arbeitsverträge werde.[222] Die individuellen Rechte und Pflichten der Arbeitsvertragsparteien könnten nur auf der individualrechtlichen Ebene im Rahmen eines Arbeitsverhältnisses bestehen.[223] Auf diese Ebene wirke die Betriebsvereinbarung - insoweit mit einer gesetzlichen Regelung uneingeschränkt vergleichbar - unmittelbar und zwingend, also rechtsgestaltend ein, indem sie schuldrechtliche Rechtsbeziehungen begründe, ändere oder beende.[224] Nach Auffassung von *Schulin* würden mit der Regelung von Ansprüchen für die Arbeitnehmer in einer Betriebsvereinbarung in der Regel gleichzeitig entsprechende schuldrechtliche, also individualrechtliche Beziehungen zwischen den Arbeitsvertragsparteien entstehen.[225] Mit ihrer Entstehung gewännen diese individualrechtlichen Beziehungen zugleich rechtliche, genauer: *individualrechtliche Selbständigkeit* gegenüber der Betriebsvereinbarung insofern, als durch die Betriebsvereinbarung nur noch unter bestimmten Voraussetzungen in sie eingegriffen werden könne.[226] Die Voraussetzungen bestimmten sich nach den Grundsätzen des Bestandsschutzes

---

219 Kissel, FG Söllner, S. 143 (154)
220 Schulin, Anm. zu BAG, EzA § 77 BetrVG Nr 28, S. 11; ders., DB 1984, Beil. Nr 10, S. 6
221 Schulin, Anm. zu BAG, EzA § 77 BetrVG Nr 28, S. 11
222 Schulin, Anm. zu BAG, EzA § 77 BetrVG Nr 28, S. 11
223 Schulin, Anm. zu BAG, EzA § 77 BetrVG Nr 28, S. 11
224 Schulin, Anm. zu BAG, EzA § 77 BetrVG Nr 28, S. 11
225 Anm. zu BAG, EzA § 77 BetrVG Nr 28, S. 11
226 Schulin, Anm. zu BAG, EzA § 77 BetrVG Nr 28, S. 11

solcher individualrechtlichen Rechtspositionen.[227] Sollten aufgrund einer Betriebsvereinbarung entstandene Rechte der Arbeitnehmer reduziert werden, so sei der Arbeitgeber auf die arbeitsvertraglichen Instrumente der abändernden vertraglichen Vereinbarung, der Änderungskündigung oder des Widerrufs angewiesen.[228] Würde die Betriebsvereinbarung gekündigt, hätte das keine Auswirkungen auf die bereits entstandenen Rechte. Der normative Regelungsgehalt der gekündigten Betriebsvereinbarung wirke sich insofern über deren Existenzende hinaus auf das (Anwartschafts-) Recht aus, als dieses seine inhaltliche Ausgestaltung eben durch sie erfahren habe.[229]

Würde diese Auffassung auf sämtliche Betriebsvereinbarungen erstreckt, so ließe sich der Wegfall der Betriebsvereinbarung annehmen, ohne daß damit die Unabänderlichkeit der bereits entstandenen Ansprüche verbunden wäre. Die Arbeitsvertragsparteien selbst behielten unabhängig vom Schicksal der Betriebsvereinbarung die Herrschaft über diese Ansprüche. Eine Brücke zwischen Kollektiv- und Individualrecht wäre geschlagen. Bedeutsam wäre der Wegfall des Kollektivvertrages insofern, als künftige Rechte der Arbeitsvertragsparteien nicht mehr aufgrund dieser Betriebsvereinbarung entstehen könnten.

Schulin ist recht zu geben, daß die Betriebsvereinbarung von außen den Inhalt der Arbeitsverträge bestimmt.[230] Nur muß das nicht zur Folge haben, daß sich die Ansprüche, die sich aus der Betriebsvereinbarung ergeben, von dieser emanzipieren. Er behauptet, daß die aus der Betriebsvereinbarung folgenden schuldrechtlichen, individualrechtlichen Ansprüche selbständig würden. Damit schränkt er die normative Wirkung der Betriebsvereinbarung ein, obwohl das Gesetz gerade eine Gleichstellung der Betriebsvereinbarung mit gesetzlichen Regelungen anordnet, indem in § 77 Abs. 4 S. 1 BetrVG die unmittelbare und zwingende Wirkung der Betriebsvereinbarung angeordnet wird. Es ist nicht ersichtlich, daß sich diese Wirkung von der Wirkung staatlich erlassener Rechtsnormen unterscheiden soll. Bei diesen ist außer Streit, daß die gesetzliche Regelung selbst Anspruchsgrundlage ist. Zwar ergibt sich daraus eine eigene schuldrechtliche Rechtsbeziehung, aber Grundlage für dieses

---

[227] Schulin, Anm. zu BAG, EzA § 77 BetrVG Nr 28, S. 11
[228] Schulin, Anm. zu BAG, EzA § 77 BetrVG Nr 28, S. 12f
[229] Schulin, Anm. zu BAG, EzA § 77 BetrVG Nr 28, S. 13
[230] BAG GS 16.3.1956, E 3, S. 1 (5); 21.9.1989 AP Nr 43 zu § 77 BetrVG, Bl. 5, 5R (IV 1 der Gründe); AR-Blattei, Säcker, (D) Betriebsvereinbarung I, D II 1; Fitting/Kaiser/Heither/Engels, § 77 Rn 110; GK/Kreutz, § 77 Rn 41, 182; Hess/Schlochauer/Glaubitz, § 77 Rn 181; Hueck/Nipperdey, II/2, S. 1266; MünchArbR/Matthes, § 319 Rn 25

gesetzliche Schuldverhältnis bleibt das Gesetz. Wird etwa ein absolut geschütztes Rechtsgut schuldhaft durch einen anderen verletzt und entsteht daraus ein Schaden, dann ist der Schädiger gemäß § 823 Abs. 1 BGB verpflichtet, dem Geschädigten den entstandenen Schaden zu ersetzen. § 823 Abs. 1 BGB ist Anspruchsgrundlage. Der Geschädigte hat dann einen schuldrechtlichen gesetzlichen Anspruch gegen den Schädiger. Dieser Anspruch kann ihm gegen seinen Willen nur durch die rückwirkende Änderung des Gesetzes wieder genommen werden. Nichts anderes gilt für die Betriebsvereinbarung. Der Anspruch aus der Betriebsvereinbarung prägt das Arbeitsverhältnis der Arbeitsvertragsparteien, ohne sich von der Betriebsvereinbarung zu emanzipieren. Sollen bereits entstandene Ansprüche oder Anwartschaften gegen den Willen des Arbeitnehmers geändert oder aufgehoben werden, so ist das nur durch die *rückwirkende Änderung der Betriebsvereinbarung* möglich. Daß diese rückwirkende Änderung nicht unbegrenzt zulässig ist, folgt nicht aus dem individualrechtlichen Schutz der Arbeitsvertragsparteien, sondern aus dem verfassungsrechtlichen Schutz aus Art. 14 Abs. 1 GG.[231] Dieser Schutz ist unabhängig davon zu achten, ob die Arbeitnehmer gegenüber Betriebsvereinbarungen einen unmittelbar[232] oder mittelbar[233] geltenden Grundrechtsschutz haben.[234]

Im übrigen ist schon an anderer Stelle deutlich geworden, daß die Arbeitsvertragsparteien nicht in jedem Falle daran interessiert sein werden, daß aus der Betriebsvereinbarung keine weiteren Rechte folgen können.[235] Deshalb ist eine Lösung zu suchen, die die Entstehung weiterer Rechte aus der Betriebsvereinbarung ermöglicht. Der Ansatz von *Schulin* kann das nicht leisten.

---

[231] vgl. BVerfGE 53, S. 257 (289-296); BAG 22.9.1987, AP Nr 5 zu § 1 BetrAVG Besitzstand, Bl. 4 (B. II. 2. a der Gründe)

[232] BAG 3.12.1954, E 1, S. 185 (191-194); 23.2.1959, E 7, S. 256 (260); 29.6.1962, E 13, S. 168 (174f); 28.9.1972, E 24, S. 438 (441); Däubler, Das Arbeitsrecht 1, S. 524; Galperin/Löwisch, § 77 Rn 57; Waltermann, RdA 1990, S. 138 (141f)

[233] BAG 27.2.1985, E 48, S. 122 (134-139); 27.5.1986, E 52, S. 88 (97f)

[234] zur Drittwirkung der Grundrechte vgl. BVerfGE 7, 198 (207); Hesse, Grundzüge des Verfassungsrechts, Rn 351-357

[235] vgl. oben Teil 2 C II unter Verweis auf Teil 3 C III

II. Arbeitsvertrag als Rechtsquelle der normativen Regelungen der Betriebsvereinbarung *erst mit Wegfall des Betriebsrats*

Kissel[236] folgend ist zu überlegen, ob nicht Regelungen der Betriebsvereinbarung erst mit Wegfall des Betriebsrats Bestandteil des Arbeitsvertrages werden. Dieses Ergebnis läßt sich eventuell mit Hilfe der Analogie zu § 613a Abs. 1 S. 2 BGB erreichen (2.), denkbar erscheint auch, die Rechtsprechung des BAG zum eigenständigen schuldrechtlichen Versorgungsanspruch von sogenannten Ruheständlern auf die Rechtslage bei Wegfall des Betriebsrats zu beziehen (1.).

1. Rechtsprechung des BAG bezüglich Ruheständlern

Das BAG vertritt seit dem Urteil des Großen Senats vom 16. März 1956[237] die Auffassung, daß Arbeitnehmer, die mit ihrem Eintritt in den Ruhestand Versorgungsansprüche aufgrund einer durch Betriebsvereinbarung geregelten betrieblichen Altersversorgung erworben haben, diese Ansprüche als eigenständige schuldrechtliche Ansprüche geltend machen können. Wörtlich formulierte der Große Senat in diesem Urteil[238]: "*Auf Grund der kollektivrechtlichen Regelung der Betriebsvereinbarung hat der ausscheidende Arbeitnehmer, der die Voraussetzungen der betrieblichen Ruhegeldregelung erfüllt hat, mit seinem Ausscheiden einen individuellen Einzelanspruch gegen den Arbeitgeber erworben, der zwar in der Betriebsvereinbarung wurzelt, aber nunmehr zu einem selbständigen schuldrechtlichen Anspruch geworden ist.*" Es ist zu überlegen, ob mit Hilfe dieser Rechtsprechung begründet werden kann, daß Arbeitsvertragsparteien mit Ablauf der Betriebsvereinbarung eigenständige, inhaltlich mit der Betriebsvereinbarung übereinstimmende arbeitsvertragliche Ansprüche erwerben. Damit könnten insbesondere die negativen Auswirkungen vermieden werden, die der Wegfall von

---

236 FG Söllner, S. 143 (154)

237 BAGE 3, S. 1 (10), bestätigt durch BAG 25.10.1988, E 60, S. 78 (82); bzgl. Beihilfe im Krankheitsfall: BAG 13.5.1997, AP Nr 65 zu § 77 BetrVG, Ls. 2, Bl. 2, 2R (I 2 der Gründe); zustimmend: Blomeyer, RdA 1977, S. 1 (10); Blomeyer/Otto, BetrAVG, Einl. Rn 192; Hess/Schlochauer/Glaubitz, § 77 Rn 10; v. Hoyningen-Huene, RdA 1983, S. 225; Richardi, § 77 Rn 72; ablehnend: Dieterich, NZA 1984, S. 273 (278); Gamillscheg, FS Bosch, S. 209 (223); GK/Kreutz, § 77 Rn 153; Herschel, FS Hilger/Stumpf, S. 311 (313-315); Konzen, FS G. Müller, S. 245 (261); Rüthers/Bakker, Anm. zu BAG, EzA § 77 BetrVG Nr 26, S. 20-23; Schwerdtner, ZfA 1975, S. 171 (176, 187); Straetmanns, AuR 1969, S. 269 (271); Waltermann, Rechtsetzung durch Betriebsvereinbarung, S. 212; ders., NZA 1996, S. 357 (364f)

238 BAG GS 16.3.1956, E 3, S. 1 (10)

Betriebsvereinbarungen, die eine betriebliche Altersversorgung regeln, in den Fällen der zwingenden Betriebsratslosigkeit (Fallgruppe 3) auslöst.

Hanau und *Preis* sehen in dieser Rechtsprechung die Konkretisierung des allgemeinen Grundsatzes, daß in jeder Betriebsvereinbarung ein latenter individualrechtlicher Kern stecke, der immer dann hervortrete, wenn die normative Wirkung entfalle oder verändert werde.[239] Nur so sei zu erklären, daß schuldrechtliche Ansprüche aus einer Betriebsvereinbarung über die Geltungsdauer der Betriebsvereinbarung hinaus fortbestünden.[240] Neben der angesprochenen Rechtsprechung hinsichtlich Versorungsansprüchen von Arbeitnehmern im Ruhestand führen sie als Beleg ihrer These den Wegfall des Betriebsrats an. In dieser Situation werde ebenfalls der schuldrechtliche Kern offenbar, Ansprüche aus Betriebsvereinbarungen gingen mit Wegfall des Betriebsrats nicht automatisch unter.[241] Vielmehr bestünden die Ansprüche gegen den Arbeitgeber ebenfalls als individual- bzw. schuldrechtliche Ansprüche fort.[242] Wenn die Betriebsvereinbarung ende, dann sei mit dem Ende der normativen Wirkung nicht über das Schicksal bereits erworbener und erdienter Ansprüche entschieden.[243] *Hanau* und *Preis* vertreten die Auffassung, daß deshalb bei der Beendigung der Betriebsvereinbarung auf diesen unselbständigen Anspruch Rücksicht genommen werden müsse.[244]

Gegen die Auffassung, daß sich mit Hilfe der Rechtsprechung des BAG hinsichtlich der Versorgungsansprüche von Ruheständlern die Theorie des individualrechtlichen Kerns begründen läßt, spricht der Wortlaut der Entscheidungen, auf die sich *Hanau* und *Preis* stützen.[245] Denn das BAG erklärt nicht, daß die Versorgungsansprüche als selbständige schuldrechtliche Ansprüche bestehen, sondern daß sie zu solchen *geworden* sind.[246] Im Urteil vom 25.10.1988 formuliert das BAG wörtlich: "Zugunsten des beklagten Senders kann der Senat unterstellen, daß der Anspruch zunächst ein Anspruch aus einer Betriebsvereinbarung war. Dieser Anspruch ist aber im Zeitpunkt des Ausscheidens des Klägers aus dem Arbeitsverhältnis zu einem selbständigen

---

239 NZA 1991, S. 81 (88)
240 Hanau/Preis, NZA 1991, S. 81 (88)
241 Hanau/Preis, NZA 1991, S. 81 (89)
242 Hanau/Preis, NZA 1991, S. 81 (89)
243 Hanau/Preis, NZA 1991, S. 81 (89)
244 NZA 1991, S. 81 (89)
245 NZA 1991, S. 81 (89)
246 BAG GS 16.3.1956, E 3, S. 1 (10), bestätigt von BAG 25.10.1988, EzA § 77 BetrVG Nr 26, S. 4 (I 1 der Gründe); vgl. bzgl. Beihilfe im Krankheitsfall: BAG 13.5.1997, AP Nr 65 zu § 77 BetrVG, Ls. 2, Bl. 2, 2R (I 2 der Gründe)

schuldrechtlichen Anspruch geworden (BAG - Großer Senat - BAGE 3, 1, 10)."[247] Das BAG geht also selbst von einer Wandlung der Anspruchsgrundlage aus, *Rüthers* und *Bakker*[248] sprechen von einer "Anspruchsmutation".

Dem Lösungsvorschlag von *Hanau* und *Preis* ist weiterhin entgegenzuhalten, daß es generell keiner Angleichung der Bestandskraft von Betriebsvereinbarungen an die Bestandskraft von arbeitsvertraglichen Regelungen zum Schutz der Interessen der Arbeitnehmer bedarf. Die Betriebsvereinbarung hat gegenüber dem Arbeitsvertrag einen zusätzlichen Regelungszweck. Denn sie ist nicht eine privatautonome Interesseneinigung zwischen zwei Rechtssubjekten, sondern die Vereinbarung kollektiver Regelungen unter Wahrung der Belange des Betriebes (also in der Regel des Arbeitgebers) und der Belegschaft, also auch der Gesamtheit der Arbeitnehmer. Das wird ausführlich im Zusammenhang mit der Darstellung des eigenen Lösungsvorschlags im Teil 3 unter D. III. dargestellt.

Gegen die Heranziehung der genannten Rechtsprechung des BAG als Beleg für einen generell bestehenden individualrechtlichen Kern spricht auch, daß das BAG bei der Beendigung der Betriebsvereinbarung mit Ausnahme der Kündigung einer betrieblichen Altersversorgung von keinem Fortbestand der Inhalte der Betriebsvereinbarung ausgeht.[249] Die Rechtsprechung hinsichtlich der Ruheständler mit Hilfe des "Notbehelfs" des Wechsels der Anspruchsgrundlage wird erklärlich, wenn das Dilemma verdeutlicht wird, in dem das BAG steckt. Nach seiner Auffassung unterfallen einerseits ausgeschiedene Arbeitnehmer nicht dem personellen Geltungsbereich einer Betriebsvereinbarung.[250] Das wird zum einen damit begründet, daß der Betriebsrat kein Recht habe, die Interessen der ausgeschiedenen Arbeitnehmer zu vertreten.[251] Denn der Betriebsrat werde nur von der aktiven Belegschaft gewählt.[252] Zum anderen könnten die Pensionäre kein Ausschluß- bzw.

---

[247]EzA § 77 BetrVG Nr 26, S. 4 (I 1 der Gründe)

[248]Anm. zu BAG, EzA § 77 BetrVG Nr 26, S. 23

[249]BAG 9.2.1989, AP Nr 40 zu § 77 BetrVG, Bl. 2R (I 2 b der Gründe); 26.4.1990, EzA § 77 BetrVG Nr 35, S. 510 (II 2 b (2), 3 der Gründe)

[250]BAG GS 16.3.1956, E 3, S. 1 (1. Ls, S. 8); 25.10.1988, EzA § 77 BetrVG Nr 26, S. 5 (I 2 b der Gründe)

[251]BAG GS 16.4.1956, E 3, S. 1 (9); 25.10.1988, EzA § 77 BetrVG Nr 26, S. 5 (I 2 a der Gründe)

[252]BAG GS 16.4.1956, E 3, S. 1 (9); 25.10.1988, EzA § 77 BetrVG Nr 26, S. 5 (I 2 a der Gründe); 13.5.1997, AP Nr 65 zu § 77 BetrVG, Bl. 2, 2R (I 2 der Gründe)

Auflösungsverfahren gemäß § 23 Abs. 1 BetrVG einleiten.[253] Der Ruheständler kann demnach keinen Anspruch aus der Betriebsvereinbarung haben. Andererseits hat die Betriebsvereinbarung zur Regelung einer betrieblichen Altersversorgung aber gerade zum Gegenstand, daß Ruheständler, also ausgeschiedene Arbeitnehmer, einen Anspruch auf Leistungen der betrieblichen Altersversorgung haben sollen. Deshalb mußte das Gericht eine Konstruktion finden, mit deren Hilfe Ruheständlern dennoch Ansprüche aus der Betriebsvereinbarung zustehen. Das aufgezeigte Dilemma erklärt, warum diese Konstruktion gewählt wurde, obwohl ihr ein erheblicher Einwand entgegensteht: Das BAG kann keine Norm nennen, aus der sich die "Anspruchsmutation"[254] ergibt.[255] Das Problem wird vermieden, wenn anerkannt wird, daß die Betriebspartner auch eine Regelungskompetenz bezüglich solcher Arbeitnehmer haben, die nicht (mehr) zur Betriebsgemeinschaft gehören.[256] Die Rechtsprechung des BAG bezüglich der Ruheständler ist mit der eben dargestellten "Zwangslage" des BAG zu erklären, verallgemeinerungsfähig ist sie nicht.

Der verallgemeinerungsfähige Grundsatz ist demgegenüber, daß - wie oben bereits deutlich gemacht wurde[257] - ein Anspruch aus einer Betriebsvereinbarung solange besteht, wie auch die Betriebsvereinbarung besteht. Mit Ende der Betriebsvereinbarung können keine weiteren Ansprüche aus ihr entstehen. Umgekehrt haben die bis zum Zeitpunkt des Endes der Betriebsvereinbarung entstandenen Ansprüche weiterhin die Betriebsvereinbarung als Anspruchsgrundlage.[258] Das vorstehende ergibt sich aus der normativen Geltung der Betriebsvereinbarung, wie sie in § 77 Abs. 4 S. 1 BetrVG geregelt ist. Etwas anderes gälte nur dann, wenn die Betriebsvereinbarung *ex tunc* unwirksam würde. In diesem Fall bestünden auch die aus der Betriebsvereinbarung folgenden Individualansprüche nicht mehr. Aber ein rückwirkendes Ende der Betriebsvereinbarung wird der Wegfall des Betriebsrats nicht begründen. Das ist bisher auch nicht behauptet worden. Der Fortbestand von Ansprüchen aus der Betriebsvereinbarung über den Wegfall des Betriebsrats hinaus läßt sich also sogar dann begründen, wenn angenommen wird, daß der Wegfall des Betriebsrats zum Ende der

---

[253] bzgl. § 23 BetrVG 1952: BAG GS 16.3.1956, E 3, S. 1 (9); bzgl. § 23 BetrVG 1972: BAG 25.10.1988, EzA § 77 BetrVG Nr 26, S. 6 (I 2 c der Gründe)

[254] Rüthers, Bakker, Anm. zu BAG, EzA § 77 BetrVG Nr 26, S. 23

[255] Rüthers, Bakker, Anm. zu BAG, EzA § 77 BetrVG Nr 26, S. 23; vgl. Käppler, FS Kissel, S. 475 (492)

[256] vgl. Waltermann, NZA 1996, S. 357 (364f)

[257] soeben Teil 2 E I

[258] Käppler, FS Kissel, S. 475 (492)

Betriebsvereinbarung führt. Allerdings ist es eine bloße Behauptung, daß die Betriebsvereinbarung in ihrem Bestand an den Bestand des Betriebsrats gebunden ist. Die vorliegende Untersuchung zeigt gerade, daß nur ausnahmsweise mit dem Wegfall des Betriebsrats auch die Betriebsvereinbarungen enden - bei Verlust der Betriebsratsfähigkeit (Fallgruppe 3). Jedoch ist in dieser Fallgruppe nicht der Wegfall des Betriebsrats die Ursache für das Ende der Betriebsvereinbarung. Vielmehr resultieren sowohl der Wegfall des Betriebsrats als auch das Ende der Betriebsvereinbarung aus dem Verlust der Betriebsratsfähigkeit. Ursächlich ist also der Umstand, daß das BetrVG für diesen Betrieb nun nicht mehr gilt. Schließlich ist herauszustellen, daß die Erwartung künftiger Ansprüche grundsätzlich keines Schutzes bedarf. Es ist nur dann ausnahmsweise ein - wie auch immer konstruktiv zu gewährleistender - Bestandsschutz anzunehmen, wenn die Arbeitnehmer in den Fortbestand dieser Erwartung vertrauen können. Ob ihr Vertrauen schutzwürdig ist, ergibt die Überlegung, ob die Arbeitnehmer grundrechtsgeschützte Erwartungen erworben haben. Das ist bei der betrieblichen Altersversorgung hinsichtlich des Erwerbs weiterer Versorgungsanwartschaften anzunehmen.[259]

Die Rechtsprechung des BAG hinsichtlich der Versorgungsansprüche von Ruheständlern ist im übrigen auch deshalb nicht auf den Ablauf der Betriebsvereinbarung wegen Wegfalls des Betriebsrats zu übertragen, weil sich beide Situationen wesentlich unterscheiden. Im Fall der Versorgungsansprüche der ausgeschiedenen Arbeitnehmer besteht die Betriebsvereinbarung selbst noch, sie kann nur nicht als Anspruchsgrundlage für die ausgeschiedenen Arbeitnehmer dienen. Im vorliegenden Zusammenhang wird hingegen angenommen, daß die Betriebsvereinbarung selbst wegen des Wegfalls des Betriebsrats endet. Während dort eine Konstruktion geschaffen wird, damit die ehemaligen Betriebsangehörigen Ansprüche auf Altersversorgung zu einem Zeitpunkt geltend machen können, zu dem sie selber zwar aus dem Betrieb ausgeschieden sind, zu dem aber die Betriebsvereinbarung selbst noch besteht und als "Wurzel" geeignet ist, wird hier nach einem Weg gesucht, um die Regelungen der Betriebsvereinbarung nach deren Ablauf zu erhalten. Mit deren Ablauf können Ansprüche der Arbeitsvertragsparteien aber nicht einmal mehr in der Betriebsvereinbarung wurzeln.

2. § 613a Abs. 1 S. 2 BGB analog

Es liegt nahe, § 613a Abs. 1 S. 2 BGB bei jedem Wegfall des Betriebsrats anzuwenden. Denn nach Auffassung der herrschenden Meinung greift diese

---

[259] vgl. unten Teil 3 D V 2 a

Norm selbst nur, wenn der Betriebsrat weggefallen ist, weil infolge eines rechtsgeschäftlichen Betriebsübergangs die Betriebsidentität verloren gegangen ist.[260] Deshalb soll geprüft werden, ob diese Norm auf andere Fälle analog angewendet werden kann, in denen der Betriebsrat wegfällt. Hierbei kann auf *Kissel*[261] Bezug genommen werden. Er wendet im Ergebnis die Regelungen des § 613a Abs. 1 S. 2 BGB entsprechend an, ohne freilich die Norm zu benennen.[262] Er meint, der den Inhalt des Einzelarbeitsverhältnisses regelnde Teil der Betriebsvereinbarung löse sich von seinem Entstehungsgrund und werde nunmehr integraler Bestandteil des Individualarbeitsverhältnisses[263] - das ist die Rechtsfolge von § 613a Abs. 1 S. 2 BGB. Demgegenüber schlägt *Hanau* ausdrücklich die analoge Anwendung von § 613a Abs. 1 S. 2-4 BGB vor - allerdings beschränkt auf die Fälle des Betriebsratswegfalls infolge von Umstrukturierungen oder Verkleinerungen des Betriebes.[264] Die Norm ordnet für den rechtsgeschäftlichen Betriebsübergang an, daß die Rechte und Pflichten der Arbeitsvertragsparteien, die sich bis zum Betriebsübergang aus Betriebsvereinbarungen ergeben haben, Inhalt des Arbeitsverhältnisses zwischen Arbeitnehmer und Erwerber werden. Diese Regelungen wirken also nicht mehr von außen auf die Arbeitsverhältnisse ein,[265] sondern sie werden Bestandteil des Arbeitsverhältnisses, d. h. des Arbeitsvertrages.[266] Damit

---

[260] BAG 23.11.1988, AP Nr 77 zu § 613a BGB, Bl. 3 (unter I 2 a aa); 5.2.1991, AP Nr 89 zu § 613a BGB, Bl. 8R (unter IV 2 c cc); 27.7.1994, AP Nr 118 zu § 613a BGB, Bl. 4, 4R (unter B. II.); Däubler/Kittner/Klebe/Blank, § 77 Rn 48; ErfK/Preis, § 613a BGB Rn 69; Erman/Hanau, § 613a Rn 79; Fitting/Kaiser/Heither/Engels, § 77 Rn 143a; GK/Kreutz, § 77 Rn 327-330; Gussen, Zur Weitergeltung von Gesamtvereinbarungen beim Betriebsübergang nach § 613a BGB, S. 16-22; ders., Anm. zu BAG AP Nr 118 zu § 613a, Bl. 5R-8; Hanau/Vossen, FS Hilger/Stumpf, S. 271 (272-275); Hess/Schlochauer/Glaubitz, § 77 Rn 226; Jung, RdA 1981, S. 360 (362); Knigge, BB 1980, S. 1272 (1276); MünchArbR/Matthes, § 319 Rn 42; MüKo/Schaub, § 613a Rn 90, 103f; Richardi, § 77 Rn 193; Schaub, Das Arbeitsrecht der Gegenwart, Bd. 18, 1980, S. 71 (78f); Simon, ZfA 1987, S. 311 (330f); Soergel/Raab, § 613a Rn 102, 105, 118; Sowka, DB 1988, S. 1318 (1319, 1321); Stege/Weinspach, § 77 Rn 34

[261] FG Söllner, S. 143 (154)

[262] Kissel, FG Söllner, S. 143 (154)

[263] Kissel, FG Söllner, S. 143 (154)

[264] RdA 1989, S. 207 (211)

[265] BAG GS 16.3.1956, E 3, S. 1 (5); 21.9.1989 AP Nr 43 zu § 77 BetrVG, Bl. 5, 5R (IV 1 der Gründe); AR-Blattei, Säcker, (D) Betriebsvereinbarung I, D II 1; Fitting/Kaiser/Heither/Engels, § 77 Rn 110; GK/Kreutz, § 77 Rn 41, 182; Hess/Schlochauer/Glaubitz, § 77 Rn 181; Hueck/Nipperdey, II/2, S. 1266; MünchArbR/Matthes, § 319 Rn 25;

[266] BAG 5.2.1991, AP Nr 89 zu § 613a BGB, Bl. 8R (B IV 2 c cc der Gründe); 27.7.1994, AP Nr 118 zu § 613a BGB, Bl. 4R (B II der Gründe); ErfK/Preis, § 613a BGB Rn 67; Erman/Hanau, § 613a Rn 78; Fitting/Kaiser/Heither/Engels, § 77 Rn 145; Galperin/Löwisch,

ordnet § 613a Abs. 1 S. 2 BGB eine Überleitung von Kollektiv- in Individualrecht an.

Die Analogie zu § 613a Abs. 1 S. 2 BGB setzt zunächst die Feststellung voraus, daß die Nichtregelung der Rechtsfolgen des Wegfalls des Betriebsrats hinsichtlich bestehender Betriebsvereinbarungen eine offene Gesetzeslücke schafft. Das soll an dieser Stelle unterstellt werden, um überhaupt zur Prüfung der auf den ersten Blick naheliegenden Lösung mit Hilfe der Analogie zu § 613a Abs. 1 S. 2 BGB zu gelangen. Erst die Darstellung der eigenen Lösung im 3. Teil wird aufzeigen, daß die Annahme einer Regelungslücke keineswegs zwingend ist. Als weiteres ist für die Analogie Voraussetzung, daß die in § 613a Abs. 1 S. 2 BGB angeordnete Rechtsfolge nicht nur für den geregelten Fall des rechtsgeschäftlichen Betriebsübergangs, sondern auch generell für den Wegfall des Betriebsrats gelten *soll.*[267] Das ist zu bejahen, wenn beide Tatbestände infolge ihrer Ähnlichkeit in den für die gesetzliche Bewertung maßgeblichen Gesichtspunkten gleich zu bewerten sind.[268] Es ist also zunächst danach zu fragen, welche Kriterien für die gesetzliche Anordnung der Transformation in Individualrecht maßgeblich sind. Danach ist zu prüfen, ob diese Gesichtspunkte auch für den Wegfall des Betriebsrats generell gelten sollen.[269]

Diese abstrakt beschriebene Arbeitsweise erfordert konkret, daß der Tatbestand des § 613a Abs. 1 S. 2 BGB im Lichte der angeordneten Rechtsfolgen betrachtet wird und hierbei die Regelungszwecke, die mit der Norm verfolgt werden, berücksichtigt werden. Denn nur die Zusammenschau von Tatbestand, Rechtsfolgen und Regelungszwecken ermöglicht es, die für die Regelung wesentlichen Gesichtspunkte herauszuarbeiten. So ermöglichen es die Regelungszwecke, bei Betrachtung des Tatbestandes von § 613a Abs. 1 S. 2 BGB die den einzelnen Tatbestandsmerkmalen zugrundeliegenden Gesichtspunkte zu erkennen und die wesentlichen von den unwesentlichen zu trennen. Da die Norm ihre Wirkung durch den Eintritt der Rechtsfolgen erzielt, müssen zusätzlich die Rechtsfolgen der Norm betrachtet werden. Erst wenn auf diese Weise die wesentlichen Gesichtspunkte herausgearbeitet worden sind, ist

---

§ 77 Rn 65; GK/Kreutz, § 77 Rn 330; Hanau/Vossen, FS Hilger/Stumpf, S. 271 (279); Lorenz, DB 1980, S. 1745 (1747); MüKo/Schaub, § 613a Rn 106; MünchArbR/Matthes, § 319 Rn 25; MünchArbR/Wank, § 120 Rn 171; Seiter, Betriebsinhaberwechsel, S. 89f; Soergel/Raab, § 613a Rn 104, 120; a. A. Staudinger/Richardi/Annuß, § 613a Rn 174f; Zöllner, DB 1995, S. 1401f

[267] generell für die Analogie Larenz/Canaris, Methodenlehre, S. 202

[268] Larenz/Canaris, Methodenlehre, S. 202

[269] generell für die Analogie Larenz, Methodenlehre, S. 202f

ein Vergleich mit dem nicht geregelten Sachverhalt möglich. Die so beschriebene Analogieprüfung droht wegen der Vielzahl der zu beachtenden Faktoren unübersichtlich zu werden. Deshalb wird die Vorgehensweise "gestreckt". Es werden zunächst die gesetzlichen Zwecke herausgearbeitet, die § 613a Abs. 1 S. 2 BGB zugrundeliegen (unter a). Daran schließt sich die Untersuchung des Tatbestandes der Norm an, bei der die wesentlichen Gesichtspunkte, die der Norm zugrundeliegen, festgemacht werden und anschließend gefragt wird, ob diese Gesichtspunkte auch in sonstigen Fällen des Wegfalls des Betriebsrats vorliegen (unter b). Schießlich wird überlegt, ob die Anwendung der Rechtsfolgen des § 613a Abs. 1 S. 2 BGB auf alle Fälle des Betriebsratswegfalls möglich ist (unter c).

a) Regelungszwecke des § 613a Abs. 1 S. 2 BGB

Typischerweise wird in Bezug auf § 613a BGB eine Zwecktrias genannt. So sollen - erstens - die bestehenden Arbeitsplätze geschützt werden, es soll - zweitens - die Kontinuität des Betriebsrats gewährleistet werden und schließlich - drittens - soll die Haftung des alten und des neuen Arbeitgebers geregelt werden.[270] Mit dieser Zwecktrias ist zwar die Funktion der gesetzlichen Vorschrift im allgemeinen umschrieben. Für die Prüfung der Analogie ausschließlich zu § 613a Abs. 1 S. 2 BGB ist es jedoch geboten, dessen spezielle Funktion zu betrachten. Dabei lassen sich zwei Regelungszwecke ermitteln.

aa) Schutz der Arbeitnehmerrechte

Eine der Funktionen wird deutlich, wenn der Wille des Gesetzgebers ermittelt wird. Hierbei wird zunächst darauf abgestellt, daß diese Regelung aufgrund der EG-Richtlinie 77/187/EWG vom 14. Februar 1977 - nunmehr geändert durch die Richtlinie 98/50/EG[271] - in das BGB aufgenommen worden ist. Das verdeutlicht die amtliche Begründung des Regierungsentwurfs,[272] in der es heißt: "*Durch die Ergänzung der Vorschrift des § 613a Abs. 1 BGB erhalten die durch einen Tarifvertrag oder eine Betriebsvereinbarung geregelten Rechte und Pflichten einen Bestandsschutz beim Betriebsübergang entsprechend Artikel 3 Abs. 2 der Richtlinie vom 14. Februar 1977.*" Deshalb ist es sinnvoll, auch die EG-Richtlinie heranzuziehen. Dort heißt es im Teil II unter der

---

[270] BAG 17.1.1980, AP Nr 18 zu § 613a BGB, Bl. 3 (II 2 der Gründe); 12.7.1990, AP Nr 87 zu § 613a BGB, Bl. 3R (B II 2 d aa der Gründe); Erman/Hanau, § 613a Rn 3-5; MünchArbR/Wank, § 120 Rn 15; MüKo/Schaub, § 613a Rn 2; Palandt/Putzo, § 613a Rn 1; Seiter, Betriebsinhaberwechsel, S. 29-31; Soergel/Kraft, § 613a Rn 6-8; Staudinger/Richardi/Annuß, § 613a Rn 10

[271] NZA 1998, S. 1211-1213

[272] BT-DS 8/3317 vom 6.11.1979, abgedruckt bei Seiter, Betriebsinhaberwechsel, S. 165

Überschrift "*Wahrung der Ansprüche der Arbeitnehmer*" in Absatz 2 des Artikels 3: "*Nach dem Übergang im Sinne des Artikels 1 Absatz 1* (d. h. Unternehmens-, Betriebs-, Betriebsteilübergang durch vertragliche Übertragung oder durch Verschmelzung, [der Verf.]) *erhält der Erwerber die in einem Kollektivvertrag vereinbarten Arbeitsbedingungen bis zu der Kündigung oder dem Ablauf des Kollektivvertrags bzw. bis zum Inkrafttreten oder bis zu der Anwendung eines anderen Tarifvertrags in dem gleichen Maße aufrecht, wie sie in dem Kollektivvertrag für den Veräußerer vorgesehen waren. Die Mitgliedsstaaten können den Zeitraum der Aufrechterhaltung der Arbeitsbedingungen begrenzen, sofern dieser nicht weniger als ein Jahr beträgt.*" Es ging dem Gesetzgeber also mit der Regelung des § 613a Abs. 1 S. 2 BGB darum, für die Dauer von einem Jahr den Bestand solcher Rechte der vom Betriebsübergang betroffenen Arbeitnehmer, die sich vor dem Inhaberwechsel aus einer Betriebsvereinbarung ergaben, gegen Verschlechterungen zu schützen. Zwar sieht auch die EG-Richtlinie 77/187/EWG nicht nur die Überleitung der Rechte der Arbeitnehmer vor, vielmehr sind von der Überleitung generell die Arbeitsbedingungen erfaßt. Das legt aber nur nahe, daß ein weiterer Regelungszweck mit § 613a Abs. 1 S. 2 BGB verfolgt wird, muß jedoch nicht bedeuten, daß nicht auch - und im wesentlichen - der Schutz der Arbeitnehmer bezweckt wird.

Diese Ausrichtung auf den Schutz der Arbeitnehmer zeigt der Wortlaut des gesamten zweiten Satzes der Vorschrift. Während der erste Halbsatz die Überleitung der Rechte und Pflichten der Arbeitsverhältnisse anordnet, die sich bis zum Betriebsübergang aus einer Betriebsvereinbarung ergeben haben, bestimmt der zweite Halbsatz den Bestandsschutz dieser übergeleiteten Rechte und Pflichten für die Dauer von einem Jahr. Diese Veränderungssperre gilt hingegen dann nicht, wenn Regelungen zwischen dem Arbeitnehmer und dem Erwerber vereinbart werden, die für den Arbeitnehmer günstiger sind. Indem das Gesetz einen Günstigkeitsvorbehalt für die Arbeitnehmer bestimmt, zeigt sich die Funktion der Norm als Arbeitnehmerschutzvorschrift.

Dieser Zweck wird auch deutlich, wenn die Funktion der Betriebsvereinbarung betrachtet wird, deren Regelungen übergeleitet, also erhalten werden. Denn die Betriebsvereinbarungen selbst werden - zumindest im Grundsatz - die Interessen der Arbeitnehmer wahren. Das ergibt sich aus der Überlegung, daß das BetrVG selbst, das als Regelungsinstrument die Betriebsvereinbarung vorsieht, nach Auffassung der herrschenden Meinung den Zweck verfolgt, die Arbeitnehmer zu schützen.[273] Dieser Schutz wird nicht materiell erreicht,

[273] BAG 13.7.1977, AP Nr 2 zu § 87 BetrVG Kurzarbeit, Bl. 3 (1 der Gründe); 17.12.1980, AP Nr 4 zu § 87 BetrVG Lohngestaltung, Bl. 3 (3 der Gründe); 18.4.1989, AP Nr 18 zu § 87 BetrVG Tarifvorrang, Bl. 3 (B II 2 a der Gründe); Däubler/Kittner/Klebe, Einl. Rn 66;

indem der Inhalt bestimmter Regelungen angeordnet wird. Vielmehr geht es um den Schutz durch Verfahren, indem das Gesetz für einzelne Bereiche eine Beteiligung des Betriebsrats zwingend vorschreibt und im übrigen den Betriebspartnern überläßt, in anderen Bereichen ebenfalls Betriebsvereinbarungen abzuschließen. Weil der Betriebsrat als Vertretung der Arbeitnehmer konzipiert ist, die durch die Belegschaft selbst gewählt wird, werden durch die Beteiligung des Betriebsrats die Interessen der Arbeitnehmer gewahrt. Diese Beteiligung erfolgt ganz wesentlich durch den Abschluß einer Betriebsvereinbarung. Deshalb gilt die tatsächliche Vermutung, daß die Betriebsvereinbarung die Interessen der Arbeitnehmer grundsätzlich besser wahrt, als wenn keine Betriebsvereinbarung abgeschlossen worden wäre. Fielen Betriebsvereinbarungen im Zuge eines Betriebsübergangs ersatzlos weg, würden die Interessen der Arbeitnehmer deshalb grundsätzlich weniger gewahrt als vor dem Übergang des Betriebes.

Eines solchen Schutzes bedürfen die Arbeitnehmer auch, wenn und soweit Betriebsvereinbarungen bestehen, die den Interessen der Arbeitnehmer dienen und diese Betriebsvereinbarungen infolge des Betriebsratswegfalls enden. Insofern erscheint der Schutzzweck des § 613a Abs. 1 S. 2 BGB auch auf die Situation bei Wegfall des Betriebsrats übertragbar zu sein. Allerdings besteht dieses Schutzbedürfnis nicht in jedem Fall. Soweit die Arbeitnehmer die Möglichkeit hatten, sich den Schutz ihrer Interessen durch Erhalt der Betriebsvereinbarung zu bewahren, indem sie einen neuen Betriebsrat wählten und diese Wahl nicht erfolgt ist, bedürfen sie dieses Schutzes nicht; sie haben sich des Schutzes selbst begeben. Deshalb greift der Schutzzweck nicht in den Fällen, in denen die Amtszeit des Betriebsrats abgelaufen und die Belegschaft nicht rechtzeitig einen neuen Betriebsrat gewählt hat (Fallgruppe 1).[274] Anders ist es, wenn der Betrieb zwingend betriebsratslos geworden ist (Fallgruppe 2). Solange es der Belegschaft deshalb noch nicht möglich war, einen neuen Betriebsrat zu wählen, ist der Schutzzweck übertragbar. Gleiches gilt für den Wegfall des Betriebsrats, weil der Betrieb infolge Verkleinerung nicht mehr betriebsratsfähig ist (Fallgruppe 3). Auch in diesen Fällen hat die Belegschaft keine Möglichkeit der Neuwahl. Dieser Schutz kann durch Analogie des § 613a Abs. 1 S. 2 1. HS BGB erreicht werden.

Fitting/Kaiser/Heither/Engels, § 1 Rn 1, 163; Galperin/Löwisch, vor § 74 Rn 6; GK/Wiese, Einl. Rn 45, 49; Hess/Schlochauer/Glaubitz, § 87 Rn 7; v. Hoyningen-Huene, Betriebsverfassungsrecht, S. 6; Jahnke, Tarifautonomie und Mitbestimmung, S. 25-27; Kreutz, Grenzen der Betriebsautonomie, S. 239

[274] vgl. zu den Fallgruppen oben Teil 1 C III

Wenn festgestellt wurde, daß die Arbeitnehmer in der Fallgruppe 1 eines Schutzes ihrer Interessen nicht bedürfen, heißt das nicht, daß eine Analogie zu § 613a Abs. 1 S. 2 BGB für diese Fallgruppe nicht in Betracht kommt. Denn mit dieser Norm wird noch ein weiterer Regelungszweck verfolgt.

bb) Ordnungsfunktion - Rechtssicherheit und Rechtsklarheit

Zum Teil wird als weiterer Zweck in der Literatur angenommen, daß mit § 613a Abs. 1 S. 2 BGB eindeutig bestimmbar festgelegt wird, welche Regelungen in die Arbeitsverträge übergeleitet werden, um Rechtssicherheit und Rechtsklarheit zu gewährleisten.[275] Der Norm kommt also nicht nur eine Schutz-, sondern auch eine Ordnungsfunktion zu. Das läßt sich zwar nicht anhand der amtlichen Begründungen als Ziel des historischen Gesetzgebers nachweisen. Aber in der Rechtsanwendung kommt dieser Funktion eigenständige Bedeutung zu. Die Ordnungsfunktion dieser Vorschrift ist mehr als bloß ein Rechtsreflex, der aus der Annahme einer Überleitung in Individualrecht folgt. Denn anders ist nicht zu erklären, warum § 613a Abs. 1 S. 2 BGB unabhängig davon angewendet wird, ob die Betriebsvereinbarung für die Arbeitnehmer nur Rechte oder auch Pflichten enthält. Würde der Norm keine ordnende Funktion beigemessen, müßte die Anwendung im Wege der teleologische Reduktion auf solche Betriebsvereinbarungen beschränkt werden, die Rechte der Arbeitnehmer normieren. Denn die teleologische Reduktion soll immer dann greifen, wenn eine gesetzliche Regel entgegen ihrem Wortsinn, aber gemäß des Zweckes des Gesetzes einer Einschränkung bedarf, die im Gesetzestext nicht enthalten ist.[276] Die Ordnungsfunktion, so wie sie in § 613a Abs. 1 S. 2 BGB verwirklicht wird, gilt bei jedem Wegfall des Betriebsrats. Denn es geht in jeder denkbaren Fallgestaltung auch darum, Rechtsunsicherheit und -unklarheit durch eindeutige Rechsanwendung zu vermeiden.

b) Tatbestand des § 613a Abs.1 S. 2 BGB

Es hat sich gezeigt, daß die Regelungszwecke von § 613a Abs. 1 S. 2 BGB eine Analogie für die Fälle des Wegfalls des Betriebsrats nahelegen. Im folgenden werden die Tatbestandsmerkmale von § 613a Abs. 1 S. 2 BGB unter Zuhilfenahme dieser Zwecke daraufhin untersucht, was die wesentlichen Gesichtspunkte sind, die der Norm zugrundeliegen. Zwei Tatbestandsmerkmale sind zu prüfen. § 613a Abs. 1 S. 2 BGB bestimmt als Tatbestandsmerkmal zum einen den rechtsgeschäftlichen Betriebsübergang (unter bb). Zusätzlich haben

---

[275] Birk, Anm. zu BAG, EzA § 613a BGB Nr 1, S. 11 (16f); Borngräber, Arbeitsverhältnis bei Betriebsübergang, S. 33; Kraft, 25 Jahre BAG, S. 299 (309); MünchArbR/Wank, § 120 Rn 15; MüKo/Schaub, § 613a Rn 2; Seiter, Betriebsinhaberwechsel, S. 31

[276] Larenz/Canaris, Methodenlehre, S. 210

Rechtsprechung und Literatur als weiteres Tatbestandsmerkmal den Verlust der Betriebsidentität herausgearbeitet (unter aa).

aa) Verlust der Betriebsidentität als ungeschriebenes Tatbestandsmerkmal
Der Blick auf den Tatbestand des § 613a Abs. 1 S. 2 BGB führt dazu, daß eine Analogie nicht in jedem Fall in Betracht kommt. Denn die herrschende Meinung in Rechtsprechung und Literatur nimmt ein zusätzliches Tatbestandsmerkmal an, das den Anwendungsbereich der Norm - und damit auch die Analogiefähigkeit - erheblich einschränkt.

Das BAG[277] vertritt in gefestigter Rechtsprechung die Auffassung, daß § 613a Abs. 1 S. 2 BGB nicht bei jedem Betriebsübergang zu einer Überleitung von Betriebsvereinbarungen in Arbeitsverträge führt. Nur wenn der Betriebsübergang zur Folge hat, daß die *Betriebsidentität verloren* geht, soll § 613a Abs. 1 S. 2 BGB anzuwenden sein. Bleibt die Betriebsidentität hingegen bestehen, dann gelten die Betriebsvereinbarungen als solche auch gegenüber dem Erwerber weiter. Ein Betriebsübergang verursacht den Verlust der Betriebsidentität, wenn die bestehende Organisationsstruktur aufgelöst oder der arbeitstechnische Zweck infolge des Betriebsübergangs verändert wird.[278] Das ist der Fall, wenn ein Betriebsteil in einen Betrieb des Erwerbers eingegliedert wird oder wenn mehrere Betriebe zu einem einheitlichen Betrieb verschmolzen werden.[279] Die Literatur folgt dieser Auffassung weitgehend.[280]

Damit wird von der herrschenden Meinung der Grundsatz aufgestellt, daß auch infolge des Betriebsübergangs nicht die kollektivrechtlichen Beziehungen im Betrieb beeinflußt werden. Nur wenn infolge des Betriebsübergangs ein Verlust

---

[277] 23.11.1988, AP Nr 77 zu § 613a BGB, Bl. 3 (unter I 2 a aa); 5.2.1991, AP Nr 89 zu § 613a BGB, Bl. 8R (unter IV 2 c cc); 27.7.1994, AP Nr 118 zu § 613a BGB, Bl. 4f (unter B. II.)

[278] vgl. Jung, RdA 1981, S. 360 (361)

[279] MünchArbR/Wank, § 120 Rn 188; Fitting/Kaiser/Heither/Engels, § 77 Rn 145

[280] Däubler/Kittner/Klebe/Blank, § 77 Rn 48; Erman/Hanau, § 613a Rn 79; Fitting/Kaiser/Heither/Engels, § 77 Rn 143a; GK/Kreutz, § 77 Rn 327-330; Gussen, Zur Weitergeltung von Gesamtvereinbarungen beim Betriebsübergang nach § 613a BGB, S. 16-22; ders., Anm. zu BAG AP Nr 118 zu § 613a, Bl. 5R-8; Hanau/Vossen, FS Hilger/Stumpf, S. 271 (272-275); Hess/Schlochauer/Glaubitz, § 77 Rn 226; Jung, RdA 1981, S. 360 (362); Knigge, BB 1980, S. 1272 (1276); MünchArbR/Matthes, § 319 Rn 42; MüKo/Schaub, § 613a Rn 90, 103f; Schaub, Das Arbeitsrecht der Gegenwart, Bd. 18, 1980, S. 71 (78f); Simon, ZfA 1987, S. 311 (330f); Soergel/Raab, § 613a Rn 102, 105, 118; Sowka, DB 1988, S. 1318 (1319, 1321); Staudinger/Richardi/Annuß, § 613a Rn 176; Stege/Weinspach, § 77 Rn 34; a. A. Galperin/Löwisch, § 77 Rn 65; Junker, RdA 1993, S. 203 (204f); MünchArbR/Wank, § 120 Rn 189f; Wank, NZA 1987, S. 505 (507f); Wiesner, BB 1986, S. 1636 (1637)

der Betriebsidentität eintritt, werden die Inhaltsnormen der Betriebsvereinbarung gemäß § 613a Abs. 1 S. 2 BGB Bestandteil der Arbeitsverträge. Für die Annahme, daß nur dann § 613a Abs. 1 S. 2 BGB anzuwenden ist, spricht die Funktion des BetrVG. Durch dieses Gesetz soll eine Betriebsverfassung konstituiert werden, die von den Betriebspartnern getragen wird (vgl. § 2 BetrVG), wobei das BetrVG an den Betrieb als eine selbständige Einheit des kollektiven Arbeitsrechts anknüpft.[281] Die Aufgaben, die dem Betriebsrat durch das BetrVG zugewiesen werden, sind also auf den Betrieb bezogen, dessen Belegschaft ihn gewählt hat.[282] Damit sind auch die konkreten Problemlösungen in Gestalt von Betriebsvereinbarungen, auf die sich Arbeitgeber und Betriebsrat in Vollzug der Betriebsverfassung einigen, betriebsbezogen.[283] Das BetrVG bestimmt Betriebsrat und Arbeitgeber funktional.[284] So richten sich die Befugnisse des Betriebsrats nicht nach der personellen Zusammensetzung des Betriebsrats, ebensowenig kommt es auf die konkrete Person des Arbeitgebers an.[285] Die im BetrVG geregelten Beteiligungsrechte und Ansprüche des Betriebsrats gegen den "Arbeitgeber" bestehen jeweils gegen den Arbeitgeber als Inhaber des Betriebes, als "Organ der Betriebsverfassung".[286] Weil das BAG dieses Verständnis vertritt, kann es folgern, daß der Erwerber infolge des Betriebsübergangs an die betriebsverfassungsrechtliche Stelle des Veräußerers tritt.[287] Für den funktionalen Arbeitgeber-Begriff spricht, daß das Bedürfnis nach den getroffenen Lösungen insofern unabhängig von der Person des Arbeitgebers besteht, als sich die betriebliche Struktur und Organisation, die durch die Betriebsvereinbarung geregelt wird, nicht durch den Wechsel in der Person des Arbeitgebers verändert. Damit bleibt auch das Bedürfnis nach Erhalt der bereits getroffenen konkreten Regelungen. Haben sich beispielsweise der bisherige Arbeitgeber und der Betriebsrat auf eine Regelung zur Lage der Arbeitszeit im Betrieb geeinigt, so ist diese Regelung auch weiterhin sinnvoll, wenn an die

---

[281] Hanau/Vossen, FS Hilger/Stumpf, S. 271 (274); v. Hoyningen-Huene, Betriebsverfassungsrecht, S. 23

[282] 23.11.1988, AP Nr 77 zu § 613a BGB, Bl. 2R (I 2 a aa der Gründe); 5.2.1991, AP Nr 89 zu § 613a BGB, Bl. 8 (B IV 2 b)

[283] BAG 5.2.1991, AP Nr 89 zu § 613a BGB, Bl. 8R (B IV 2 c cc der Gründe)

[284] vgl. zum funktionalen AG-Begriff: Gussen, Zur Weitergeltung von Gesamtvereinbarungen beim Betriebsübergang nach § 613a BGB, S. 43f; ders., Anm. zu BAG AP Nr 118 zu § 613a BGB, Bl. 7-8

[285] BAG 28. 9. 1988, AP Nr 55 zu § 99 BetrVG, Bl. 2 (B I 1 b der Gründe); 5.2.1991, AP Nr 89 zu § 613a BGB, Bl. 8 (B IV 2 b der Gründe)

[286] BAG 28.9.1988, AP Nr 55 zu § 99 BetrVG, Bl. 2 (B I 2a der Gründe); 5.2.1991, AP Nr 89 zu § 613a BGB, Bl. 8 (B IV 2 b der Gründe)

[287] so im Ergebnis BAG 5.2.1991, AP Nr 89 zu § 613a BGB, Bl. 8 (B IV 2 b der Gründe)

Stelle des bisherigen Arbeitgebers eine andere Rechtsperson tritt. Zwar mag sein, daß diese Rechtsperson eine andere Regelung wünscht. Aber darin unterscheidet sie sich nicht von der Person des bisherigen Arbeitgebers, deren Auffassungen über eine sachgerechte Problemlösung sich nach Abschluß einer Betriebsvereinbarung ändern kann bzw. die glaubt, ihre Vorstellungen vor der Einigungsstelle nicht genügend umgesetzt zu haben. Beide können gleichermaßen durch Kündigung und Neuverhandlung bzw. Anrufen der Einigungsstelle eine Änderung der bestehenden Betriebsvereinbarung herbeiführen. Zerfällt hingegen die betriebliche Einheit infolge des Betriebsübergangs, ist also mit dem Betriebsübergang der Verlust der Betriebsidentität verbunden, müssen auch die bestehenden Betriebsvereinbarungen enden. Im Interesse der Arbeitnehmerrechte ist es dann geboten, die Regelungen der Betriebsvereinbarungen in die einzelnen Arbeitsverträge überzuleiten.
Die Begründung für das Ende der Betriebsvereinbarungen im Zuge des Betriebsübergangs ist identisch mit der Begründung für den Wegfall des Betriebsrats. Beide sind an die Identität des Betriebes geknüpft.[288] Nicht weil der Betriebsrat wegfällt, endet die Betriebsvereinbarung, sondern sowohl Betriebsrat als auch Betriebsvereinbarungen sind im Bestand von der Identität des Betriebes abhängig. Das BAG macht in den beiden Entscheidungen, die zur Frage des Fortbestandes der Betriebsvereinbarungen bei rechtsgeschäftlichem Betriebsübergang ergangen sind,[289] diesen Zusammenhang deutlich, indem es in der zuerst ergangenen Entscheidung beide Fragen bereits räumlich voneinander trennt und in jeweils eigenen Gliederungsunterpunkten erörtert.[290] In der späteren Entscheidung geht es bezüglich des Bestandes der Betriebsvereinbarungen auf den Bestand des Betriebsrats gar nicht ein.[291] Vielmehr weist das Gericht darauf hin, daß es ihm für die Frage des Fortbestands der Betriebsvereinbarungen auf die Betriebsidentität ankommt.[292] Da der Betriebserwerber in die Rechtsstellung des bisherigen Betriebsinhabers eintrete, sei er an die im Betrieb geltenden Betriebsvereinbarungen jedenfalls so lange gebunden, bis sie ihr Ende fänden, etwa dadurch, daß der Betrieb seine Identität verliere und deshalb aufhöre zu bestehen.[293] Damit ist eine Aussage darüber getroffen, daß die Betriebsvereinbarung für ihren Bestand der betrieblichen Identität bedarf; die

---

[288] BAG 5.2.1991, AP Nr 89 zu § 613a BGB, Bl. 8 (B IV 2 c bb, cc der Gründe)

[289] BAG 5.2.1991, AP Nr. 89 zu § 613a BGB, Bl. 8-9 (B IV 2 c bb cc der Gründe); 27.2.1994, AP Nr 118 zu § 613a BGB, Bl. 4R (B II der Gründe)

[290] BAG 5.2.1991, AP Nr 89 zu § 613a BGB, Bl. 8 (B IV 2 c bb, cc der Gründe)

[291] BAG 27.2.1994, AP Nr 118 zu § 613a BGB, Bl. 4R (B II der Gründe)

[292] BAG 27.2.1994, AP Nr 118 zu § 613a BGB, Bl. 4R (B II der Gründe)

[293] BAG 27.2.1994, AP Nr 118 zu § 613a BGB, Bl. 4R (B II der Gründe)

Aussage darüber, welche Auswirkungen der Wegfall des Betriebsrats in anderen Fällen bei fortbestehender Betriebsidentität auf die Betriebsvereinbarungen hat, ist dem nicht zu entnehmen. Die Trennung des Bestandes von Betriebsrat und Betriebsvereinbarung, zumindest in deren normativem Teil, ist auch inhaltlich geboten. Denn die Regelungen der Betriebsvereinbarungen, die unmittelbar und zwingend auf die Arbeitsverhältnisse einwirken, werden nicht dadurch unanwendbar oder unvernünftig, daß der Betriebsrat weggefallen ist.[294] Allerdings muß nach einem Weg gesucht werden, um eine Beendigung auch weiterhin zu ermöglichen.[295] Das BAG hat darüber hinaus den kollektivrechtlichen Fortbestand der Betriebsvereinbarungen damit begründet, aus Satz 4 des § 613a Abs. 1 BGB ergebe sich, daß grundsätzlich kollektiv-rechtliche Normen nach der Betriebsübernahme den transformierten individualrechtlichen Normen vorgingen.[296] Daher sei nicht einzusehen, warum der Betriebserwerber, der an den gleichen Tarifvertrag gebunden sei wie der Betriebsveräußerer, von dieser tarifrechtlichen Bindung - jedenfalls für ein Jahr - frei bleiben solle, nur weil dieser Tarifvertrag kein "anderer" Tarifvertrag sei, den § 613a Abs. 1 S. 3 und 4 BGB ausdrücklich nennen.[297] Bleibe daher die Tarifbindung des Betriebserwerbers hinsichtlich der im Betrieb geltenden Tarifverträge erhalten - im Ergebnis stimmt die vorherrschende Meinung in der Literatur überein -, so werde erst recht eine Bindung des Betriebserwerbers an die im Betrieb geltenden[298] Betriebsvereinbarungen durch § 613a Abs. 1 S. 2 bis 4 BGB nicht ausgeschlossen.[299]

Wer vom Grundsatz ausgeht, daß der Betriebsübergang die kollektive Geltung der Betriebsvereinbarung nicht berührt, zeichnet die Auffassung nach, die bereits vor Inkrafttreten des § 613a Abs. 1 S. 2-4 BGB am 21. August 1980 einhellige Meinung war. Danach sollten die Betriebsvereinbarungen dann auf den Erwerber übergehen, wenn die Betriebsidentität auch nach Betriebsübergang erhalten blieb.[300] Grund hierfür war die Annahme, daß die

---

[294]vgl. unten Teil 3 C

[295]vgl. unten Teil 3 D

[296]BAG 5.2.1991, AP Nr 89 zu § 613a BGB, Bl. 8R (B IV 2 c cc der Gründe)

[297]BAG 5.2.1991, AP Nr 89 zu § 613a BGB, Bl. 8R (B IV 2 c cc der Gründe)

[298]für kollektiven Fortbestand: Hanau/Vossen, FS Hilger/Stumpf, S. 271; Jung, RdA 1981, S. 360 (362); MüKo/Wank, § 613a Rn 168; Staudinger/Richardi, § 613a Rn 166; Wank, NZA 1987, S. 505 (506)

[299]BAG 5.2.1991, AP Nr 89 zu § 613a BGB, Bl. 8R (B IV 2 c cc der Gründe)

[300]Borngräber, Arbeitsverhältnis bei Betriebsübergang, S. 97; v. Hoyningen-Huene/Windbichler, RdA 1977, S. 329 (335); Hueck/Nipperdey, II/2, S. 1287 (1283); Kunze, RdA 1976, S. 31 (32); Nikisch, III, S. 297; Staudinger/Richardi/Annuß, § 613a Rn 172

Betriebs-vereinbarung eine Ordnung des Betriebes schaffe,[301] die im Betrieb normativ gelte und nicht wie eine schuldrechtliche Verpflichtung mit der Person des Betriebsinhabers verbunden sei.[302] Etwas anderes ergibt sich auch nicht aus § 613a Abs. 1 S. 2 BGB. Zwar könnte der Wortlaut nahelegen, daß die Regelungen der Betriebsvereinbarung, die Rechte und Pflichten der Arbeitsverhältnisse enthalten, mit Betriebsübergang Inhalt des Arbeitsverhältnisses, d. h. Bestandteil der Arbeitsverträge werden.[303] Aber die Funktion der Norm widerlegt dieses Normverständnis. Die Rechtsstellung des Betriebsrats und der Arbeitnehmer soll durch diese Norm nicht eingeschränkt werden, die ohnehin bestehenden betriebsverfassungsrechtlichen Bindungen werden nicht gelockert; vielmehr soll die Norm eine zusätzliche Sicherung bieten.[304] Sie hat die Funktion, Lücken im Betriebsverfassungsrecht zu schließen.[305]

Weiterhin ist zu beachten, daß die Anwendung von § 613a Abs. 1 S. 2 BGB zu wenig sinnvollen Ergebnissen führte, wenn einerseits bei jedem rechtsgeschäftlichen Betriebsübergang eine Individualisierung angenommen, andererseits der herrschenden Meinung bezüglich der Beschränkung des Rechtsübergangs auf solche Regelungen, die den Inhalt des Arbeitsverhältnisses bestimmen (Inhaltsnormen),[306] gefolgt würde. Dann fielen bei jedem rechtsgeschäftlichen Betriebsübergang alle übrigen Regelungen, einschließlich der Vereinbarungen zum betrieblichen Geschehen, weg.[307] Das wäre indes wenig sinnvoll, weil vielfach das Bedürfnis nach diesen Regelungen bestehen bleibt. Denn organisatorisch und strukturell bleibt der Betrieb vom Inhaberwechsel grundsätzlich unberührt. Sinnvoll wird diese Beschränkung auf Inhaltsnormen erst, wenn mit dem Betriebsübergang die Betriebsidentität verloren geht - also in den Fällen, in denen auch die herrschende Meinung § 613a Abs. 1 S. 2 BGB anwendet.[308] Wer hingegen die

---

[301] G. Hueck, Betriebsvereinbarung, S. 51; Nikisch, III, S. 297; vgl. MüKo/Schaub, § 613a Rn 103

[302] vgl. Hanau/Vossen, FS Hilger/Stumpf, S. 271 (273); MüKo/Schaub, § 613a Rn 145

[303] vgl. Gussen, Anm. zu BAG, AP Nr 118 zu § 613a BGB, Bl. 5R

[304] BAG 27.7.1994, AP Nr 118 zu § 613a BGB, Bl. 4R (B II der Gründe)

[305] BAG 27.7.1994, AP Nr 118 zu § 613a BGB, Bl. 4R (B II der Gründe)

[306] Erman/Hanau, § 613a Rn 87; Hanau/Vossen, FS Hilger/Stumpf, S. 271 (280); MünchArbR/Wank, § 120 Rn 177, 186; MüKo/Schaub, § 613a Rn 111; Seiter, DB 1980, S. 877 (878); ders., Betriebsinhaberwechsel, S. 93

[307] Gussen, Anm. zu BAG, AP Nr 118 zu § 613a BGB, Bl. 6

[308] vgl. 23.11.1988, AP Nr 77 zu § 613a BGB, Bl. 3 (unter I 2 a aa); 5.2.1991, AP Nr 89 zu § 613a BGB, Bl. 8R (unter IV 2 c cc); 27.7.1994, AP Nr 118 zu § 613a BGB, Bl. 4f (unter B. II.); Däubler/Kittner/Klebe/Blank, § 77 Rn 48; ErfK/Preis, § 613a BGB Rn 69; Erman/Hanau,

generelle Individualisierung befürwortet, müßte bei jedem Betriebsübergang die *vollständige Überleitung* der normativen Regelungen der Betriebsvereinbarungen annehmen, um nicht auch bei einem Betriebsübergang, der die Betriebsidentität unberührt läßt, den Verlust der betrieblichen Regelungen annehmen zu müssen. Damit setzten sich die Vertreter dieser Auffassung jedoch in Widerspruch zum Wortlaut von § 613a Abs. 1 S. 2 BGB, gemäß dem der Übergang nur für solche Regelungen angeordnet wird, die den Inhalt des Arbeitsverhältnisses bestimmen.[309] Dieser Widerspruch ist insofern besonders bemerkenswert, als sich die Befürworter der generellen Individualisierung gerade auf den Wortlaut von § 613a Abs. 1 S. 2 BGB stützen, der nicht erkennen lasse, daß die Norm nur bei Verlust der Betriebsidentität gelten soll.[310]

Im übrigen muß derjenige, der einen Wegfall der betrieblichen Regelungen in jedem Fall annimmt, zugestehen, daß sich dann § 613a Abs. 1 S. 2 BGB für Arbeitnehmer und Betriebsrat nachteilig auswirkt. Damit wird verkannt, daß diese Norm nicht dazu dienen soll, die Rechtsstellung des Betriebsrats und der Arbeitnehmer einzuschränken.[311] Vielmehr soll sie eine zusätzliche Sicherung bieten,[312] gerade den Erhalt des Betriebsrats sicherstellen.[313] Das ergibt sich aus Art. 5 der EG-Richtlinie 77/187/EWG[314], die durch die Neufassung des §

---

§ 613a Rn 79; Fitting/Kaiser/Heither/Engels, § 77 Rn 143a; GK/Kreutz, § 77 Rn 327-330; Gussen, Zur Weitergeltung von Gesamtvereinbarungen beim Betriebsübergang nach § 613a BGB, S. 16-22; ders., Anm. zu BAG AP Nr 118 zu § 613a, Bl. 5R-8; Hanau/Vossen, FS Hilger/Stumpf, S. 271 (272-275); Hess/Schlochauer/Glaubitz, § 77 Rn 226; Jung, RdA 1981, S. 360 (362); Knigge, BB 1980, S. 1272 (1276); MünchArbR/Matthes, § 319 Rn 42; MüKo/Schaub, § 613a Rn 90, 103f; Schaub, Das Arbeitsrecht der Gegenwart, Bd. 18, 1980, S. 71 (78f); Simon, ZfA 1987, S. 311 (330f); Soergel/Raab, § 613a Rn 102, 105, 118; Sowka, DB 1988, S. 1318 (1319, 1321); Staudinger/Richardi, § 613a Rn 166; Stege/Weinspach, § 77 Rn 34; a. A. Galperin/Löwisch, § 77 Rn 65; Junker, RdA 1993, S. 203 (204f); MünchArbR/Wank, § 120 Rn 189f; Wank, NZA 1987, S. 505 (507f); Wiesner, BB 1986, S. 1636 (1637)

[309] vgl. unten Teil 2 E II 2 c cc

[310] Junker, RdA 1993, S. 203 (205); MünchArbR/Wank, § 120 Rn 187; Wank, NZA 1987, S. 505 (507f); Wiesner, BB 1986, S. 1636 (1637)

[311] BAG 27.7.1994, AP Nr 118 zu § 613a BGB, Bl. 4R (B II der Gründe)

[312] BAG 27.7.1994, AP Nr 118 zu § 613a BGB, Bl. 4R (B II der Gründe)

[313] BAG 17.1.1980, AP Nr 18 zu § 613a BGB, Bl. 3 (II 2 der Gründe); 12.7.1990, AP Nr 87 zu § 613a BGB, Bl. 3R (B II 2 d aa der Gründe); Erman/Hanau, § 613a Rn 4; MünchArbR/Wank, § 120 Rn 15; MüKo/Schaub, § 613a Rn 2; Palandt/Putzo, § 613a Rn 1; Seiter, Betriebsinhaberwechsel, S. 29; Soergel/Raab, § 613a Rn 7

[314] Richtlinie des Rates vom 14. Februar 1977 zur Angleichung der Rechtsvorschriften der Mitgliedstaaten über die Wahrung von Ansprüchen der Arbeitnehmer beim Übergang von Unternehmen, Betrieben oder Betriebsteilen

613a BGB umgesetzt worden ist. Dort heißt es: *"Sofern der Betrieb seine Selbständigkeit behält, bleiben die Rechtsstellung und die Funktion der Vertreter oder der Vertretung der vom Übergang beroffenenen Arbeitnehmer erhalten."*[315] Tatsächlich bleibt die Selbständigkeit des Betriebes so lange erhalten, wie die Betriebsidentität bestehen bleibt. Das ergibt sich aus der Eigenart des Betriebes. Dieser wird verstanden als eine organisatorische Einheit, innerhalb derer ein Unternehmer allein oder in Gemeinschaft mit seinen Mitarbeitern mit Hilfe von sachlichen und immateriellen Mitteln bestimmte arbeitstechnische Zwecke fortgesetzt verfolgt.[316] Der Bestand dieser organisatorischen Einheit setzt bereits begrifflich Selbständigkeit voraus. Das ergibt sich auch aus dem BetrVG, das in § 4 einem Betriebsteil unter anderem dann die betriebsverfassungsrechtliche Stellung eines Betriebes verleiht, wenn dieser durch Aufgabenbereich und Organisation eigenständig ist. Die Richtlinie gebietet auch den kollektivrechtlichen Bestand, solange ein Betriebsrat im Betrieb erhalten bleibt.[317] Denn würde die Betriebsvereinbarung auch ohne Verlust der Betriebsidentität automatisch enden bzw. in das Individualrecht übergeleitet, würde dem Betriebsrat die Herrschaft über die Betriebsvereinbarung genommen.[318] Weil die Betriebsvereinbarung aber das wesentliche Gestaltungsmittel des Betriebsrats ist, würde die Rechtsstellung und Funktion des Betriebsrats entgegen der Anordnung in Art. 5 der EG-Richtlinie erheblich beeinträchtigt.

Der Vorrang des Kollektivrechts zeigt sich auch in § 613a Abs. 1 S. 4 BGB.[319] Nach dieser Norm kann vor Ablauf der in Satz 2 2. Halbsatz geregelten Veränderungssperre von Regelungen einer Betriebsvereinbarung, die infolge Betriebsübergangs in den Arbeitsvertrag übergeleitet worden sind, abgewichen werden, wenn die Betriebsvereinbarung selbst nicht mehr gilt. Insofern beherrscht die Betriebsvereinbarung trotz Betriebsübergangs die aus ihr in den Arbeitsvertrag übergeleiteten Regelungen.[320]

---

[315] abgedruckt in RdA 1977, S. 162f

[316] BAG 23.9.1982, AP Nr 3 zu § 4 BetrVG, Bl. 1Rf (III 1 der Gründe); 7.8.1986, AP Nr 5 zu § 1 BetrVG, Bl. 2 (B II 2 a der Gründe); 25.9.1986, AP Nr 7 zu § 1 BetrVG, Bl. 4 (3 der Gründe)

[317] GK/Kreutz, § 77 Rn 329; Hanau/Vossen, FS Hilger/Stumpf, S. 271 (274); MüKo/Schaub, § 613a Rn 103; Seiter, DB 1980, S. 877 (881); ders., Betriebsinhaberwechsel, S. 88

[318] vgl. unten Teil 3 B III 1

[319] BAG 5.2.1991, AP Nr 89 zu § 613a BGB, Bl. 8R (B IV 2 c cc der Gründe)

[320] GK/Kreutz, § 77 Rn 329; MüKo/Schaub, § 613a BGB Rn 89; Seiter, DB 1980, S. 877 (879); für den TV: Zöllner, DB 1995, S. 1401 (1402)

Das zusätzliche ungeschriebene Tatbestandsmerkmal des Verlustes der Betriebsidentität kennzeichnet eine *Sachwidrigkeit* des Fortbestands der Kollektivordnung im Betrieb. Mit dem Verlust der Betriebsidentität verändern sich zwingend die tatsächlichen Verhältnisse im Betrieb in solchem Umfang, daß schwerwiegende organisatorische Veränderungen eintreten oder gar der arbeitstechnische Zweck geändert wird.[321] Der Betrieb ist strukturell und organisatorisch nicht mehr identisch. Da die Betriebsvereinbarung betriebsbezogen ist,[322] bedeutet der Verlust der Betriebsidentität zwingend ihren Ablauf. Weil diese erheblichen Veränderungen Anwendungsvoraussetzung für § 613a Abs. 1 S. 2 BGB sind, setzt auch die Analogie dieser Norm eine vergleichbare Veränderung voraus, die einer Fortgeltung von Betriebsvereinbarung entgegenstehen. Der bloße Wegfall des Betriebsrats ist das nicht. Denn der Betrieb bleibt in seiner Struktur grundsätzlich vom Wegfall des Betriebsrats unberührt. Den Verlust der Betriebsidentität hat der Wegfall des Betriebsrats also nicht zur Folge, so daß hinsichtlich des normativen Teils der Betriebsvereinbarungen eine Sachwidrigkeit nicht anzunehmen ist. Wie im 3. Teil unter B. ausführlich dargelegt werden wird, bestehen keine Einwände gegen den Fortbestand der Betriebsvereinbarung, solange es der Belegschaft zumindest möglich ist, einen neuen Betriebsrat zu wählen, der dann die Herrschaft zusammen mit dem Arbeitgeber über die bestehenden Betriebsvereinbarung ausübt. Das ist deutlich, wenn der Betriebsrat wegen fehlender rechtzeitiger Neuwahl fortgefallen ist (Fallgruppe 1). Gleiches gilt aber auch für die Betriebsratslosigkeit wegen Fehlern in der Wahl bzw. in der Amtsführung des Betriebsrats (Fallgruppe 2). Zwar ist hier die Betriebsratslosigkeit für die Belegschaft unvermeidlich, aber es ist ihr in unmittelbarer zeitlicher Nähe möglich, einen neuen Betriebsrat zu wählen, so daß keine rechtlichen Einwände gegen den Fortbestand der Betriebsvereinbarung bestehen. Abgesehen von diesem rechtlichen Argument ist als weiteres, tatsächliches Argument beachtlich, daß in beiden Fallgruppen sämtliche normativen Regelungen - und nicht bloß die Inhaltsnormen - sinnvoll bleiben, weil das betriebliche Bedürfnis nach einer entsprechenden Lösung bestehen bleibt. Bestand zum Beispiel bisher eine Regelung zur Durchführung von Torkontrollen (mitbestimmungspflichtig gemäß § 87 Abs. 1 Nr. 1 BetrVG), so bleibt diese Sachlösung unabhängig vom Bestand des Betriebsrats sachgerecht und sinnvoll. Zwar entfällt der

---

[321] vgl. Jung, RdA 1981, S. 360 (361)

[322] vgl. BAG 5.2.1991, AP Nr 89 zu § 613a BGB, Bl. 8R (B IV 2 c cc der Gründe); Däubler/Kittner/Klebe/Berg, § 77 Rn 34f; Fitting/Kaiser/Heither/Engels, §77 Rn 12; Galperin/Löwisch, § 77 Rn 29; GK/Kreutz, § 77 Rn 146-156; Hess/Schlochauer/Glaubitz, § 77 Rn 3; MünchArbR/Matthes, § 319 Rn 3

Einigungszwang des Arbeitgebers, was ihn möglicherweise wünschen lassen wird, die mitbestimmte Regelung aufzuheben oder zu verändern. Das steht aber einer Fortgeltung der Betriebsvereinbarung nicht entgegen, solange sich der Arbeitgeber trotz Wegfalls des Betriebsrats von den bestehenden Betriebsvereinbarungen lossagen kann. Das wird in dieser Untersuchung angenommen.[323]

Solange also die Möglichkeit vorhanden ist, daß ein Betriebsrat neu gewählt wird, besteht keine Sachwidrigkeit des Fortbestands von Betriebsvereinbarungen in ihrem normativen Teil, der bloße Wegfall des Betriebsrats ist nicht vergleichbar mit dem Verlust der Betriebsidentität. Deshalb ist in den Fallgruppen 1 und 2 eine Analogie zu § 613a Abs. 1 S. 2 BGB ausgeschlossen.

Wenn die Beschäftigtenzahl im Betrieb unter fünf gesunken ist (Fallgruppe 3), hat das zwar auch keine tatsächlichen Veränderungen zur Folge, die eine Sachwidrigkeit begründen. Aber dann ist der Fortbestand der innerbetrieblichen Kollektivordnung wegen der *rechtlichen Veränderungen* ausgeschlossen. Denn dann ist es der Belegschaft nicht mehr möglich, einen neuen Betriebsrat zu wählen, der die Herrschaft über die bestehenden Betriebsvereinbarung wieder aufgreift.[324] Sind fünf oder mehr Arbeitnehmer im Betrieb beschäftigt, sieht das Gesetz die Möglichkeit ihrer Interessenwahrung durch Wahl eines Betriebsrats vor. Ist der Betrieb kleiner, kann das Interesse der Belegschaft zwar auf die Wahl eines Betriebsrats gerichtet sein, der ihre Interessen besser wahrnehmen könnte, als die Arbeitnehmer das gegenüber dem Arbeitgeber selber können - die Wahl eines Betriebsrats ist dennoch unzulässig, der Weg zur innerbetrieblichen Mitbestimmung versperrt. Der Betrieb ist nicht mehr betriebsratsfähig. Das BetrVG verbindet mit der Beschäftigtenzahl fünf eine Zäsur. Sinkt die Zahl der im Betrieb regelmäßig beschäftigten Arbeitnehmer unter fünf, ist der Betrieb unter betriebsverfassungsrechtlichen Gesichtspunkten deshalb nicht mehr derselbe. Mit dem Absinken der Beschäftigtenzahl entfällt eine wesentliche Geltungsvoraussetzung für Betriebsvereinbarungen.[325] Die Betriebsvereinbarungen müssen zwingend enden. Deshalb entspricht diese Situation in ihren betriebsverfassungsrechtlichen Auswirkungen der Situation, die beim rechtsgeschäftlichen Betriebsübergang zur Annahme der Sachwidrigkeit des Fortbestands der Betriebsvereinbarungen führt. In beiden Fällen kann das

---

[323]vgl. unten Teil 3 B-D

[324]vgl. oben Teil 1 C II 3, unten Teil 3 B III

[325]vgl. oben Teil 1 C II 3, unten Teil 3 B III

Kollektivrecht nicht fortbestehen, so daß es naheliegt, in beiden Situationen eine Individualisierung anzunehmen.

Soweit die Betriebsvereinbarung - in ihrem schuldrechtlichen Teil - den Bestand des Betriebsrats voraussetzt, weil in ihr Rechte oder Pflichten des Betriebsrats geregelt sind, ist ihr Fortbestand insoweit zumindest nicht mehr erforderlich.[326] Es liegt nahe, entsprechend der Parallelproblematik der Auflösung einer Tarifvertragspartei[327] insoweit das automatische Ende der Betriebsvereinbarung anzunehmen.

Als Zwischenergebnis läßt sich festhalten, daß der Bestand der Betriebsvereinbarung grundsätzlich weder vom Betriebsübergang noch von einem Wegfall des Betriebsrats betroffen ist. Das gilt nur dann nicht, wenn die Fortgeltung wegen Verlusts der Betriebsidentität oder wegen Absinkens der Beschäftigtenzahl unter fünf sachwidrig ist. Dann werden die Regelungen der Betriebsvereinbarung, die die Rechte und Pflichten der Arbeitsvertragsparteien regeln, in die Arbeitsverträge übergeleitet. Umgekehrt heißt das, daß in den Fallgruppen 1 und 2 eine Analogie zu § 613a Abs. 1 S. 2 BGB nicht in Betracht kommt.

bb) Rechtsgeschäftlicher Betriebsübergang

Es wurde soeben festgestellt, daß der Analogie zu § 613a Abs. 1 S. 2 BGB für die Fallgruppe 3 nicht das ungeschriebene Tatbestandsmerkmal des Verlustes der Betriebsidentität entgegensteht. Nunmehr stellt sich die Frage, ob wegen des Tatbestandsmerkmals des rechtsgeschäftlichen Betriebsübergangs eine Analogie unzulässig ist. Denn der Wegfall des Betriebsrats erfolgt in dieser Konstellation ohne rechtsgeschäftlichen Betriebsübergang. Es ist deshalb zu fragen, ob - erstens - dieses Tatbestandsmerkmal so wesentlich ist, daß es bei der Prüfung der Analogie berücksichtigt werden muß und ob, falls das zu bejahen ist, - zweitens - die diesem Tatbestandsmerkmal zugrundeliegenden wesentlichen Gesichtspunkte auch im Falle des Betriebsratswegfalls infolge des Verlustes der Betriebsratsfähigkeit vorliegen. Erst wenn beide Voraussetzungen vorliegen oder bereits die erste Frage zu verneinen ist, kommt eine Analogie in Betracht.

---

[326] vgl. unten Teil 3 B I

[327] vgl. oben Teil 2 C IV

Die erste Frage ist eindeutig zu bejahen. Wesentlich für die Anordnung der Rechtsfolge "Individualisierung" ist die Voraussetzung des rechtsgeschäftlichen Betriebsübergangs.
Die besondere Bedeutung des Tatbestandsmerkmals entspricht dem *Willen des Gesetzgebers*. Ziel war es, den Betriebsübergang im Wege der Universalsukzession von den Regelungen auszuschließen. Eine derartige Vorschrift sei in Fällen der Universalsukzession nicht erforderlich.[328] Warum der Gesetzgeber demgegenüber das Bedürfnis für die gesetzliche Regelung bezüglich des rechtgeschäftlichen Betriebsübergangs sah, wird deutlich, wenn die Entwicklung von § 613a Abs. 1 BGB betrachtet wird. Denn so zeigt sich, daß es dem Gesetzgeber um den Schutz der Arbeitnehmer gegen den Verlust seiner Rechte *gerade bei rechtsgeschäftlichem Betriebsübergang* ging. Damit sollte eine mit diesem Übergang verbundene Gefahrenlage aufgelöst werden. Vor Inkrafttreten von § 613a Abs. 1 BGB a. F. (jetzt § 613a Abs. 1 S. 1 BGB) war der Erwerber eines Betriebes nicht verpflichtet, die Belegschaft zu übernehmen.[329] Nur wenn sich Veräußerer, Erwerber und Arbeitnehmer in einem dreiseitigen Rechtsgeschäft darauf einigten, ging das Arbeitsverhältnis auf den Erwerber über.[330] Erst § 613a Abs. 1 BGB a. F. ordnete an, daß die Arbeitsverhältnisse automatisch auf den Erwerber übergingen. Damit wurde der für den Betriebsübergang typischen Gefährdung der Arbeitsplätze begegnet.[331] Denn wenn das Arbeitsverhältnis beim Veräußerer verblieb, konnte dieser im Anschluß an den Betriebsübergang die Arbeitsverträge vielfach aus dringenden betrieblichen Erfordernissen kündigen.[332] Allerdings wurde bei der gesetzlichen Regelung offenbar übersehen, daß die Regelungen der Betriebsvereinbarung von dem Betriebsübergang nicht erfaßt wurden.[333] Eine Regelungslücke entstand, weil die Betriebsvereinbarungen nicht Bestandteil der Arbeitsverhältnisse werden, sondern von außen auf diese einwirken.[334] Die

---

328 amtliche Begründung des Regierungsentwurfs, Bundestags-Drucksache VI/1786, S. 59, abgedruckt bei Seiter, Betriebsinhaberwechsel, S. 152

329 BAG 2.10.1974, E 26, S. 301 (307f, III 3 b der Gründe); 6.2.1980, AP Nr 21 zu § 613a BGB, Bl. 2,2R (III 1 a der Gründe); 26.5.1983, AP Nr 34 zu § 613a BGB, Bl.4R (B V 4 b der Gründe); Staudinger/Richardi/Annuß, § 613a Rn 3; Seiter, Betriebsinhaberwechsel, S. 25

330 BAG 12.7.1990, EzA § 613a BGB Nr 90, S. 6 (B II 3 c der Gründe)

331 BAG 12.7.1990, EzA § 613a BGB Nr 90, S. 6 (B II 3 c der Gründe)

332 BAG 12.7.1990, EzA § 613a BGB Nr 90, S. 6 (B II 3 c der Gründe)

333 Seiter, DB 1980, S. 877

334 BAG GS 16.3.1956, E 3, 1 (5); 21.9.1989, AP Nr 43 zu § 77 BetrVG, Bl. 5f (IV 1 der Gründe); AR-Blattei, Säcker, (D) Betriebsvereinbarung I, D II 1; Fitting/Kaiser/Heither/Engels, § 77 Rn 110; GK/Kreutz, § 77 Rn 41, 182; Hess/Schlochauer/Glaubitz, § 77 Rn 181; Hueck/Nipperdey, II/2, S. 1266; MünchArbR/Matthes, § 319 Rn 25

Regelung in § 613a Abs. 1 BGB a. F., in der nur der Eintritt des Erwerbers in die Rechte und Pflichten aus den Arbeitsverhältnissen normiert war, konnte deshalb den Verlust der Rechte der Arbeitnehmer, die sich aus einer Betriebsvereinbarung ergaben, infolge des Betriebsübergangs nicht verhindern. Deshalb bedurfte es in Umsetzung der EG-Richtlinie 77/187/EWG[335] eines erneuten Tätigwerdens des Gesetzgebers. Die EG-Richtlinie verfolgte das Ziel, die Arbeitnehmer *bei einem Inhaberwechsel durch rechtsgeschäftliche Übertragung* zu schützen. Das wird bereits in der Präambel deutlich herausgestellt. In Artikel 1 Abs. 1 und Artikel 3 werden die Rechtsfolgen ausdrücklich auf den *Übergang von Betrieben durch vertragliche Übertragung* bezogen. Die Richtlinie bestimmt, daß die Rechte und Pflichten des Veräußerers aus einem Arbeitsverhältnis auf den Erwerber übergehen und dieser die in einem Kollektivvertrag vereinbarten Arbeitsbedingungen aufrechterhält. Damit wird erkennbar, daß der Arbeitnehmer nach Auffassung des Rates der Europäischen Gemeinschaften in dieser Situation besonders schutzbedürftig ist. Da der bundesdeutsche Gesetzgeber in der Gesetzesbegründung ausdrücklich auf die Richtlinie Bezug nimmt,[336] hat der deutlich gemacht, den Willen zum Schutz der Arbeitnehmer bei Betriebsübergang zu teilen. Er normierte § 613a Abs. 1 S. 2 BGB und erweiterte hierdurch den Bestandsschutz auf die Regelungen der Betriebsvereinbarungen, die den Inhalt des Arbeitsverhältnisses bestimmen.

Auch der *objektive Zweck des Gesetzes* besteht im Bestandsschutz der Arbeitsverhältnisse *bei rechtsgeschäftlichem Betriebsübergang*. Wie der Blick auf die Rechtslage vor Inkrafttreten von § 613a Abs. 1 BGB a. F. verdeutlicht hat, fußte der Wille des Gesetzgebers zum Schutz der Arbeitnehmer auf Verhinderung einer schwerwiegenden Gefahr, die für die Arbeitnehmer hinsichtlich des Bestandes ihrer Arbeitsverhältnisse von einem Betriebsübergang ausging. Mit der Regelung von § 613a Abs. 1 S. 2-4 BGB ist dieser Schutz auf den Erhalt von Rechten aus Kollektivverträgen ausgeweitet worden. Dieser Schutz wird durch die Rechtsprechung des BAG, nach der § 613a Abs. 1 S. 2-4 BGB erst greift, wenn mit dem Betriebsübergang der Verlust der Betriebsidentität verbunden ist,[337] noch verstärkt. Denn sofern die Betriebsidentität vom Betriebsübergang unberührt bleibt, besteht der Betriebsrat fort und es bleibt beim kollektiven Bestand der

---

335 abgedruckt in RdA 1977, S. 162f

336 Begründung des Regierungsentwurfs (Erster Teil A. I.), abgedruckt bei Seiter, Betriebsinhaberwechsel, S. 164

337 BAG 23.11.1988, AP Nr 77 zu § 613a BGB, Bl. 3 (I 2 a aa der Gründe); 5.2.1991, AP Nr 89 zu § 613a BGB, Bl. 8R (IV 2 c cc der Gründe); 27.7.1994, AP Nr 118 zu § 613a BGB, Bl. 4f (B II der Gründe)

Betriebsvereinbarung, so daß sich kollektivrechtlich nichts durch den Betriebsübergang ändert. Gleichzeitig verdeutlicht der Wortlaut einen weitergehenden Zweck des Gesetzes. Da nicht nur Rechte der Arbeitnehmer aus einer Betriebsvereinbarung Bestandteil des Arbeitsverhältnisses mit dem Erwerber werden, sondern auch die Pflichten, kommt § 613a Abs. 1 S. 2 BGB eine Ordnungsfunktion zu.[338] § 613a Abs. 1 S. 2-4 BGB bestimmt, welche Rechtsfolgen der Betriebsübergang für alle Betriebsvereinbarungen hat, die Inhaltsnormen enthalten. Diese Funktion erweitert die Bedeutung von § 613a Abs. 1 S. 2-4 BGB, ohne den Schutz für die Arbeitnehmer einzuschränken. Er steht deshalb nicht der Auffassung entgegen, daß für die Regelung des § 613a Abs. 1 S. 2-4 BGB das Tatbestandsmerkmal des rechtsgeschäftlichen Betriebsübergangs von wesentlicher Bedeutung ist.

Deshalb ist - in einem zweiten Schritt - zu fragen, ob die für das Tatbestandsmerkmal des rechtsgeschäftlichen Betriebsübergangs wesentlichen Gesichtspunkte auch für den Sachverhalt gelten, in dem die Betriebsvereinbarungen enden, weil der Betrieb seine Betriebsratsfähigkeit im Sinne von § 1 BetrVG verloren hat. Hierbei ist danach zu fragen, ob auch in diesem Falle die für § 613a Abs. 1 BGB typische Gefahrenlage besteht.

Wie soeben gezeigt wurde, verfolgt § 613a Abs. 1 S. 2-4 BGB das Ziel, das Interesse des Arbeitnehmers am Erhalt seiner Rechte aus dem Arbeitsverhältnis in dem Dreiecksverhältnis aus Arbeitnehmer, Veräußerer und Erwerber zu schützen. Die Arbeitnehmer sollen grundsätzlich davor bewahrt werden, daß durch einen Vertrag zwischen dem bisherigen Arbeitgeber und dem Erwerber das Arbeitsverhältnis inhaltlich verändert wird. Es geht ähnlich der Regelung in § 571 BGB ("Kauf bricht nicht Miete.") in § 613a Abs. 1 BGB darum, den zivilrechtlichen Grundsatz der Vertragsfreiheit - hier in der Rechtsbeziehung zwischen Veräußerer und Erwerber - zugunsten der inhaltlichen Beständigkeit mindestens eines anderen (Arbeits-) Vertrages zu begrenzen. Wie sehr § 613a Abs. 1 S. 2-4 BGB vom Ausgleich der widerstreitenden Interessen geprägt ist, zeigt das filigrane Rechtsfolgesystem der Sätze 2 bis 4 in § 613a Abs. 1 BGB. Danach gelten für die übergegangenen Arbeitsverhältnisse grundsätzlich die bisherigen Rechte und Pflichten für die Dauer von einem Jahr fort. Etwas anderes gilt dann, wenn eine Abweichung zu Gunsten des Arbeitnehmers vereinbart wird (§ 613a Abs. 1 S. 2 HS. 2 BGB). Das gebietet der Schutzgedanke der Vorschrift für die Arbeitnehmerinteressen. Der Bestandsschutz für die Dauer von einem Jahr besteht allerdings dann nicht, wenn in dem Betrieb des neuen Inhabers eine abweichende

[338] siehe hierzu oben Teil 2 E II 2 a bb

Kollektivvereinbarung gilt (§ 613a Abs. 1 S. 3 BGB). Dann gilt diese auch für die übergegangenen Arbeitsverhältnisse, unabhängig davon, ob diese Regelung für die Arbeitnehmer günstiger oder ungünstiger ist. Der Grund liegt darin, daß der neue Arbeitgeber einheitliche Regelungen für den ganzen Betrieb - einschließlich der übergegangenen Arbeitsverhältnisse - erzielen können soll.[339] Sein Interesse an effizienten Regelungen wird vom Gesetzgeber als schutzwürdiger angesehen, als das Interesse des Arbeitnehmers am Erhalt seiner bisherigen Regelungen. Vor Ablauf des Jahres kann ebenfalls dann eine Änderung im neuen Betrieb - auch individualvertraglich - vereinbart werden, wenn auch im bisherigen Betrieb die Betriebsvereinbarung nicht mehr gelten würde (§ 613a Abs. 1 S. 4 Var. 1 BGB). Der Grund besteht darin, daß der Schutz für die Arbeitnehmer, deren Arbeitsverhältnisse vom Betriebsübergang erfaßt werden, nicht weiter gehen soll, als er im bisherigen Betrieb bestand.[340] Dieser Interessenschutz im Dreiecksverhältnis ist keine Besonderheit der Dogmatik des rechtsgeschäftlichen Betriebsübergangs. Vergleichbare Abwägungen werden etwa für das Kondiktionsrecht im Dreiecksverhältnis getroffen.[341]

Nachdem die Analogie zu § 613a Abs. 1 S. 2 BGB für die Fälle des Betriebsratswegfalls, die in den Fallgruppen 1 und 2 zusammengefaßt sind, bereits soeben unter aa) verneint worden ist, weil in diesen Fällen Gesichtspunkte fehlen, die mit den für das Tatbestandsmerkmal des Betriebsidentitätverlusts wesentlichen vergleichbar sind, geht es im vorliegenden Zusammenhang nur noch um Fälle der Fallgruppe 3. Die Betrachtung ist auf Fälle beschränkt, in denen sich der Betrieb infolge von innerbetrieblichen Veränderungen verkleinert, was den Verlust der Betriebsratsfähigkeit zur Folge hat. Eine Drittbeteiligung besteht in diesen Fällen nicht. Das Bedürfnis einer vergleichbaren Begrenzung der Handlungsfreiheit für den Arbeitgeber ist dem BetrVG für den Fortfall der Betriebsratsfähigkeit nicht zu entnehmen. § 1 BetrVG ordnet für Betriebe mit einer Beschäftigtenzahl von mindestens fünf Arbeitnehmern die Geltung des BetrVG an, indem ab dieser Größe ein Betriebsrat im Betrieb gewählt werden kann. Selbst wenn die Betriebsverkleinerung vom Arbeitgeber veranlaßt wird, hat das nicht zur Folge, daß den Arbeitnehmern ihre bisherigen Rechte aus Betriebsvereinbarungen erhalten werden müssen. Denn in seiner Wirkung

---

339 Lorenz, DB 1980, S. 1745 (1747); MüKo/Schaub, § 613a Rn 180; Seiter, Betriebsinhaberwechsel, S. 94

340 Ermann/Hanau, § 613a Rn 98; MüKo/Schaub, § 613a Rn 170; RGRK-Ascheid, § 613a Rn 232

341 vgl. Medicus, Bürgerliches Recht, Rn 666-685

bezüglich der bestehenden Betriebsvereinbarungen entsprechen die zur Betriebsverkleinerung führenden Maßnahmen des Arbeitgebers der Kündigung der Betriebsvereinbarung durch den Arbeitgeber. Die Kündigung ist aber gemäß § 77 Abs. 5 BetrVG ohne Grund zulässig. Der einzige Unterschied besteht hinsichtlich der Betriebsvereinbarung darin, daß die Kündigung regelmäßig erst nach Ablauf einer Kündigungsfrist wirksam wird. Der Umstand, daß diese Frist beim Verlust der Betriebsratsfähigkeit nicht besteht, erfordert indes keinen Bestandsschutz, der mit dem in § 613a Abs. 1 S. 2-4 BGB geregelten vergleichbar ist - insbesondere keine einjährige Veränderungssperre. Allenfalls wäre daran zu denken, Regelungen trotz Verlustes der Betriebsratsfähigkeit solange aufrechtzuerhalten, bis eine der Kündigungsfrist entsprechende Zeitspanne abgelaufen ist.[342] Der Annahme eines fehlenden Bedürfnisses nach einem vergleichbaren Bestandsschutz steht auch nicht entgegen, daß es unbillig sein mag, wenn der Verlust der Betriebsratsfähigkeit den Verlust von Rechten zur Folge haben könnte, die sich aus der abgelaufenen Betriebsvereinbarung ergeben haben. Denn das ist ein Problem, das sich genauso bei der Kündigung der Betriebsvereinbarung durch den Arbeitgeber stellt und bereits dort zu Modifikationen führen muß.[343] Es handelt sich also um keine Besonderheit der Situation bei Verkleinerung des Betriebes.

Schließlich ist festzuhalten, daß der Verlust der Betriebsratsfähigkeit nicht in jedem Fall auf eine Maßnahme des Arbeitgebers zurückzuführen sein wird. Demgegenüber würden Veräußerer und Erwerber beim rechtsgeschäftlichen Betriebsübergang ohne die Regelung in § 613a Abs. 1 S. 2 BGB die inhaltliche "Entleerung" der Arbeitsverhältnisse in jedem Fall selbst herbeiführen. Das rechtfertigt die mit der gesetzlichen Regelung verbundene Beeinträchtigung der Interessen von Veräußerer und Erwerber. Der Betrieb ist hingegen immer dann nicht mehr betriebsratsfähig, wenn die Zahl der Arbeitnehmer, die das 18. Lebensjahr vollendet haben, *in der Regel* geringer als fünf ist (§§ 1, 7 BetrVG) - unabhängig davon, aufgrund welchen Umstandes die Verkleinerung erfolgt ist. Hierbei kommt es nicht auf die Beschäftigtenzahl zu einem bestimmten Zeitpunkt an. Vielmehr ist zu fragen, welche Beschäftigtenzahl dem "normalen" Zustand[344] entspricht. Es kommt auf die Zahl der Beschäftigten an, die für den Betrieb im allgemeinen kennzeichnend

---

[342] vgl. zu diesem Problem unten Teil 3 D I 2

[343] vgl. bzgl. der Kündigung: BAG 18.4.1989, EzA § 77 BetrVG Nr 28, Ls. 3, S. 7f (III 1 c der Gründe) unter Bezugnahme auf BAG 17.3.1987, AP Nr 9 zu § 1 BetrAVG, Ls. 3, vgl. auch oben Teil 3 E I

[344] Fitting/Kaiser/Heither/Engels, § 1 Rn 238; Stege/Weinspach, § 1 Rn 11

ist.[345] Es gibt viele Möglichkeiten, warum sich die Beschäftigtenzahl von fünf auf vier oder weniger Arbeitnehmer verringert. Hierzu zählen Strukturentscheidungen des Arbeitgebers, also etwa Rationalisierungsmaßnahmen oder Umstrukturierungen. Möglich ist aber auch, daß die Arbeitsverhältnisse einzelner Arbeitnehmer auf deren Veranlassung enden und kein Ersatz gefunden oder wegen Umsatzrückgangs nicht gesucht wird. Soweit der Betriebszweck in Dienstleistungen besteht, die ohne Arbeitsmittel oder mit solchen Arbeitsmitteln erbracht werden, die nicht den einzelnen Arbeitnehmern zugeordnet werden könne, bedarf es nach der Beendigung des Arbeitsverhältnisses des fünften Arbeitnehmers auch keiner Arbeitgebermaßnahme, die die Verringerung der Belegschaft auf unter fünf nach außen erkennbar macht. Insbesondere muß dann der Betriebsablauf nicht angepaßt werden.

Weil die für das Tatbestandsmerkmal des rechtsgeschäftlichen Betriebsübergangs wesentlichen Gesichtspunkte beim Wegfall des Betriebsrats aus Gründen, die nicht auf dem rechtsgeschäftlichen Betriebsübergang beruhen, nicht vorliegen, kommt eine Analogie nicht in Betracht. Das gilt auch für die Fälle, in denen der Betriebsrat wegen Verlustes der Betriebsratsfähigkeit wegfällt (Fallgruppe 3).

c) Rechtsfolgen bei Analogie zu § 613a Abs. 1 S. 2 BGB

Obwohl bereits die Betrachtung der Tatbestandsmerkmale des § 613a Abs. 1 S. 2 BGB dazu geführt hat, im Wege der Analogie die Anwendung der Norm über die Fälle des Betriebsratswegfalls, die auf einem rechtsgeschäftlichen Betriebsübergang beruhen, hinaus auszuschließen, werden im weiteren auch die Rechtsfolgen auf ihre Übertragbarkeit hin untersucht. Denn der Blick auf die Rechtsfolgen wird ebenfalls verdeutlichen, daß der Wegfall des Betriebsrats aufgrund eines rechtsgeschäftlichen Betriebsübergangs nicht mit sonstigen Fällen des Betriebsratswegfalls vergleichbar ist. Wie soeben bereits angesprochen, wird die Regelung des § 613a Abs. 1 S. 2-4 BGB von dem Ausgleich der Interessen im Dreiecksverhältnis aus Veräußerer, Arbeitnehmer und Erwerber bestimmt. Zum Ausgleich dieser Interessen wird die Privatautonomie in der Vertragsbeziehung zwischen Veräußerer und Arbeitnehmer insofern geschützt, als die Erfüllunganspruche des Arbeitnehmers aus dem Arbeitsvertrag erhalten bleiben und der Arbeitnehmer nicht auf Schadenersatzansprüche verwiesen ist. Das geht zu Lasten des Erwerbers, der an die bestehenden Arbeitsverhältnisse gebunden wird. Das ist ihm insofern zumutbar, als er weiß, welche Belastungen auf ihn zukommen und

[345] Fitting/Kaiser/Heither/Engels, § 1 Rn 237

versuchen kann, diese im Vertrag mit dem Veräußerer auszugleichen. Eine Dreiecksbeziehung fehlt in den übrigen Fällen, die zu einem Wegfall des Betriebsrats führen. Werden dennoch auch an diese Fälle die Rechtsfolgen des § 613a Abs. 1 S. 2-4 BGB geknüpft, wird der Arbeitgeber - soweit es um freiwillige Betriebsvereinbarungen geht - individualrechtlichen Bindungen unterworfen, die ihn weit mehr binden, als wenn der Betriebsrat nicht weggefallen wäre. Für die Belegschaft bedeutet die Überleitung dann eine Beeinträchtigung ihrer Interessen, wenn sie später einen neuen Betriebsrat wählt. Denn dann wird es vielfach geboten sein, daß die bis zum Wegfall des Betriebsrats geltenden Betriebsvereinbarungen auch als Betriebsvereinbarungen weitergelten. Dieses Ergebnis läßt sich mit Hilfe von § 613a Abs. 1 S. 2-4 BGB nicht erzielen.

aa) Erschwerte Änderbarkeit für den Arbeitgeber

Wenn mit Wegfall des Betriebsrats die Inhaltsregelungen der Betriebsvereinbarung Bestandteil eines jeden Arbeitsvertrages werden, dann kann der Arbeitgeber eine Änderung dieser Regelungen nur durch eine Änderung der Arbeitsverträge mit jedem einzelnen Arbeitnehmer erreichen. Wenn der einzelne Arbeitnehmer zu dieser Änderung nicht bereit ist, bleibt dem Arbeitgeber nur die Möglichkeit, eine Änderungskündigung auszusprechen. Damit ist der Arbeitgeber auf ein Mittel verwiesen, das sich zur einheitlichen Änderung von Regelungen, die gegenüber allen Arbeitnehmern oder Gruppen von Arbeitnehmern einheitlich gelten, nicht eignet.[346] Denn die Rechtmäßigkeit und der Wirksamkeitszeitpunkt der Änderungskündigung richten sich ausschließlich nach dem jeweils zu ändernden Arbeitsvertrag.

(1) Ordentliche Änderungskündigung

Ein Einwand ergibt sich nicht in jedem Fall aus der Geltung des KSchG. Zwar bedarf dann die Änderungskündigung eines Grundes im Sinne von § 1 Abs. 2 BetrVG. Weil aber Streitgegenstand der Änderungsschutzklage ausschließlich die Wirksamkeit der Änderung der Arbeitsbedingungen ist, nicht die Wirksamkeit der Kündigung,[347] beschränkt sich der Prüfungsmaßstab des Gerichts darauf, ob dringende betriebliche, personen- oder verhaltensbedingte Gründe das *Änderungsangebot des Arbeitgebers* nach § 1 Abs. 2 S. 1-3, Abs. 3 S. 1, 2 KSchG bedingt haben und ob sich der Arbeitgeber bei einem

---

[346] Hanau/Preis, NZA 1991, S. 81 (84); bzgl. BetrAV: Heither, RdA 1993, S. 72 (75)

[347] BAG 12.1.1977, AP Nr 3 zu § 4 KSchG, Bl. 2 (2 der Gründe); 23.3.1983, AP Nr 1 zu § 6 KSchG, Bl. 2R (I 3 der Gründe); 21.1.1993, EZA § 2 KSchG Nr 18, S. 3 (A der Gründe); Herschel/Löwisch, KSchG, § 2 Rn 22; Hueck/v. Hoyningen-Huene, KSchG, § 4 Rn 44; Richardi, ZfA 1971, S. 71 (99-102)

anerkennenswerten Anlaß zur Änderungskündigung darauf beschränkt hat, nur solche Änderungen vorzuschlagen, die der Arbeitnehmer billigerweise hinnehmen muß.[348] Diese Gründe wird er nicht in jedem Fall des Wegfalls des Betriebsrats darlegen können. Sie werden vielmehr nur dann vorliegen, wenn der Wegfall des Betriebsrats mit Strukturveränderungen einhergeht, die dringende betriebliche Erfordernisse für eine Änderung der bisherigen betrieblichen Regelungen begründen. Selbst in diesem Fall birgt die Änderungskündigung im Anwendungsbereich des KSchG das Risiko einer Vielzahl von Klageverfahren in sich, die zumindest einen nicht unbeachtlichen Verwaltungsaufwand für den Arbeitgeber bedeuten. Problematisch sind weiterhin die auch für die ordentliche Änderungskündigung einzuhaltenden Kündigungsfristen. Denn diese hängen in der Regel von der Betriebszugehörigkeit ab und sind für die Arbeitnehmer im Betrieb unterschiedlich lang (vgl. § 622 Abs. 2 BGB), so daß der Arbeitgeber *keine einheitliche Änderung* zum für einzelne Arbeitnehmer frühestens möglichen Zeitpunkt erreichen kann. Abgesehen hiervon ist der Arbeitgeber gezwungen, den allgemeinen Kündigungsschutz, etwa das Zustimmungserfordernis bei der Kündigung von Schwerbehinderten (§ 15 SchwbG), Arbeitnehmer im Erziehungsurlaub (§ 18 Abs. 1 BErzGG) und Schwangeren (§ 9 Abs. 1, 3 MuSchG) zu beachten, soweit er tatbestandlich einschlägig ist. Handelt es sich um Arbeitnehmer, die aufgrund arbeitsvertraglicher oder tarifvertraglicher Vereinbarungen ordentliche unkündbar sind, greift die ordentliche Änderungskündigung überhaupt nicht durch. Insoweit gelten also dieselben Einwände, die auch gegen die Annahme einer Nachwirkung in Analogie zu § 4 Abs. 5 TVG sprechen.[349]

Als weiteren Nachteil des Übergangs in Individualrecht ist zu beachten, daß der Arbeitgeber durch die Überführung in den Arbeitsvertrag für die meisten Fälle mehr gebunden ist als durch die Betriebsvereinbarungen. Das gilt ohne Einschränkung für die freiwilligen und die teilmitbestimmten Betriebsvereinbarungen. Hat sich der Arbeitgeber zum Beispiel durch eine Betriebsvereinbarung zur Zahlung einer Gratifikation verpflichtet, so ist diese Verpflichtung in Analogie zu § 613a Abs. 1 S. 2 BGB in den Arbeitsvertrag übergeleitet worden. Damit kann der Arbeitgeber eine Streichung der Gratifikation gegen den Willen der Arbeitnehmer nur durch Änderungskündigung erreichen. Hierbei gelten die oben beschriebenen

[348] BAG 20.3.1986, DB 1986, S. 2442 (II 3 a der Gründe); 26.1.1995, NZA 1995, S. 626 (627, II 4 der Gründe); Hueck/v. Hoyningen-Huene, KSchG, § 2 Rn 94; Herschel/Löwisch, KSchG, § 2 Rn 31
[349] vgl. oben Teil 2 D II 2 b

Erschwernisse. Die Betriebsvereinbarung konnte er hingegen ohne Einschränkung gemäß § 77 Abs. 5 BetrVG gegenüber allen Arbeitnehmern einheitlich ohne die Notwendigkeit einer Begründung kündigen. Hätte der Arbeitgeber diese Erschwernis bedacht, hätte er im Zweifel von vornherein auf die Vereinbarung der Betriebsvereinbarung verzichtet und die Gratifikation durch individualvertragliche Leistungsversprechen unter dem Vorbehalt der Freiwilligkeit[350] gewährt. Dann wäre die Streichung gegenüber der Änderungskündigung sehr viel einfacher durch bloße Nichtleistung möglich, ein Anspruch würde dann nicht entstehen.[351] Dieser Widerrufsvorbehalt besteht bei einer automatischen Überleitung in den Arbeitsvertrag nicht. Die beschriebenen Erschwernisse machen die Änderungskündigung als Anpassungsinstrument unpraktikabel.[352]

(2) Außerordentliche Änderungskündigung

Aber auch die außerordentliche Kündigung führt nicht in jedem Fall für den Arbeitgeber zum gewünschten Ziel. Die außerordentliche Kündigung ist gemäß § 626 Abs. 1 BGB nur zulässig, wenn dem Arbeitgeber das Festhalten an der ursprünglich durch Betriebsvereinbarung getroffenen Regelung bis zum nächsten ordentlichen Kündigungszeitpunkt nicht zuzumuten ist. Das läßt sich nur dann bejahen, wenn er darlegen und gegebenenfalls beweisen kann, daß er ohne Betriebsrat und dem damit verbundenen gesetzlichen Zwang zur Einigung eine andere Regelung getroffen hätte und weitere Gesichtspunkte ersichtlich sind, die ein fortgesetztes Festhalten an den Regelungen der Betriebsvereinbarung bis zum Ablauf der individualrechtlichen Kündigungsfrist unzumutbar machen. Das wird bei freiwilligen Betriebsvereinbarung von vorneherein ausgeschlossen sein.[353] Denn der Arbeitgeber hat keinen Zwang zum Abschluß der Betriebsvereinbarung gehabt, sondern die Einigung mit dem Betriebsrat aus eigenem Willen gesucht. Aber auch für die erzwingbare Betriebsvereinbarung wird dem Arbeitgeber nur ausnahmsweise unzumutbar sein, bis zum Ablauf der für den jeweiligen Arbeitsvertrag geltenden Kündigungsfrist an die Regelungen der Betriebsvereinbarung, die bereits zuvor, vor Wegfall des Betriebsrats, angewendet wurde, gebunden zu bleiben.

---

[350] vgl. BAG 8.3.1995, AP Nr 184 zu § 611 BGB Gratifikation, Bl. 1R (I 1 b der Gründe); 6.12.1995, AP Nr 187 zu § 611 BGB Gratifikation, Bl. 1R f (II 1 der Gründe); 5.6.1996, AP Nr 193 zu § 611 BGB Gratifikation, Bl. 2 (II 3 der Gründe)

[351] BAG 6.12.1995, AP Nr 187 zu § 611 BGB Gratifikation, Bl. 1Rf (II 1 der Gründe); 5.6.1996, AP Nr 193 zu § 611 BGB Gratifikation, Bl. 2 (II 3 der Gründe)

[352] vgl. Hanau/Preis, NZA 1991, S. 81 (84)

[353] vgl. unten Teil 3 C III 2

Selbst wenn im Einzelfall ein wichtiger Grund für eine außerordentliche Änderungskündigung nach Wegfall des Betriebsrats bestehen sollte, ist dem Arbeitgeber die außerordentliche Kündigung nicht unumschränkt möglich. Gemäß § 626 Abs. 2 BGB muß sich der Arbeitgeber innerhalb von zwei Wochen nach Wegfall des Betriebsrats entscheiden, ob er vom Recht der außerordentlichen Kündigung Gebrauch macht. Damit wird es ihm erschwert, die als Betriebsvereinbarung möglicherweise bewährten Regelungen erst einmal beizubehalten, denn nach Ablauf der Frist des § 626 Abs. 2 BGB kann er die außerordentliche Kündigung nur noch auf andere Gründe als den Wegfall des Betriebsrats stützen.

bb) Notwendigkeit des Wiederauflebens der Betriebsvereinbarung bei späterer (Neu-)Wahl eines Betriebsrats

Eben wurde deutlich, daß der Übergang von freiwilligen Betriebsvereinbarungen in Individualrecht infolge des Wegfalls des Betriebsrats die Rechte des Arbeitgebers einschränkt. Werden die Rechtsfolgen betrachtet, die die spätere Neuwahl eines Betriebsrats bezüglich der übergeleiteten Regelungen der vormaligen Betriebsvereinbarung hat, so zeigt sich, daß hierbei eine erhebliche Beeinträchtigung der Interessen der Arbeitnehmer droht. *Kissel* bestimmt für den Fall, daß ein neuer Betriebsrat gewählt wird, das *Wiederaufleben der Betriebsvereinbarung*, wenn deren Laufzeit noch nicht abgelaufen ist.[354] Das wird bedeuten, daß sie nach seiner Auffassung nur dann ausnahmsweise nicht wieder auflebt, wenn entweder von vornherein eine Befristung vereinbart worden und diese abgelaufen ist oder andererseits die Betriebsvereinbarung rechtzeitig vor Wegfall des Betriebsrats gekündigt worden und die Kündigungsfrist inzwischen abgelaufen ist. Es soll sogleich gezeigt werden, daß *Kissel* Recht zu geben ist, daß also in der Regel tatsächlich die Notwendigkeit des Wiederauflebens der Regelungen als Betriebsvereinbarung mit Neuwahl eines Betriebsrats besteht - ohne daß diese Rechtsfolge mit der Analogie zu § 613a I 2 BGB zu erreichen ist.

(1) Kurze Betriebsratslosigkeit entspricht Wechsel der personellen Zusammensetzung des Betriebsrats

Das BetrVG hat die Rechtsfolgen des Wegfalls des Betriebsrats für bestehende Betriebsvereinbarungen nicht geregelt. Deshalb ist Bezug zu nehmen auf vergleichbare Situationen, die im BetrVG geregelt sind. Beim *Wegfall mit anschließender Neuwahl des Betriebsrats* kann eine vergleichbare Situation erkannt werden, wenn zwischen Fortfall des bisherigen und Amtsbeginn des neu gewählten Betriebsrats im Verhältnis zur voraussichtlichen Geltungsdauer

---

[354] FG Söllner, S. 143 (154)

der Betriebsvereinbarung nur eine kurze Zeit verstrichen ist. Dann ähnelt in der *ex post* - Betrachtung der Fortfall des Betriebsrats mit anschließender Neuwahl einem bloßen Wechsel in der personellen Zusammensetzung des Betriebsrats, der den Bestand der Betriebsvereinbarung unberührt läßt.[355] Der Wechsel der personellen Zusammensetzung bildet bezüglich des Bestandes der Betriebsvereinbarung keine Zäsur. Das gilt dann auch für eine bloß kurzzeitige Betriebsratslosigkeit.

Zwar wird eine allgemeingültige Feststellung, bis wann die Betriebsratslosigkeit und Wahl eines neuen Betriebsrats der schlichten Betriebsratslosigkeit entspricht, nicht zu treffen sein, weil das von der Dauer der bisherigen Geltung der Betriebsvereinbarung, der Dauer ihrer voraussichtlichen Weitergeltung sowie der Zeitdauer der Betriebsratslosigkeit abhängt. Aber im vorliegenden Zusammenhang ist es auch nicht erforderlich, die Zeitdauer präziser zu ermitteln. Denn wenn überhaupt Fälle eintreten, in denen *ex post* die Wiederwahl eines Betriebsrats nach kurzzeitiger Betriebsratslosigkeit als "Anschlußneuwahl" erscheint, besteht ein wesentlicher Einwand gegen die generelle Analogie zu § 613a Abs. 1 S. 2 BGB.

Vermutlich kommt ein Wiederaufleben nicht in Betracht, wenn die Belegschaft die Möglichkeit zur rechtzeitigen Neuwahl eines Betriebsrats hatte, um eine Betriebsratslosigkeit zu vermeiden und diese Möglichkeit nicht wahrgenommen hat (Fallgruppe 1). Denn dann steht ein anderer Gesichtspunkt dem Wiederaufleben entgegen: Soweit der Arbeitgeber ein Interesse am Fortfall der Betriebsvereinbarung haben kann, verdient dieses Interesse den Vorrang vor dem Interesse der Belegschaft am Wiederaufleben. Denn die Arbeitnehmer müssen sich entgegenhalten lassen, daß sie den Fortfall durch rechtzeitige Neuwahl hätten vermeiden können. Das muß nur deshalb nicht näher betrachtet werden, weil es - wie eben festgestellt - genügt, daß überhaupt Fälle denkbar sind, in denen ein Wiederaufleben geboten ist.

(2) Funktion des Betriebsrats und Praktikabilitätsgesichtspunkte

Hanau und *Vossen* haben für das Erlöschen der Betriebsvereinbarung infolge Betriebsübergangs darauf hingewiesen, daß es der Funktion des Betriebsrats nicht entsprechen würde, wenn der Betriebsrat wegen eines Betriebsübergangs mit der Ausübung seiner Mitbestimmungsrechte und dem Aufbau seiner

[355] Däubler/Kittner/Klebe/Berg, § 77 Rn 52; Fitting/Kaiser/Heither/Engels, § 77 Rn 149; GK/Kreutz, § 77 Rn 323; Hess/Schlochauer/Glaubitz, § 77 Rn 226; MünchArbR/Matthes, § 319 Rn 42; Richardi, § 77 Rn 195

kollektiven Ordnung des Betriebes von vorne anfangen müßte.[356] Nichts anderes gilt, wenn der Betriebsrat weggefallen ist und der unmittelbar im Anschluß daran neu gewählte Betriebsrat die Betriebsvereinbarung erst wieder neu mit dem Arbeitgeber abschließen müßte. Denn die Mitbestimmungsrechte des Betriebsrats bestehen unabhängig davon, ob der Betrieb kurzzeitig betriebsratslos war oder infolge eines rechtsgeschäftlichen Betriebsübergangs den Inhaber gewechselt hat. Außerdem würde durch das Wiederaufleben verhindert, daß ein neu gewählter Betriebsrat sich innerhalb kurzer Zeit die Sachkenntnis aneignen müßte, die erforderlich ist, um für alle regelungsbedürftigen Sachbereiche Betriebsvereinbarungen abzuschließen, die die Interessen der Arbeitnehmer wahren. Im übrigen wäre es ein beträchtlicher Aufwand für beide Betriebspartner, wenn sie alle Betriebsvereinbarungen, die vor Wegfall des Betriebsrats bestanden, wieder neu vereinbaren müßten. Das erscheint um so mehr als unnötig, als eine Änderung im Willen der Betriebspartner auch bei automatischem Wiederaufleben berücksichtigt werden könnte. Eine Partei könnte die entsprechende Betriebsvereinbarung kündigen und so bei nachwirkenden Betriebsvereinbarungen Neuverhandlungen erzwingen, bei freiwilligen Betriebsvereinbarungen auf einen Neuabschluß einer geänderten Betriebsvereinbarung hinwirken.

cc) Beschränkung auf Inhaltsnormen

Für die Analogie unproblematisch ist, daß die herrschende Meinung nicht für alle Regelungen der Betriebsvereinbarung einen Übergang in die Arbeitsverträge annimmt. Wie bereits oben[357] kurz angesprochen, werden nach ihrer Auffassung nur die *Inhaltsnormen der Betriebsvereinbarung* unter Ausschluß der betriebsverfassungsrechtlichen Normen erfaßt.[358] Regelungen, die sich auf das betriebliche Geschehen beziehen, fallen nur darunter, wenn sie zugleich Inhaltsnormen sind.[359] Andernfalls fallen sie mit dem Betriebsübergang weg. Das soll sich schon aus dem Wortlaut der Norm ergeben, nach dem der Erwerber nur in die Rechte und Pflichten aus den im Zeitpunkt des Übergangs bestehenden *Arbeitsverhältnissen* eintritt - Kollektivnormen werden aber nicht Inhalt der Arbeitsverhältnisse, sondern

---

356 FS Hilger/Stumpf, S. 271 (274)

357 Teil 2 E II 2 b aa

358 Erman/Hanau, § 613a Rn 87; Hanau/Vossen, FS Hilger/Stumpf, S. 271 (280); Lorenz, DB 1980, S. 1745 (1747); MüKo/Schaub, § 613a Rn 111; Seiter, DB 1980, S. 377 (378); Staudinger/Richardi/Annuß, § 613a Rn 179; a.A. Moll, RdA 1996, S. 275 (277); Röder, DB 1981, S. 1980 (1981)

359 Erman/Hanau, § 613a Rn 87; Hanau/Vossen, FS Hilger/Stumpf, S. 271 (280); MünchArbR/Wank, § 120 Rn 177, 186; MüKo/Schaub, § 613a Rn 111; Seiter, DB 1980, S. 877 (878); ders., Betriebsinhaberwechsel, S. 93

"beherrschen" diese vielmehr wie ein Gesetz.[360] Diese Begrenzung ist auch inhaltlich naheliegend, wenn § 613a Abs. 1 S. 2 BGB - wie eben dargestellt[361] - nur greift, wenn die Betriebsidentität nicht mehr besteht. Weil damit weitreichende Veränderungen im Betrieb verbunden sind, haben die vormals geltenden kollektiven Regelungen zum betrieblichen Geschehen keinen Sinn mehr, ihr Fortbestand ist unmöglich.[362] Das ist bedeutsam für wesentliche Tatbestände des § 87 Abs. 1 BetrVG, durch die das Recht des Arbeitgebers, einseitige Anordnungen für die Arbeitsverhältnisse zu treffen, insbesondere das Direktionsrecht, der Mitbestimmung des Betriebsrats unterworfen wird[363] (§ 87 Abs. 1 Nr. 1, 2, 4-10, 12 BetrVG). Diese Regelungen sind vom Übergang nach § 613a Abs. 1 S. 2 BGB nicht umfaßt.

Wenn § 613a Abs. 1 S. 2 BGB auch bei Wegfall des Betriebsrats nur soweit analog angewendet wird, dann werden alle Regelungen, die das Betriebsverhalten regeln, nicht von § 613a Abs. 1 S. 2 BGB erfaßt; sie werden mit Wegfall des Betriebsrats unwirksam. Vereinbarungen zum Arbeitsverhalten hingegen werden Bestandteil des Arbeitsvertrages. Zu dem letztgenannten Ergebnis kommt auch *Kissel*,[364] der die Auffassung vertritt, daß nur solche Bestandteile von der Transformation in das Individualrecht erfaßt werden sollen, die Rechte und Pflichten der Arbeitnehmer begründen bzw. gestalten, die diese nicht in ihrer kollektiven Verbundenheit im Betrieb betreffen, sondern individualrechtlich wirken. Würde hingegen die analoge Anwendung von § 613a Abs. 1 S. 2 BGB auf alle normativen Bestandteile der Betriebsvereinbarung erstreckt, dann führte das zu einer übermäßigen Bindung des Arbeitgebers. Denn so würden auch die Bestandteile der Betriebsvereinbarung in das Individualrecht überführt, die - hätte es von vorneherein keinen Betriebsrat gegeben - vom Arbeitgeber alleine bestimmt und jederzeit auch durch ihn allein geändert werden könnten. Der Arbeitgeber würde durch den Wegfall des Betriebsrats also mehr gebunden, als er ohne Betriebsrat jemals gebunden wäre. Diese Schlechterstellung ist durch die Konstruktion bedingt und sachlich nicht zu begründen, denn mit Ausnahme der zwingenden Betriebsratslosigkeit - Fallgruppe 2[365] - bedürfen die Arbeitnehmer keines Schutzes, der über den Schutz der Arbeitnehmer in von vorneherein betriebsratslosen Betrieben hinausreicht.

---

[360] Hueck/Nipperdey, II/2, S. 1266; Fitting/Kaiser/Heither/Engels,§ 77 Rn 110; Seiter, DB 1980, S. 877

[361] so oben Teil 2 E II 2 b aa

[362] Hanau/Vossen, FS Hilger/Stumpf, S. 271 (280)

[363] vgl. GK/Wiese, vor § 87 Rn 6

[364] FG Söllner, S. 143 (154f)

[365] siehe Teil 1 C III 2

F. Zwischenergebnis

1. Die Annahme liegt nahe, daß der Wegfall des Betriebsrats nichts an dem in § 77 Abs. 5 BetrVG geregelten *Kündigungsrecht des Arbeitgebers* ändert. Denn auf den ersten Blick scheint die Betriebsratslosigkeit keinen Einfluß auf das Interesse von Arbeitgeber und Belegschaft am Bestand der Betriebsvereinbarung zu haben. Außerdem wird so das nicht hinnehmbare Ergebnis vermieden, daß die Betriebsvereinbarungen für den Arbeitgeber unbeendbar fortbestehen. Allerdings macht ein intensiverer Blick auf die rechtlichen Auswirkungen des Wegfalls des Betriebsrats deutlich, daß dieser Ansatz nicht überzeugen kann. Erstens bestehen dogmatische Bedenken gegen das unveränderte Kündigungsrecht. Weil die Kündigung gegenüber dem Vertragspartner zu erklären ist, setzte das Recht zur Kündigung gegenüber den Arbeitnehmern voraus, daß die Arbeitnehmer Partei der Betriebsvereinbarung sind. Wenn das angenommen wird, läßt sich aber die in § 77 Abs. 4 S. 1 BetrVG angeordnete unmittelbare und zwingende Wirkung der Betriebsvereinbarung nicht erklären; wenn die Arbeitnehmer Vertragspartner der Betriebsvereinbarung wären, wirkte die Betriebsvereinbarung bereits kraft vertraglicher Bindung. Diese Stellung der Arbeitnehmer als Partei der Betriebsvereinbarung kann indes, das ist der zweite Einwand, auch nicht überzeugen, weil dann nicht zu erklären ist, warum bis zu seinem Wegfall der Betriebsrat selbst ausschließlich Erklärungsempfänger ist. Drittens schließlich wird mit der Annahme eines unveränderten Rechts zur Kündigung - ohne Grund und unter Einhaltung der gesetzlichen oder vertraglichen Kündigungsfrist - nicht berücksichtigt, daß die unterschiedlichen Gründe für den Wegfall des Betriebsrats Auswirkungen auf den Fortbestand der Betriebsvereinbarungen haben. Es wurde bereits oben in Teil 1 deutlich, daß eine Differenzierung nach Fallgruppen geboten ist, für die jeweils eigenständige Lösungen zu entwickeln sind.[366] Weil zumindest die erzwingbaren Betriebsvereinbarungen wesentlich dazu dienen, die Arbeitnehmerinteressen zu schützen, erscheint es angeraten, die Beendigung der Betriebsvereinbarung durch den Arbeitgeber nur dann zuzulassen, wenn die Arbeitnehmer die Möglichkeit zur erneuten Wahl eines Betriebsrats ungenutzt haben verstreichen lassen (Fallgruppe 1, Fallgruppe 2 nach Ablauf der ersten Neuwahlmöglichkeit). Ansonsten würde sich der Wegfall des Betriebsrats zu ihrem Nachteil auswirken, obwohl ihnen die Betriebsratslosigkeit in diesen Fällen nicht zugerechnet werden kann. Andererseits besteht in der Fallgruppe 3 - Verlust der Betriebsratsfähigkeit

[366] siehe C II, III

des Betriebes - nicht einmal mehr die Möglichkeit zur Neuwahl eines Betriebsrats. Weil durch die Betriebsvereinbarung für die Arbeitnehmer fremdbestimmte Regelungen erlassen werden, muß jedoch der Bestand davon abhängen, ob die Belegschaft zumindest die Möglichkeit hat, eine Vertretung ihrer Interessen erneut zu errichten, die die Herrschaft über die Betriebsvereinbarung wieder aufnimmt. Ist das nicht einmal mehr möglich, muß die Betriebsvereinbarung ersatzlos wegfallen.[367]
Dieser Bezug auf die Gründe für den Wegfall des Betriebsrats wird ebenfalls mißachtet, wenn die *Kündigung gegenüber einem Ersatzempfänger* angenommen wird. Abgesehen davon ist keine Norm ersichtlich, deren Analogie zur Annahme eines Ersatzempfängers führte.[368] Auch die *Annahme eines "latenten" Betriebsrat* führt nicht weiter. Weil die §§ 21, 22 BetrVG die Fortführung der Geschäfte des Betriebsrats bzw. den Fortbestand der Amtszeit nur für die Fälle der Betriebsratslosigkeit anordnet, soweit sie in den Nummern 1 bis 3 in § 13 Abs. 2 BetrVG geregelt sind, muß im Umkehrschluß angenommen werden, daß in allen übrigen Fällen gerade keine Fortsetzung der Amtszeit - auch nicht nur als Erklärungsempfänger - gesetzgeberisch gewollt ist.[369]

2. Da die Kündigung infolge des Wegfalls des Betriebsrats ausgeschlossen ist, ließe sich andererseits daran denken, das automatische Ende der Betriebsvereinbarung mit Wegfall des Betriebsrats anzunehmen. Auf diese Weise würde vermieden, daß der Arbeitgeber für ihn unveränderbar an die bestehenden Betriebsvereinbarungen gebunden wäre. Ein wesentlicher Einwand gegen die Annahme des automatischen Endes - egal, auf welchen Rechtsgrund dieses Ergebnis gestützt wird - besteht darin, daß nicht nach den jeweiligen Gründen, die zum Wegfall des Betriebsrats geführt haben, unterschieden wird. Es gilt insoweit dieselbe Kritik wie an einem unveränderten Kündigungsrecht des Arbeitgebers, die oben unter 1. angesprochen wurde.

Im einzelnen ist darüber hinaus an den einzelnen Begründungsansätzen folgendes zu bemängeln: Das *BetrVG gebietet nicht das Ende der Betriebsvereinbarung* mit Wegfall des Betriebsrats. Dem Gesetz kann nicht entnommen werden, daß der Bestand von Betriebsvereinbarungen einen Betriebsrat erfordert. Ausdrücklich erforderlich ist der Betriebsrat nur für den Abschluß (§ 77 Abs. 2 BetrVG) und für die Kündigung der

---

367vgl. Teil 1 C II 3
368vgl. Teil 2 B II 1, 3
369vgl. Teil 2 B II 2

Betriebsvereinbarung (§ 77 Abs. 5 BetrVG). Auch ein allgemeiner Rechtsgedanke, nach dem der Betriebsrat Voraussetzung für den Bestand der Betriebsvereinbarung ist, ist nicht zu erkennen. Im Gegenteil bleiben der Sinn der normativen Regelungen der Betriebsvereinbarung und die tatsächlichen Umstände vom Wegfall des Betriebsrats unberührt.[370]
Auch das Rechtsinstitut des *Wegfalls der Geschäftsgrundlage* führt nicht zum automatischen Ende der Betriebsvereinbarung. Zwar kann ausnahmsweise Rechtsfolge des Wegfalls der Geschäftsgrundlage nicht nur Vertragsanpassung oder Kündigung, sondern auch der automatische Fortfall der Regelung sein. Doch wird sich nicht begründen lassen, daß der Fortbestand des Betriebsrats Geschäftsgrundlage der bestehenden Betriebsvereinbarungen ist, dessen Wegfall dazu führt, daß dem Arbeitgeber die fortgesetzte Bindung an die Betriebsvereinbarungen unzumutbar wird. Denn selbst wenn für die erzwingbaren Betriebsvereinbarungen darauf abgestellt wird, daß diese Regelungen aufgrund des gesetzlichen Einigungszwangs der Betriebsparteien zustandegekommen sind und dieser Einigungszwang mit Wegfall des Betriebsrats entfallen ist, ist zum einen nicht zu verkennen, daß der Arbeitgeber die Regelungen der Betriebsvereinbarungen auch in der Vergangenheit bereits angewendet hat, ohne daß diese als unbillige Beeinträchtigung seiner Rechte im Wege der richterlichen Billigkeitskontrolle angepaßt worden sind. Zum anderen ist denkbar, daß der Arbeitgeber seinerseits ein Interesse am Fortbestand der Regelungen hat, die sich durchaus auch aus seiner Sicht bewährt haben können. Der Wegfall des Einigungszwangs als solcher führt nicht zur Unzumutbarkeit, allenfalls führen innerbetriebliche Veränderungen, die mit dem Wegfall des Betriebsrats einhergehen, dazu, daß dem Arbeitgeber die fortgesetzte Bindung an die Regelungen nicht zugemutet werden kann. Es wird dem Arbeitgeber überlassen bleiben, das Ende der Betriebsvereinbarungen selbst zu bestimmen. Einem solchen Beendigungsrecht steht nicht entgegen, daß der *Arbeitgeber alleine die Geltungsdauer der Betriebsvereinbarungen bestimmt.* Denn in wesentlichen Vereinbarungen, insbesondere bezüglich erzwingbarer Mitbestimmung, wird der Belegschaft an einem Fortbestand gelegen sein.[371] Das automatische Ende des normativen Teils der Betriebsvereinbarung ergibt sich auch nicht aus dem Ende des schuldrechtlichen Teils. *Beide Bestandteile sind nicht untrennbar miteinander verbunden.*[372] Ebensowenig ist es geboten, daß die Betriebsvereinbarung automatisch *mit Ablauf der ersten*

---

[370]vgl. Teil 2 C I
[371]vgl. Teil 2 C III
[372]vgl. Teil 2 C IV

Kündigungsmöglichkeit nach Wegfall des Betriebrats endet. Während die derart befristete Fortgeltung für die Fallgruppe 3 zu lange währt, ist die Fortgeltung für die Fallgruppe 2 dann zu kurz, wenn die Belegschaft bis zum Fristablauf keine Möglichkeit zur Neuwahl eines Betriebsrats hatte.[373]

3. Fraglich ist, ob eine Weitergeltung über den Zeitpunkt des Ablaufs der Betriebsvereinbarung hinaus durch Annahme einer Nachwirkung begründet werden kann. Dafür spricht, daß die Nachwirkung eine Verbindung zwischen Kollektiv- und Individualrecht herstellen würde, so daß die Entstehung von Regelungslücken vermieden würde. Nur läßt sich die Nachwirkung nicht konstruieren. Der Lösung, die *§ 77 Abs. 6 BetrVG* anwendet, nach dem die Regelungen erzwingbarer Betriebsvereinbarungen solange weitergelten, bis sie durch eine andere Abmachung ersetzt werden, kann nicht gefolgt werden. Danach würde die freiwillige Betriebsvereinbarung ersatzlos enden, die erzwingbare Betriebsvereinbarung hingegen nachwirken. Diese Unterscheidung paßt nicht, wenn kein Betriebsrat mehr besteht. Dann ist nicht mehr zu erklären, warum freiwillige Betriebsvereinbarungen eine geringere Bestandsdauer haben sollen als erzwingbare. Denn der Grund für die Unterscheidung zwischen beiden Betriebsvereinbarungskategorien, der Mechanismus der Erzwingbarkeit, besteht dann nicht mehr. Vielmehr ist es sinnvoll, nach den Fallgruppen zu unterscheiden, in die sich die Gründe für die Betriebsratslosigkeit einteilen lassen.[374]
   Aber auch die *generelle Anwendung von § 77 Abs. 6 BetrVG* mit der Wirkung der Nachwirkung der freiwilligen Betriebsvereinbarungen kommt nicht in Betracht. Denn der Zweck der Vorschrift besteht darin, das Institut und die Funktionsfähigkeit der erzwingbaren Mitbestimmung des Betriebsrats zu schützen.[375]
   Ebenfalls kommt die *Analogie zu § 4 Abs. 5 TVG* nicht in Betracht, nach dem die Rechtsnormen abgelaufener Tarifverträge solange weitergelten, bis sie durch eine andere Abmachung ersetzt werden. Für freiwillige Betriebsvereinbarungen hätte sie eine ungewollte Verfestigung von Regelungen zur Folge. Während freiwillige Betriebsvereinbarungen während des bestehenden Betriebsrats unter Einhaltung einer Kündigungsfrist jederzeit beendet werden können, wäre jetzt eine individualvertragliche Ersetzung erforderlich, die nicht mehr dem effizienten Kollektiv-, sondern dem bestandskräftigeren Individualrecht unterfiele. Damit wäre der Arbeitgeber zu seinem Nachteil darauf angewiesen, Änderungen gegen den

---

[373] vgl. Teil 2 C V
[374] vgl. Teil 2 D I
[375] vgl. Teil 2 D II 1

Willen der Arbeitnehmer mit Änderungskündigungen durchzusetzen, die sich für einheitliche und kurzfristige Änderungen nicht eignen. Wählten die Arbeitnehmer einen neuen Betriebsrat, so wirkte sich die Nachwirkung zu ihrem Nachteil aus. Denn der Arbeitgeber verfügte über eine effiziente, weil kollektivrechtlich wirkende Regelung, die der Betriebsrat, soweit es um die Nachwirkung freiwilliger Betriebsvereinbarungen geht, nicht beenden könnte. Wie § 4 Abs. 5 TVG bestimmt, kann die nachwirkende Kollektivregelung nicht mehr gekündigt werden, sondern muß durch eine andere Regelung abgelöst werden. Eine solche kann der Betriebsrat im Bereich der freiwilligen Betriebsvereinbarung nicht erzwingen, der Arbeitgeber immerhin durch Vereinbarung mit den einzelnen Arbeitnehmern erreichen. Hinsichtlich der erzwingbaren Betriebsvereinbarung führte die Nachwirkung dazu, daß der Arbeitgeber eine Regelung, die seinen Interessen im Zweifel mehr entspricht als die durch den Betriebsrat mitbestimmte nachwirkende Betriebsvereinbarung, nur erzielen könnte, indem er sich der individualvertraglichen Änderungsinstrumente (einverständliche Änderung, außerordentliche oder ordentliche Änderungskündigung) bediente. Der Arbeitgeber stünde damit schlechter, als wenn ein Betriebsrat niemals bestanden hätte. Das ist dann ein Wertungswiderspruch, wenn der Wegfall des Betriebsrats auf Umständen beruht, die nicht dem Arbeitgeber, wohl aber den Arbeitnehmern zuzurechnen sind. Das ist der Fall, wenn die Belegschaft nach regulärem Ablauf der Amtszeit des bisherigen keinen neuen Betriebsrat gewählt hat (Fallgruppe 1). Denn dann ist nicht ersichtlich, wieso die Arbeitnehmer die Vorteile der Mitbestimmung in Gestalt der nachwirkenden Betriebsvereinbarung zum Nachteil des Arbeitgebers weiterhin in Anspruch nehmen dürfen, obwohl sie keinen neuen Betriebsrat gewählt haben und sich deshalb den Verlust ihrer Interessenvertretung zurechnen lassen müssen.[376]

4. Deshalb erscheint es überlegenswert, daß die Betriebsvereinbarung nicht kollektivrechtlich, sondern individualvertraglich fortwirken.[377] Besondere Aufmerksamkeit verdient in diesem Zusammenhang die *analoge Anwendung von § 613a Abs. 1 S. 2 BGB*. Diese Norm gilt nach Auffassung der herrschenden Meinung schon direkt angewendet nur in Fällen, in denen der Betriebsrat infolge eines rechtsgeschäftlichen Betriebsübergangs weggefallen ist (Verlust der Betriebsidentität).[378] Allerdings kommt eine Analogie nicht

---

[376] vgl. Tcil 2 D II 2

[377] vgl. Teil 2 E

[378] BAG 23.11.1988, AP Nr 77 zu § 613a BGB, Bl. 3 (I 2 a aa der Gründe); 5.2.1991, AP Nr 89 zu § 613a BGB, Bl. 8R (IV 2 c cc der Gründe); 27.7.1994, AP Nr 118 zu § 613a BGB, Bl. 4, 4R (B II der Gründe); Däubler/Kittner/Klebe/Blank, § 77 Rn 48; ErfK/Preis, § 613a BGB Rn 69; Erman/Hanau, § 613a Rn 79; Fitting/Kaiser/Heither/Engels, § 77 Rn 143a;

in Betracht. Voraussetzung hierfür wäre, daß die wesentlichen Gesichtspunkte, die im Falle eines rechtsgeschäftlichen Betriebsübergangs zu einer Individualisierung der Inhaltsnormen der Betriebsvereinbarungen im veräußerten Betrieb führen, auch in den in dieser Arbeit untersuchten Fällen des Wegfalls des Betriebsrats gelten. Daß das nicht der Fall ist, verdeutlicht der Blick auf die Tatbestandsmerkmale des § 613a Abs. 1 S. 2 BGB. Wie soeben bereits erwähnt, ordnet nach Auffassung der herrschenden Meinung das Gesetz eine Individualisierung nur dann an, wenn die Regelungen der Betriebsvereinbarung als Kollektivrecht wegen des Verlustes der Betriebsidentität nicht mehr bestehen können. Damit wird der Grundsatz aufgestellt, daß der Betriebsübergang die kollektivrechtlichen Beziehungen im Betrieb solange unbeeinflußt läßt, wie eine Kollektivordnung erhaltbar ist. Mit Verlust der Betriebsidentität hört der Betrieb als solcher auf zu bestehen, weshalb die Betriebsvereinbarungen, die betriebsbezogen sind, ihr Ende finden. Der kollektivrechtliche Bestand der Betriebsvereinbarungen ist dann sachwidrig. Dem entspricht es, wenn der Betrieb seine Betriebsratsfähigkeit verloren hat (Fallgruppe 3). Denn dann kann kein neuer Betriebsrat gewählt werden, so daß der Betrieb aus betriebsverfassungsrechtlicher Sicht nicht mehr derselbe ist. Das Gesetz knüpft an die Beschäftigtenzahl von fünf eine Zäsur. Weil kein neuer Betriebsrat gewählt werden kann, müssen die bestehenden Betriebsvereinbarungen wegfallen. Wegen dieser Notwendigkeit des Endes der Betriebsvereinbarung wird im gesetzlich geregelten Fall des Betriebsratsfortfalls und in der Fallgruppe 3 eine Individualisierung angenommen. In den Fallgruppen 1 und 2 fehlt es an Umständen, die eine Sachwidrigkeit begründen. Der Betrieb bleibt identisch, die Wahl eines Betriebsrats ist möglich.

Aber auch in der Fallgruppe 3 kann § 613a Abs. 1 S. 2 BGB nicht analog angewendet werden. Denn indem das Gesetz als weiteres Tatbestandsmerkmal den rechtsgeschäftlichen Betriebsübergang vorsieht, macht es deutlich, daß es um den Ausgleich der Interessen in einem Dreiecksverhältnis aus Veräußerer, Erwerber und den Arbeitnehmer des Betriebes geht. Die Arbeitnehmer sollen davor geschützt werden, daß ihre Arbeitsverhältnisse durch einen Vertrag zwischen Veräußerer und Erwerber inhaltlich verändert werden. Gleichzeitig besteht dieser Schutz nicht zeitlich

---

GK/Kreutz, § 77 Rn 327-330; Gussen, Zur Weitergeltung von Gesamtvereinbarungen beim Betriebsübergang nach § 613a BGB, S. 16-22; ders., Anm. zu BAG AP Nr 118 zu § 613a, Bl. 5R-8; Hanau/Vossen, FS Hilger/Stumpf, S. 271 (272-275); Hess/Schlochauer/Glaubitz, § 77 Rn 226; Jung, RdA 1981, S. 360 (362); Knigge, BB 1980, S. 1272 (1276); MünchArbR/Matthes, § 319 Rn 42; MüKo/Schaub, § 613a Rn 90, 103f; Schaub, Arbeitsrecht der Gegenwart, Bd. 18, 1980, S. 71 (78f); Simon, ZfA 1987, S. 311 (330f); Soergel/Kraft, § 613a Rn 46; Sowka, DB 1988, S. 1318 (1319, 1321); Stege/Weinspach, § 77 Rn 34 unbegrenzt, sondern bis zur Höchstdauer von einem Jahr. Selbst vorher kann dieser Bestandsschutz beendet werden, wenn entweder die Betriebsvereinbarung auch im Veräußererbetrieb nicht mehr gelten würde oder im Erwerberbetrieb eine abweichende Kollektivregelung besteht bzw. errichtet wird. An einer vergleichbaren Drittbeteiligung fehlt es, wenn der Betriebsrat wegen des Verlustes der Betriebsratsfähigkeit wegfällt. Arbeitgeber und Betriebsrat wirken nicht zusammen, um den Betriebsrat in Wegfall zu bringen. Es besteht mit Wegfall des Betriebsrats auch kein Bestandsinteresse der Arbeitnehmer, das mit dem der Arbeitnehmer bei rechtsgeschäftlichem Betriebsübergang vergleichbar ist. Denn auch während des bestehenden Betriebsrats haben die Arbeitnehmer keinen Bestandsschutz gegen die Beendigung von Betriebsvereinbarungen. Die Betriebsvereinbarungen können jederzeit von Betriebsrat und Arbeitgeber inhaltlich verändert werden, freiwillige Betriebsvereinbarungen sogar gegen den Willen des anderen Betriebspartners beendet werden. Eine Analogie zu § 613a Abs. 1 S. 2 BGB greift bei keiner der Fallgruppen, die außerhalb des rechsgeschäftlichen Betriebsübergangs zum Wegfall des Betriebsrats führen. Das verdeutlicht auch der Blick auf die Rechtsfolgen, die die Individualisierung zur Folge hätte. Zum einen würde die Individualisierung den Arbeitgeber bezüglich freiwilliger Betriebsvereinbarungen mehr binden, als er vor Wegfall des Betriebsrats gebunden war. Soweit ihm der Wegfall des Betriebsrats nicht zugerechnet werden kann, ist das nicht sachgerecht. In jedem Fall wäre der Arbeitgeber auf das für einheitliche Änderungen ungenügende Mittel der Änderungskündigung verwiesen, wenn die Arbeitnehmer nicht mit einer Änderung des Arbeitsvertrages einverstanden wären, mit der das individualisierte Kollektivrecht geändert werden soll. Zum anderen gebietet der Schutzgedanke der Mitbestimmung das Wiederaufleben der Betriebsvereinbarung, sobald - zumindest in unmittelbarer zeitlicher Nähe zum Wegfall des bisherigen Betriebsrats - ein neuer Betriebsrat gewählt wird - jedenfalls wenn der Betriebsrat aus Gründen weggefallen ist, die der Belegschaft nicht zuzurechnen sind. Das läßt sich aber mit einer Analogie zu § 613a Abs. 1 Satz 2 (bzw. der Sätze 2 bis 4) BGB nicht erreichen.[379]

[379] vgl. Teil 2 E II 2

Teil 3 Eigene Lösung

A. Einleitung

Es hat sich in den vorstehenden Teilen gezeigt, daß eine Lösung zu suchen ist, die einerseits dem Arbeitgeber grundsätzlich ein Recht zur Beendigung der Betriebsvereinbarung gewährt, andererseits aber Einschränkungen dieses Rechtes bestimmt, die sich für die Fallgruppen 1 bis 3 unterscheiden. Um unter D. das Lossagungsrecht des Arbeitgebers konkret für alle möglichen Lebenssachverhalte zu erarbeiten, werden zunächst unter B. allgemeine Ausführungen zum Recht der Betriebsvereinbarung, zu ihren Geltungsvoraussetzungen und ihrer Wirkungsweise gemacht. Außerdem werden unter C. die Interessen von Arbeitgeber und Arbeitnehmer betrachtet, die in Verbindungen mit Überlegungen zur Zurechnung der Betriebsratslosigkeit Wertungen ermöglichen, um Anforderungen an das Beendigungsrecht des Arbeitgebers zu bestimmen.

Die Betrachtung beschränkt sich auf das Lossagungsrecht des Arbeitgebers. Die Arbeitnehmer haben kein Recht, die Betriebsvereinbarung zu beenden. Sie sind nicht Vertragspartei, sondern geltungsunterworfen. Allerdings sind Fälle denkbar, in denen die Anwendung der Betriebsvereinbarung zu Ergebnissen hinsichtlich der Einzelarbeitsverhältnisse führen würde, die durch eine gerichtliche Billigkeitskontrolle[380] zu korrigieren sind. Die gerichtliche Korrektur erfolgt im Rahmen des Individualrechtsstreits zwischen dem Arbeitgeber und dem einzelnen Arbeitnehmer. Im übrigen unterliegt der Arbeitgeber auch hinsichtlich der Anwendung der Betriebsvereinbarung den Einschränkungen, die das Verbot des Rechtsmißbrauchs gemäß § 242 BGB allgemein im Vertragsrecht[381] bestimmt.

---

[380]BAG 30.1.1970, AP Nr 142 zu § 242 BGB Ruhegehalt, Ls. 2, Bl. 6R-7R (B IV 3 b der Gründe); 11.6.1975, AP Nr 1 zu § 77 BetrVG Auslegung, Ls. 2, Bl. 3 (2 der Gründe); 11.3.1976, AP Nr 11 zu § 242 BGB Ruhegehalt -Unverfallbarkeit-, Bl. 2 (II 2 a der Gründe); 8.12.1981, AP Nr 1 zu § 1 BetrAVG Unterstützungskasse, Bl. 3 (II 3 der Gründe); 9.12.1981, AP Nr 14 zu § 112 BetrVG, Bl. 2 (II 2 a der Gründe); GS 16.9.1986, EzA § 77 BetrVG Nr 17, S. 97f (C II 5 der Gründe); 3.11.1987, EzA § 77 BetrVG Nr 20, S. 9 11 (II 4 der Gründe); 20.11.1987, AP Nr 2 zu § 620 BGB Altersgrenze, Bl. 5Rf (VI der Gründe); 25.4.1991, EzA § 611 BGB Gratifikation-Prämie- Nr 85, Ls. 2, S. 9f (II 3 e der Gründe); 21.1.1992, EzA § 1 BetrAVG Ablösung Nr 8, S. 5 (I 2 der Gründe); 1.12.1992, EzA § 77 BetrVG Nr 50, S. 8 (I 3 a der Gründe)

[381]vgl. Palandt/Heinrichs, § 242 Rn 38-86

B. Geltungsvoraussetzungen und Wirkungsweise der Betriebsvereinbarung

I. Trennung von Vertragsebene und normativer Wirkebene

Die Betriebsvereinbarung kommt nach Auffassung der herrschenden Meinung als Vertrag zwischen Arbeitgeber und Betriebsrat zustande.[382] Sie wird gemäß § 77 Abs. 2 S. 1 BetrVG von Arbeitgeber und Betriebsrat gemeinsam beschlossen. Gemäß § 77 Abs. 5 BetrVG kann sie von jedem Betriebspartner unter Einhaltung einer Frist - ohne Regelung in der Betriebsvereinbarung sind das drei Monate - gekündigt werden. Deshalb liegt es nahe, die Auswirkungen des Wegfalls des Betriebsrats auf bestehende Betriebsvereinbarungen mit Hilfe des allgemeinen Vertragsrechts zu klären. Durch Vertragsschluß wird eine relative Rechtsbeziehung zwischen beiden Parteien begründet bzw. gestaltet. Fällt eine der Parteien ersatzlos fort, hat das auch den Wegfall des Vertragsgegenstandes zur Folge: Der Vertrag wird sinnlos und endet automatisch. Allerdings fallen im allgemeinen Zivilrecht Rechtspersonen nicht ersatzlos fort. Natürliche Personen werden beerbt, gemäß § 1936 BGB in letzter Konsequenz vom Fiskus; juristische Personen werden erst nach Durchlaufen einer Liquidationsphase durch Löschung im Handelsregister aufgehoben. Die Liquidation dient dazu, alle Rechtsbeziehungen des Rechtssubjekts zu beenden (vgl. nur § 49 BGB für den rechtsfähigen Verein). Der Fortfall der Rechtsperson hat nur dann automatisch Auswirkungen auf bestehende Verträge, wenn es sich um einen Vertrag handelt, bei dem es der anderen Vertragspartei gerade um die Leistung durch die konkrete Person geht, wenn also die Leistungspflicht höchstpersönlich zu erfüllen ist. Weil zum Beispiel § 613 S. 1 BGB normiert, daß die Pflicht zur Dienstleistung im Zweifel in Person zu leisten ist, nimmt die herrschende Meinung an, daß der Arbeitsvertrag mit dem Tod des Arbeitnehmers automatisch endet.[383] Wird dieser Rechtsgedanke auf die Betriebsvereinbarung übertragen, ließe sich daran denken, daß der ersatzlose Fortfall des Betriebsrats auch das Ende der Betriebsvereinbarungen nach sich ziehen muß. Dagegen spricht jedoch ganz wesentlich, daß die Betriebsvereinbarung in ihrem normativen Teil nicht auf den Betriebsrat bezogen ist, sondern auf die Arbeitnehmer. Diesen gegenüber wirkt die Betriebsvereinbarung gemäß § 77 Abs. 4 S. 1 BetrVG unmittelbar und

---

[382] AR-Blattei, Brune, SD 520 Rn 48; AR-Blattei, Säcker, (D), Betriebsvereinbarung I, D. I. 4.; Fitting/Kaiser/Heither/Engels, § 77 Rn 13; Galperin/Löwisch, § 77 Rn 6; GK/Kreutz, § 77 Rn 31, 143; Hess/Schlochauer/Glaubitz, § 77 Rn 3; MünchArbR/Matthes, § 319 Rn 1; Richardi, § 77 Rn 24; Waltermann, Rechtsetzung durch Betriebsvereinbarung, S. 96; a. A.: Nebel, Normen des Betriebsverbandes, S. 162-205; Kessal-Wulf, Innenverbände, S. 333

[383] MüKo/Schwerdtner, vor § 620 Rn 30; Schaub, Arbeitsrechtshandbuch, S. 1064

zwingend, d. h. als Rechtsnorm.[384] Sie wirkt von außen auf die Arbeitsverhältnisse zwischen dem Arbeitgeber und den einzelnen Arbeitnehmern ein, ohne selbst Bestandteil des Arbeitsverhältnisses zu werden.[385] Der Regelungsgegenstand besteht - wie sogleich unter II. 1. ausgeführt wird - unabhängig vom Wegfall des Betriebsrats fort. Das verdeutlicht, daß die *Vertragsebene*, die die Entstehung und die Möglichkeit der Kündigung der Betriebsvereinbarung regelt, die allgemein die Rechtsbeziehung des Arbeitgebers zum Betriebsrat betrifft, von der *normativen Wirkebene* zu trennen ist, auf der die Geltung gegenüber den Arbeitnehmern geregelt ist. Soweit die Betriebsvereinbarung auf der normativen Wirkebene gilt, liegt es wegen des fortbestehenden Regelungsgegenstandes nahe, die Fortgeltung der Betriebsvereinbarung anzunehmen. Demgegenüber endet der schuldrechtliche Teil, soweit er nicht auf den normativen Teil bezogen ist, mit Wegfall des Betriebsrats. Insoweit geht es ausschließlich um die Regelung der Rechtsbeziehung zwischen Arbeitgeber und Betriebsrat. Ohne Betriebsrat ist diese Regelung sinnlos. Die Pflichten des Betriebspartners sind nicht erfüllbar. Sie setzen den Bestand des Betriebsrats voraus. Ist in einer Betriebsvereinbarung zum Beispiel die Zahl der freigestellten Betriebsratsmitglieder abweichend von der gesetzlichen Festlegung in § 38 Abs. 1 S. 3 BetrVG geregelt, ist diese Vereinbarung mit Wegfall des Betriebsrats inhaltsleer. Es gilt insoweit dasselbe wie für den schuldrechtlichen Teil des Tarifvertrages nach Auflösung einer Tarifvertragspartei.[386] Soweit eine Regelung des schuldrechtlichen Teils auf den normativen Teil bezogen ist, folgt sie als akzessorischer Bestandteil in ihrem Bestand dem normativen Teil. Das gilt insbesondere für die Regelungen zur Geltungsdauer des normativen Teils der Betriebsvereinbarung. Es kommt also für den Fortbestand der Betriebsvereinbarung nach Wegfall des Betriebsrats maßgeblich auf die Wirkung der Betriebsvereinbarung auf der normativen Wirkebene an.

---

[384] Däubler/Kittner/Klebe/Berg, § 77 Rn 42; Fitting/Kaiser/Heither/Engels, § 77 Rn 110; Hess/Schlochauer/Glaubitz, § 77 Rn 3, 7; MünchArbR/Matthes, § 319 Rn 3; Stege/Weinspach, § 77 Rn 27; Waltermann, Rechtsetzung durch Betriebsvereinbarung, S. 93; a. A. AR-Blattei, Brune, SD 520 Rn 51-58; Galperin/Löwisch, § 77 Rn 36; GK/Kreutz, § 77 Rn 193; Hanau, RdA 1989, S. 207 (208); Kreutz, Grenzen der Betriebsautonomie, S. 76-98

[385] BAG GS 16.3.1956, E 3, 1 (5); 21.9.1989, AP Nr 43 zu § 77 BetrVG, Bl. 5f (IV 1 der Gründe); AR-Blattei, Säcker, (D) Betriebsvereinbarung I, D II 1; Fitting/Kaiser/Heither/Engels, § 77 Rn 110; GK/Kreutz, § 77 Rn 41, 182; Hess/Schlochauer/Glaubitz, § 77 Rn 181; Hueck/Nipperdey, II/2, S. 1266; MünchArbR/Matthes, § 319 Rn 25

[386] vgl. oben Teil 2 C IV

Soweit die Betriebsvereinbarung fortgilt, ist die Frage beachtlich, wie und wann der Arbeitgeber die Betriebsvereinbarung beenden kann. Daß sie beendbar sein muß, ist Voraussetzung für den Fortbestand. Andernfalls würde die Betriebsvereinbarung zu einer unveränderbaren Zwangsordnung für den Arbeitgeber. Wie bereits oben in Teil 2 unter B. deutlich wurde, kommt die Kündigung allerdings nicht mehr in Betracht, nachdem der Betriebsrat weggefallen ist, denn die Kündigung muß dem anderen Vertragspartner gegenüber erklärt werden. Das ist zwar nicht ausdrücklich im BetrVG geregelt, aber indem das Gesetz in § 77 Abs. 5 BetrVG die Kündigung nennt, knüpft es an das allgemeine Vertragsrecht an. Es nimmt Bezug auf das im Zivilrecht verwendete Institut der Kündigung zur Beendigung von Dauerrechtsverhältnissen. Bezüglich dieses Instituts ist außer Streit, daß sie gegenüber der anderen Partei erklärt werden muß.[387]

II. Fortbestand der Betriebsvereinbarung auf der normativen Wirkebene trotz Wegfalls des Betriebsrats

1. Regelungsinhalt des normativen Teils der Betriebsvereinbarung vom Wegfall des Betriebsrats unberührt

Wie soeben deutlich wurde, entfaltet die Betriebsvereinbarung auf der Vertragsebene mit Wegfall des Betriebsrats keine Wirkung mehr. Für die normative Wirkebene hat das keine Auswirkungen, denn die normative Wirkebene bleibt weiterhin sinnvoll. Das konnte bereits im Zusammenhang mit der Betrachtung der Parallelproblematik des Tarifvertragsrechts, der Auflösung einer Tarifvertragspartei, herausgearbeitet werden.[388] Die Betriebsvereinbarung ist die typische Regelungsform der Mitbestimmung im Betrieb. Deshalb gelten auch für sie die allgemeinen Verhaltensanforderungen, die das BetrVG für die Beziehung zwischen Arbeitgeber und Betriebsrat vorsieht. Gemäß § 2 Abs. 1 BetrVG haben beide Betriebspartner zum Wohl der Arbeitnehmer und des Betriebes zusammenzuarbeiten. Da die betrieblichen Interessen häufig den Interessen der Arbeitnehmer entgegengesetzt sein werden, läßt sich die Betriebsvereinbarung auch als Kompromiß, als Interessenausgleich der Belange des Betriebes und der Arbeitnehmer verstehen. Die Beteiligung des Betriebsrats zielt darauf ab, bei den Entscheidungen des Arbeitgebers zu gewährleisten, daß die Interessen der Arbeitnehmer beachtet

---

387 vgl. AR-Blattei, Brune, SD 520 Rn 397; Fitting/Kaiser/Heither/Engels, § 77 Rn 137; Galperin/Löwisch, § 77 Rn 62; GK/Kreutz, § 77 Rn 315; Hess/Schlochauer/Glaubitz, § 77 Rn 214; MünchArbR/Matthes, § 319 Rn 39

388 vgl. Teil 2 C IV

werden; Sinn der Mitbestimmung ist der Schutz der Arbeitnehmer.[389] Einerseits wird das Recht des Arbeitgebers eingeschränkt, einseitige Anordnungen hinsichtlich des Inhalts des Arbeitsverhältnisses zu treffen, insbesondere sein Direktionsrecht,[390] andererseits werden den Arbeitsvertragsparteien Regelungsgegenstände entzogen, die diese andernfalls arbeitsvertraglich regeln könnten. Der einmal getroffene Interessenausgleich hängt nicht vom Bestand des Betriebsrats ab, denn die Interessen bestehen unabhängig vom Betriebsrat, der die der Arbeitnehmer nur gegenüber dem Arbeitgeber vertritt. Die Ordnungswirkung der Betriebsvereinbarung besteht auch nach Wegfall des Betriebsrats. Haben sich zum Beispiel Arbeitgeber und Betriebsrat auf eine Regelung hinsichtlich Torkontrollen geeinigt, bleibt diese Regelung auch nach Wegfall des Betriebsrats sinnvoll. Allerdings stellt sich die Frage, ob der Arbeitgeber möglicherweise wegen des Wegfalls des Einigungszwangs mit dem Betriebsrat eine Beendigung der Betriebsvereinbarung herbeiführen möchte.[391] Diese Absicht des Arbeitgebers ändert hingegen nichts daran, daß die Interessen des Betriebes und der Arbeitnehmer unverändert in der Betriebsvereinbarung ausgeglichen werden.

2. Normativer Teil der Betriebsvereinbarung ist objektives Recht

Nach Auffassung der herrschenden Meinung kommt dem normativen Teil der Betriebsvereinbarung die Geltung als Rechtsnorm zu.[392] Er hat damit die Qualität objektiven Rechts,[393] wie auch die Rechtsnormen des Tarifvertrages. Bereits im Zusammenhang mit der Betrachtung der Auswirkungen, die die Auflösung einer Tarifvertragspartei auf bestehende Tarifverträge hat, ist die Bedeutung der Eigenschaft als objektives Recht für den Fortbestand des

---

[389]BAG 13.7.1977, AP Nr 2 zu § 87 BetrVG Kurzarbeit, Bl. 3 (1 der Gründe); 17.12.1980, AP Nr 4 zu § 87 BetrVG Lohngestaltung, Bl. 3 (3 der Gründe); 18.4.1989, AP Nr 18 zu § 87 BetrVG Tarifvorrang, Bl. 3 (B II 2 a der Gründe); Däubler/Kittner/Klebe, Einl. Rn 66; Fitting/Kaiser/Heither/Engels, § 1 Rn 1, 163; Galperin/Löwisch, vor § 74 Rn 6; GK/Wiese, Einl. Rn 45, 49, § 87 Rn 89; Hess/Schlochauer/Glaubitz, § 87 Rn 7; v. Hoyningen-Huene, Betriebsverfassungsrecht, S. 6; Jahnke, Tarifautonomie und Mitbestimmung, S. 25-27; Kreutz, Grenzen der Betriebsautonomie, S. 239; vgl. Richardi, § 87 Rn 8; bzgl. der BV: Kreutz, Genzen der Betriebsautonomie, S. 154-197; 222-225, 239

[390]vgl. GK/Wiese, vor § 87 Rn 6

[391]vgl. oben Teil 2 C II, unten Teil 3 D II 2 b).

[392]Däubler/Kittner/Klebe/Berg, § 77 Rn 42; Fitting/Kaiser/Heither/Engels, § 77 Rn 109; Hess/Schlochauer/Glaubitz, § 77 Rn 3, 7; MünchArbR/Matthes, § 319 Rn 3; Stege/Weinspach, § 77 Rn 27; Waltermann, Rechtsetzung durch Betriebsvereinbarung, S. 93; a. A. AR-Blattei, Brune, SD 520 Rn 51-58; Galperin/Löwisch, § 77 Rn 36; GK/Kreutz, § 77 Rn 193; Hanau, RdA 1989, S. 207 (208); Kreutz, Grenzen der Betriebsautonomie, S. 76-98

[393]BAG 25.3.1971, E 23, S. 257 (270, III 1 a der Gründe); Stege/Weinspach, § 77 Rn 27; G. Hueck, Betriebsvereinbarung, S. 27-29

normativen Teils eines Kollektivvertrages trotz Fortfalls einer Vertragspartei deutlich geworden.[394] Mit dieser Qualifizierung wird Bezug genommen auf die Unterscheidung von Rechtsgeschäft und objektivem Recht.[395] Bemerkenswert an der Qualifizierung sind im vorliegenden Zusammenhang weniger die damit verbundenen inhaltlichen Folgerungen, die aus der Einordnung der Betriebsvereinbarung als objektives Recht gezogen werden könnten, als mehr die Annahmen, die zu dieser Einordnung führen.

Objektives Recht soll dadurch gekennzeichnet sein, daß es sich gegen den Willen der Unterworfenen durchsetzt, d. h. es gilt fremdbestimmt.[396] Das ist für die Geltung der Betriebsvereinbarung gegenüber den Arbeitnehmern zu bejahen.[397] Zwar ist der Arbeitgeber selbst Partei der Betriebsvereinbarung. Gegenüber den Arbeitnehmern ist die Geltung hingegen rechtsgeschäftlich nicht zu erklären.[398] Die Arbeitnehmer haben nicht nur keinen unmittelbaren Einfluß auf den Abschluß und auf die Beendigung der Betriebsvereinbarung, sondern sie haben sich auch nicht der Geltung der Vereinbarungen zwischen Betriebsrat und Arbeitgeber unterworfen.[399] Weder ist der Eintritt des Arbeitnehmers in den Betrieb des Arbeitgebers durch Abschluß des Arbeitsvertrages eine Unterwerfung des neu eingestellten Arbeitnehmers.[400] Denn die Bindung an die Betriebsvereinbarung besteht unabhängig vom Willen

---

[394]vgl. oben Teil 2 C II 1

[395]Richardi, Kollektivgewalt, S. 21, 23

[396]Bucher, Normsetzungsbefugnis, S. 87f; Bühler, Rechtsquellenlehre, Bd. 3, S. 29; Enneccerus/Nipperdey, Allgemeiner Teil, I. Halbband, S. 210; GK/Kreutz, § 77 Rn 185; H. Henkel, Rechtsphilosophie, S. 118; Jacobi, Grundlehren, S. 76; Kirchhof, Private Rechtsetzung, S. 84; Kreutz, Betriebsautonomie, S. 55; Kriele, Vernunft, S. 25f; Larenz, Allgemeiner Teil, S. 6; Lehmann/Hübner, Allgemeiner Teil, S. 13; Richardi, Kollektivgewalt, S. 33f; Zöllner, Rechtsnatur der Tarifnormen, S. 29f; vgl. Richardi, § 77 Rn 61

[397]Belling, Haftung des BR, S. 54; Beuthien, ZfA 1983, S. 141 (164); Heinze, ZfA 1988, S. 53 (62); ders, NZA 1989, S. 41 (42); Konzen, FS Wolf, S. 279 (295); Kreutz, Grenzen der Betriebsautnonomie, S. 74; Richardi, Kollektivgewalt, S. 313; Rüthers, in: Rüthers/Boldt, Zwei arbeitsrechtliche Vorträge (1970), S. 7 (27); vgl. Richardi, § 77 Rn 61

[398]Richardi, Kollektivgewalt, S. 313f; Waltermann, Rechtsetzung durch Betriebsvereinbarung, S. 88

[399]Richardi, Kollektivgewalt, S. 313, 317

[400]Biberacher, Betriebliche Rechtssetzungsmacht, S. 17f; Canaris, ArbuR 1966, S. 129 (139); GK/Kreutz, § 77 Rn 186; H. Hanau, Individualautonomie, S. 60; G. Hueck, Betriebsvereinbarung, S. 17; Kirchhof, Private Rechtsetzung, S. 213; Konzen, ZfA 1985, S. 469 (485); Kreutz, Grenzen der Betriebsautonomie, S. 64-66; Richardi, Kollektivgewalt, S. 313f; Staschik, Betriebsvereinbarung, S. 10-13; Waltermann, Rechtsetzung durch Betriebsvereinbarung, S. 89

des Arbeitnehmers.[401] Noch stellt die Wahl des Betriebsrats eine freiwillige Unterwerfung dar,[402] weil die Wahlentscheidung des einzelnen die Zusammensetzung des Betriebsrats nur im Zusammenwirken mit anderen beeinflußt.[403] Auch die bei der Wahl überstimmte Minderheit ist an die Betriebsvereinbarung gebunden.[404]

Mit der Feststellung, die Betriebsvereinbarung schaffe objektives Recht, ist jedoch für das vorliegende Problem nicht viel erreicht, weil so nur eine begriffliche Klärung vorgenommen wird, aber keine weitergehenden Folgerungen ermöglicht werden. Zwar läßt sich argumentieren, daß objektives Recht eine gegenüber Vertragsrecht erhöhte Bestandsdauer habe. So ist anerkannt, daß objektives Recht über die Existenz der Instanz, die er hervorgebracht hat, hinaus gelten soll.[405] Nur ist der Grund hierfür nicht die Geltung als objektives Recht, sondern es sind die Eigenarten, die mit der selbstherrlichen Geltung zusammenhängen: Es sind eben die personenunabhängigen Inhalte, die generell-abstrakten Regelungen, die zu einer erhöhten Bestandsdauer führen. So ist einerseits anerkannt, daß Rechtssätze grundsätzlich nur durch gesetzliche oder gewohnheitsrechtliche Aufhebung wegfallen.[406] Etwas anderes soll aber andererseits dann gelten, wenn sich die Verhältnisse, auf die sich der Rechtssatz bezieht, für immer verändert haben[407] oder wenn die Körperschaft, für die das objektive Recht geschaffen worden ist, nur für einen bestimmten Zweck geschaffen worden ist und dieser Zweck weggefallen ist.[408] Das ist ein zusätzliches Argument für die inhaltliche

---

[401] Biberacher, Betriebliche Rechtssetzungsmacht, S. 18; Kirchhof, Private Rechtsetzung, S. 213; Konzen, ZfA 1985, S. 469 (485); Kreutz, Grenzen der Betriebsautonomie, S.65; Waltermann, Rechtsetzung durch Betriebsvereinbarung, S. 89

[402] Biberacher, Betriebliche Rechtssetzungsmacht, S. 18f; H. Hanau, Individualautonomie, S. 61f; Kreutz, Grenzen der Betriebsautonomie, S. 66-73; Staschik, Betriebsvereinbarung, S. 13f; Waltermann, Rechtsetzung durch Betriebsvereinbarung, S. 91; a. A. Jahnke, Tarifautonomie, S. 110f

[403] Kreutz, Grenzen der Betriebautonomie, S.69; Waltermann, Rechtsetzung durch Betriebsvereinbarung, S. 91f

[404] Kreutz, Grenzen der Betriebautonomie, S.69; Waltermann, Rechtsetzung durch Betriebsvereinbarung, S. 92

[405] Ossenbühl, Allgemeines Verwaltungsrecht, S. 170

[406] Enneccerus-Nipperdey, Allgemeiner Teil, I. Halbband, S. 287; Forsthoff, Band I, S. 150; Wolff/Bachof/Stober, Verwaltungsrecht I, S. 297

[407] Enneccerus/Nipperdey, Allgemeiner Teil, I. Halbband, S. 288; Wolff/Bachof/Stober, Verwaltungsrecht I, S. 298

[408] Blomeyer, SAE 1972, S. 109 (112); Krischker, Tarifverbandsauflösung, S. 58-65

Richtigkeit der Rechtsprechung des BAG,[409] die trotz rechtsgeschäftlichen Betriebsübergangs vom Fortbestand der Betriebsvereinbarung ausgeht, es sei denn, mit dem Betriebsübergang sei ein Verlust der Betriebsidentität verbunden. Nur in diesem Fall ist der Betrieb nicht mehr identisch, so daß sich dann die Verhältnisse, die bei Geltung der Betriebsvereinbarung bestanden, wesentlich geändert haben. Ebenso wird aber auch deutlich, daß die Argumentation mit Hilfe der Eigenschaft des normativen Teils der Betriebsvereinbarung als objektives Recht nicht überzeugen kann. Nicht weil diese Regelungen der Betriebsvereinbarung objektives Recht sind, müssen sie trotz Wegfalls des Betriebsrats fortbestehen können. Denn auch als objektives Recht muß die Betriebsvereinbarung enden, wenn sich die innerbetrieblichen Verhältnisse im Zuge des Wegfalls des Betriebsrats schwerwiegend ändern. Vielmehr ist der Grund für die Annahme des Fortbestands, daß der Regelungsgegenstand auf den Betrieb, auf die Rechtsbeziehung des Arbeitgebers zu seinen Arbeitnehmern bezogen ist, nicht auf den Betriebsrat. Das ist allerdings schon eben unter 1. deutlich geworden.

III. Betriebsratsfähigkeit des Betriebes ist Geltungsvoraussetzung der Betriebsvereinbarung auf der normativen Wirkebene

Die Betriebsvereinbarung schafft, wie soeben unter II. 1. hervorgehoben wurde, einen Ausgleich zwischen den Interessen der Arbeitnehmer und des Arbeitgebers. Dieser Ausgleich erfolgt, indem Arbeitgeber und Betriebsrat sich auf die Regelungen vertraglich einigen. Hierbei nimmt der Betriebsrat typischerwiese die Interessen der Arbeitnehmer wahr. Der Betriebsrat ist Repräsentant,[410] nach anderer Auffassung Organ[411] der Belegschaft. Er wird von der Belegschaft gewählt, die Arbeitnehmer setzen ihn als ihre Vertretung in das Amt. Außerdem sind die Mitglieder des Betriebsrats selbst Arbeitnehmer im Betrieb und werden schon deshalb die Interessen der Arbeitnehmer besonders zu wahren suchen.

---

409 BAG 23.11.1988, AP Nr 77 zu § 613a BGB, Bl. 3 (unter I 2 a aa); 5.2.1991, AP Nr 89 zu § 613a BGB, Bl. 8R (unter IV 2 c cc); 27.7.1994, AP Nr 118 zu § 613a BGB, Bl. 4, 4R (unter B. II.)

410 AR-Blattei, Säcker, (D), Betriebsvereinbarung I, C I; v. Hoyningen-Huene, Betriebsverfassungsrecht, S. 46; Hueck/Nipperdey, II/2, S. 1091; Richardi, Einl. Rn 97; vgl. Däubler/Kittner/Klebe/Schneider, Einl. Rn 112; GK/Kraft, § 1 Rn 50

411 BAG 6.7.1955, E 2, S. 50 (54); 6.11.1959, E 8, S. 207 (212, II 3 der Gründe); 19.7.1977, AP Nr 1 zu § 77 BetrVG, Bl. 3f (1 b der Gründe); 27.6.1989, SAE 1990, S. 162 (164, B II 2 b aa der Gründe); Repräsentant und Organ: Galperin/Löwisch, vor § 1 Rn 19

1. Herrschaft der Betriebspartner?

Beide Betriebspartner schaffen aber nicht nur die kollektive Ordnung des Betriebes durch die Vereinbarung von Betriebsvereinbarungen. Sie üben auch weiterhin die Herrschaft über die Betriebsvereinbarungen aus. Denn sie können jederzeit gemeinsam die bestehenden Betriebsvereinbarungen ersatzlos aufheben[412] bzw. durch neue Betriebsvereinbarungen ablösen.[413] Auch der einzelne Betriebspartner kann eine Änderung der Betriebsvereinbarung gegen den Willen des anderen herbeiführen. Freiwillige Betriebsvereinbarungen werden durch die Kündigung beendet. Erzwingbare Betriebsvereinbarungen wirken gemäß § 77 Abs. 6 BetrVG nach Wirksamwerden der Kündigung nach, bis sie durch eine andere Regelung der Betriebspartner abgelöst werden - hier wirkt die Kündigung und die Möglichkeit der Anrufung der Einigungsstelle als Auslöser von Neuverhandlungen.

Diese Herrschaft ist nach Wegfall des Betriebsrats nicht mehr möglich - scheinbar auch nicht für den Arbeitgeber, dessen Kündigungsrecht ohne Betriebsrat wirkungslos ist. Weil die Regelungsinhalte der Betriebsvereinbarung auf der normativen Wirkebene fortbestehen, ist zu überlegen, welche Voraussetzungen gegeben sein müssen, damit die Betriebsvereinbarung auf der normativen Wirkebene fortbestehen kann. Auf Seiten des Arbeitgebers ist das unter anderem eine weiterhin bestehende Beendigungsmöglichkeit der Betriebsvereinbarung. Weil erstens die Betriebsvereinbarung nicht nur die Interessen der Arbeitnehmer, sondern auch die des Betriebes, also des Arbeitgebers, wahren muß und sich zweitens die tatsächlichen und rechtlichen Verhältnisse nach Wegfall des Betriebsrats ändern können, muß es dem Arbeitgeber möglich sein, die Betriebsvereinbarung zu beenden. Ist das möglich, besteht aus Sicht des Arbeitgebers kein Einwand gegen den Fortbestand der normativen Wirkebene. Da sich auch aus Sicht der Arbeitnehmer die tatsächlichen und rechtlichen Verhältnisse ändern können, kann für sie ebenfalls die Beendigung der Betriebsvereinbarung geboten sein. Das ist ohne Betriebsrat nicht möglich.

---

[412] AR-Blattei, Brune, SD 520 Rn 406; Däubler/Kittner/Klebe/Berg, § 77 Rn 46; Fitting/Kaiser/Heither/Engels, § 77 Rn 128; GK/Kreutz, § 77 Rn 307; Hess/Schlochauer/Glaubitz, § 77 Rn 216; MünchArbR/Matthes, § 319 Rn 36; Richardi, § 77 Rn 179

[413] BAG 17.3.1987, AP Nr 9 zu § 1 BetrAVG Ablösung, Ls. 1, Bl. 4 (I 3 c der Gründe); AR-Blattei, Brune, SD 520 Rn 457; Däubler/Kittner/Klebe/Berg, § 77 Rn 12, 46; ErfK/Hanau/Kania, § 77 BetrVG Rn 75; GK/Kreutz, § 77 Rn 308; Hess/Schlochauer/Glaubitz, § 77 Rn 216; MünchArbR/Matthes, § 319 Rn 36; Richardi, § 77 Rn 159, 180; vgl. zu den Grenzen: BAG GS 16.9.1986, EzA § 77 BetrVG Nr 17, S. 97 (C II 5 der Gründe); 21.1.1992, EzA § 1 BetrAVG Ablösung, S. 5 (I 1 der Gründe)

Allerdings - und hier besteht der wesentliche Unterschied zur Rechtslage bezüglich des Arbeitgebers - können die Arbeitnehmer auch bei bestehendem Betriebsrat die Kündigung der Betriebsvereinbarung nicht erzwingen. Denn dem Betriebsrat wird kein imperatives Mandat erteilt.[414] Zwar hat er gemäß § 43 Abs. 1 S. 1 BetrVG einmal in jedem Kalendervierteljahr der Belegschaft in einer Betriebsversammlung einen Tätigkeitsbericht zu erstatten, so daß in dieser Betriebsversammlung Gelegenheit zur Aussprache und zur Kritik an der Amtsführung des Betriebsrats gegeben ist. Aber die Arbeitnehmer können dem Betriebsrat keine verbindlichen Weisungen erteilen.[415] Die Einflußmöglichkeit beschränkt sich darauf, daß die Belegschaft einen Betriebsrat wählt, der für sie ihre Interessen wahrnimmt und damit auch die Herrschaft über die bestehenden Betriebsvereinbarungen ausübt. Damit ist gleichzeitig die Geltungsvoraussetzung der normativen Wirkebene genannt. Wenn der einzige rechtlich erhebliche Einfluß der Belegschaft auf Abschluß und Beendigung einer Betriebsvereinbarung in der Wahl des Betriebsrats besteht, ist zugleich das Recht zur Wahl eines Betriebsrats konstitutiv für bestehende Betriebsvereinbarungen.

Es kommt also maßgeblich darauf an, daß die Wahl eines Betriebsrats weiterhin zulässig ist. Denn durch Neuwahl eines Betriebsrats kann die Belegschaft erreichen, daß dieser die Herrschaft über die bestehenden Betriebsvereinbarungen ausübt, diese insbesondere kündigt. Ist hingegen die Wahl eines Betriebsrats nicht einmal mehr zulässig, weil der Betrieb nicht mehr betriebsratsfähig ist (Fallgruppe 3), dann müssen die bestehenden Betriebsvereinbarungen enden. Etwas anderes gilt nur dann, wenn der Betriebsrat trotz Verlustes der Betriebsfähigkeit im Betrieb nicht ersatzlos fortfällt. Das wird von der weit überwiegenden Meinung in Literatur und Rechtsprechung für den Fall der Betriebsänderung bei Betriebsstillegung angenommen. Insoweit wird von einem Restmandat des bisherigen Betriebsrats ausgegangen, bis hinsichtlich der konkreten Betriebsänderung keine mitbestimmungspflichtigen Regelungen mehr zu vereinbaren sind.[416] Das ist

---

[414]Fitting/Kaiser/Heither/Engels, § 1 Rn 160; § 42 Rn 10; § 45 Rn 29; Hess/Schlochauer/Glaubitz, § 45 Rn 22; MünchArbR/v. Hoyningen-Huene, § 292 Rn 48; Richardi, § 45 Rn 22

[415]Däubler/Kittner/Klebe/Berg, § 42 Rn 2; Fitting/Kaiser/Heither/Engels, § 42 Rn 10; § 45 Rn 29; Galperin/Löwisch, § 45 Rn 17, 20; GK/Fabricius, § 45 Rn 75; Hess/Schlochauer/Glaubitz, § 45 Rn 22; MünchArbR/Joost, § 304 Rn 77; Richardi, § 45 Rn 22, 29

[416]BAG 14.11.1978, AP Nr 6 zu § 59 KO, Bl. 1R (2 der Gründe); 30.10.1979, AP Nr 9 zu § 112 BetrVG, Bl. 1Rf (II 1 der Gründe); 24.3.1981, AP Nr 12 zu § 112 BetrVG, Bl. 3R (II 2 der Gründe); 20.4.1982, AP Nr 15 zu § 112 BetrVG, Bl. 1R (I 1 der Gründe); 16.6.1987, AP

ein Sonderfall, dessen Ursache darin begründet ist, daß der Betrieb in Vollzug der Betriebsstillegung typischerweise seine Betriebsratsfähigkeit verliert und gleichzeitig das Bedürfnis nach Mitbestimmung, insbesondere den Abschluß eines Sozialplans, noch besteht.

2. Betriebsvereinbarung als für Arbeitnehmer fremdbestimmte Ordnung

Dieses Ergebnis bestärkt ein weiterer Gesichtspunkt. Wie soeben dargelegt wurde, schafft die Betriebsvereinbarung aus Sicht der Arbeitnehmer eine *fremdbestimmte Ordnung*. Sie wirkt ihnen gegenüber gemäß der Anordnung in § 77 Abs. 4 S. 1 BetrVG normativ. Hierfür ist die Wahl des Betriebsrats wesentliches Element. Das wird erkennbar, wenn das Tätigwerden des Betriebsrats als eines der beiden Betriebspartner, die die Rechtsnormen der Betriebsvereinbarung hervorbringen, näher betrachtet wird. Nach Auffassung des BAG bezieht der Betriebsrat seine Legitimation zur Wahrnehmung der Mitbestimmungs- und Mitwirkungsrechte aus der Wahl durch die Belegschaft.[417] Bereits weiter oben (Teil 2 E. II. 1.) wurde auf diese Rechtsprechung hingewiesen, die dazu führt, daß Ruheständler von bestehenden Betriebsvereinbarungen nicht erfaßt werden. Indem das Gesetz in § 1 BetrVG klarstellt, daß der Betriebsrat von der Belegschaft gewählt wird, macht es deutlich, daß es an die Grundsätze der repräsentativen Demokratie anknüpft. Aus diesem Grund läßt sich vermuten, daß es dem Gesetzgeber gerade darauf ankam, daß nur ein von der Belegschaft durch Wahl legitimierter Betriebsrat diese Ordnung begründen darf. Deshalb dürfen Betriebsvereinbarungen nur dann vereinbart werden, wenn die Belegschaft, der gegenüber die Betriebsvereinbarung eine fremdbestimmte Ordnung schafft, ihre Interessenvertretung auch für die Vereinbarung von Betriebsvereinbarungen durch Wahl in das Amt gesetzt hat. Wenn die Wahl für die *Vereinbarung* von Betriebsvereinbarungen wesentlich ist, dann ist sie auch für die *Ausübung der*

Nr 20 zu § 111 BetrVG, Bl. 3R (II 2 b der Gründe); LAG Hamm 23.10.1975, EzA § 112 BetrVG Nr 10, Ls. 3, S. 31-33 (II 1 der Gründe); LAG Niedersachsen 25.2.1976, ArbuR 1976, S. 312f; Biebl, Restmandat, S. 35-41; ders., ArbuR 1990, S. 307 (311f); Däubler/Kittner/Klebe/Buschmann, § 21 Rn 40f; ErfK/Eisemann, § 21 BetrVG Rn 6; Fitting/Kaiser/Heither/Engels, § 21 Rn 54; Galperin/Löwisch, § 21 Rn 21, § 111 Rn 9; Hess/Schlochauer/Glaubitz, § 21 Rn 26; Kissel, FG Söllner, S. 143 (149-152); Richardi, § 21 Rn 17, § 111 Rn 26; einschränkend: GK/Wiese, § 21 Rn 54 (nur für anhängige gerichtliche Verfahren oder Verfahren vor der Einigungsstelle); Weiss/Weyand, § 21 Rn 7; a. A. LAG Düsseldorf 26.3.1975, BB 1976, S. 602; Hanau, ZfA 1974, S. 109; Richardi, Sozialplan und Konkurs, S. 39

[417] BAG 16.3.1956, E 3, S. 1 (9); 25.10.1988, EzA § 77 BetrVG Nr 26, S. 6 (I 2 c der Gründe); vgl. Canaris, JuS 1989, S. 161 (167)

Herrschaft über bestehende Betriebsvereinbarungen durch die Betriebspartner wesentlich. Das heißt aber auch, daß die fremdbestimmte Ordnung dann nicht mehr Bestand haben kann, wenn die Belegschaft wegen Verlusts der Betriebsratsfähigkeit (Fallgruppe 3) keinen neuen Betriebsrat mehr wählen kann, der in ihrem Interesse die Betriebsvereinbarung beherrscht und ein früher gewählter auch kein Restmandat mehr hat.

Die Eigenschaft der Betriebsvereinbarung als gegenüber den Arbeitnehmern fremdbestimmte Ordnung führt in der Literatur zu Streit darüber, wie die Normwirkung bzw. Normgeltung der Betriebsvereinbarung rechtstheoretisch zu erklären ist. Darum soll es in dieser Untersuchung indes nicht gehen. Egal, ob die Betriebspartner die Betriebsvereinbarung kraft privatrechtlicher oder öffentlich-rechtlicher Delegation,[418] aufgrund gesetzlicher Erteilung einer Autonomieermächtigung,[419] als privatheteronomes Rechtsgeschäft[420] oder durch Vertrag mit dem staatlichen Geltungsbefehl zur Schaffung materiellen Gesetzes[421] vereinbaren, ist die vorhergehende Wahl des Betriebsrats Geltungsvoraussetzung für die Betriebsvereinbarung. Die verschiedenen Lehren versuchen zu erklären, warum Privatpersonen normative Regelungen vereinbaren können. Es wird nach der rechtstheoretischen Begründung für die normative Wirkung gesucht. Die hier angesprochene Voraussetzung dient demgegenüber dazu, unabhängig von dieser Begründung eine wesentliche Voraussetzung herauszuarbeiten, die das BetrVG an die normative Geltung knüpft.

---

418 Adomeit, Rechtsquellenfragen, S. 136-138, 146 mit Fn 477; Biberacher, Betriebliche Rechtssetzungsmacht, S. 36-45; Belling, Anm. zu BAG, EzA § 620 BGB Altersgrenze Nr 1, S. 27; E. R. Huber, Wirtschaftsverwaltungsrecht II, S. 521; W. Müller, Grenzen der normativen Gestaltungswirkung der Betriebsvereinbarung, S. 71-87; Neumann-Duesberg, S. 371f

419 Canaris, ArbuR 1966, S. 129; Enneccerus/Nipperdey, Allgemeiner Teil, Band I, 1. Halbband, S. 279f; Hueck/Nipperdey, II/2, S. 1275f, 1669; AR-Blattei, Säcker, (D), Betriebsvereinbarung, C III 2; G. Hueck, Betriebsvereinbarung, S. 28; Säcker, Gruppenautonomie, S. 243 Fn 24, 344; Strasser, Betriebsvereinbarung, S. 149; Staschik, Betriebsvereinbarung, S. 21; Nebel, Normen des Betriebsverbandes, S. 200-205

420 GK/Kreutz, § 77 Rn 193; Kreutz, Grenzen der Betriebsautonomie, S. 99-114; Canaris, JuS 1989, S. 161 (167); H. Hanau, Individualautonomie und Mitbestimmung, S. 68; Hönn, Kompensation gestörter Vertragsparität, S. 213; Nause, Grenzen der Regelungsbefugnis, S. 92-94; Kempen, RdA 1994, S. 140 (148, 150f)

421 Kirchhof, Private Rechtsetzung, S. 139f; Waltermann, Rechtsetzung durch Betriebsvereinbarung, S. 135-142; ders., NZA 1996, S. 357 (361)

C. Entscheidungsleitende Wertungsgesichtspunkte für das Lossagungsrecht des Arbeitgebers

Es hat sich soeben gezeigt, daß die Betriebsvereinbarung mit Verlust der Betriebsratsfähigkeit (Fallgruppe 3) fortfallen muß. Zudem ist deutlich geworden, daß für die übrigen Fallgruppen keine dogmatischen Einwände gegen den Fortbestand der Betriebsvereinbarung über den Zeitpunkt des Wegfalls des Betriebsrats hinaus bestehen. Voraussetzung ist einzig, daß der Arbeitgeber ein Recht zur Beendigung der Betriebsvereinbarung hat. Allerdings muß dieses Lossagungsrecht Einschränkungen unterliegen. Bereits in der Auseinandersetzung um das Kündigungsrecht des Arbeitgebers (oben Teil 2 B. I. 3.) wurde angesprochen, daß zwischen den Fallgruppen, in die sich der Wegfall des Betriebsrats einteilen läßt, unterschieden werden muß. Für die jeweilige Fallgruppe gelten Besonderheiten bezüglich des Lossagungsrechts - das wird weiter unten zu zeigen sein.[422] Maßgebliches Abgrenzungskriterium ist hierbei die Zurechnung des Wegfalls des Betriebsrats. Ausgangspunkt ist die Eigenschaft der Betriebsvereinbarung, einen Interessenausgleich zwischen Arbeitgeber und Arbeitnehmer zu schaffen. Der Wegfall dieses Interessenausgleichs wirkt sich dann zu Lasten einer der Arbeitsvertragsparteien aus, wenn das, was an die Stelle der Betriebsvereinbarung tritt, die Interessen dieser Partei weniger wahrt. Unter Gerechtigkeitsgesichtspunkten erscheint es angeraten, daß dieser Nachteil nur dann zum Vorteil des anderen eintritt, wenn nicht ihm, sondern der benachteiligten Partei der Wegfall des Betriebsrats zugerechnet werden kann. Es geht also im folgenden darum zu überlegen, für welche Betriebsvereinbarung beim Arbeitgeber bzw. Arbeitnehmer ein Interesse am Fortbestand besteht (I.), wem der Wegfall des Betriebsrats in welcher Fallgruppe zuzurechnen ist (II.) und welche Folgerungen sich daraus für das Beendigungsrecht des Arbeitgebers ergeben (III.).

I. Darstellung der Interessen von Arbeitgeber und Arbeitnehmer am Bestand der Betriebsvereinbarungen

1. Darstellung der Interessen des Arbeitgebers

Soweit die Betriebsvereinbarung ausschließlich Rechte und Pflichten zwischen Arbeitgeber und Betriebsrat entfaltet, ergeben sich mit dem Wegfall des Betriebsrats aus ihr keine Rechtsfolgen für den Arbeitgeber. Insoweit wird dem Arbeitgeber der Fortbestand oder Wegfall der Betriebsvereinbarung gleichgültig sein. Das bezieht sich auf Betriebsvereinbarungen, die gemäß der

---

[422] siehe unter Teil 3 D II 1-3

Regelungen in den §§ 38 Abs. 1 S. 2; 47 Abs. 4, 5, 6; 55 Abs. 4; 76 Abs. 1 S. 2, Abs. 4, 76a Abs. 5; 98 Abs. 4; 102 Abs. 4; 109 Abs. 1 BetrVG abgeschlossen worden sind.

Etwas anderes gilt für solche Betriebsvereinbarungen, die zumindest auch normative Regelungen enthalten. Ob die Arbeitsvertragsparteien hierbei ein Interesse am Erhalt der Betriebsvereinbarungen haben, hängt davon ab, welche Regelungsinhalte die Kollektivvereinbarungen haben. Deshalb wird danach unterschieden, ob die Betriebsvereinbarung individualvertragliche Regelungen ersetzt oder das einseitige Anordnungs-, insbesondere Direktionsrecht des Arbeitgebers[423] einschränkt. Zusätzlich wird zwischen freiwilligen und erzwingbaren Betriebsvereinbarungen unterschieden. Denn zum einen wird es einen Unterschied machen, ob die Betriebsvereinbarung aufgrund der gesetzlichen Anordnung des Einigungszwangs, gar durch Spruch der Einigungsstelle, oder aufgrund einer frei gebildeten Willensübereinstimmung zwischen den Betriebsparteien zustandegekommen ist.[424] Zum anderen führt die erhöhte Bestandsdauer von Regelungen in erzwingbaren Betriebsvereinbarungen, die wegen der in § 77 Abs. 6 BetrVG angeordneten Nachwirkung besteht, zu anderen Interessen der Arbeitsvertragsparteien.

a) Erzwingbare Mitbestimmung

aa) Ersetzung individualvertraglicher Vereinbarungen

Im Rahmen des § 87 Abs. 1 BetrVG werden individualvertragliche Vereinbarungen zwischen den Arbeitsvertragsparteien bei Regelungen über die vorübergehende Verkürzung bzw. Verlängerung der betriebsüblichen Arbeitszeit (Nr. 3) ersetzt. Gleiches gilt für die Regelung von Fragen im Zusammenhang mit der Auszahlung der Arbeitsentgelte (Nr. 4) sowie für die Festsetzung der Akkord- und Prämiensätze und vergleichbarer leistungsbezogener Entgelte (Nr. 11).

Soweit im Betrieb gerade aufgrund einer Betriebsvereinbarung Kurzarbeit erbracht wird oder diese unmittelbar bevorsteht, hat der Arbeitgeber ein großes Erhaltungsinteresse am Kollektivvertrag. Denn der ersatzlose Wegfall der Betriebsvereinbarung ließe die Anspruchsgrundlage des Arbeitgebers für die Kurzarbeit entfallen - jedenfalls sofern der Arbeitgeber nicht gleichzeitig eine individualvertragliche Vereinbarung getroffen hat. Letztere wird im Normalfall nicht bestehen, weil der Arbeitgeber wegen des gesetzlichen Zwangs zur Einigung mit dem Betriebsrat insoweit doppelten Aufwand treiben würde - denn er muß sich in dieser Frage in jedem Fall mit dem Betriebsrat einigen und

---

[423]vgl. GK/Wiese, vor § 87 Rn 6

[424]vgl. Leinemann, DB 1990, S. 732 (737)

diese Einigung findet nach Auffassung der herrschenden Meinung auch dann vor der arbeitsvertraglichen Vereinbarung Anwendung, wenn letztere für den Arbeitnehmer günstiger ist.[425] Anderes gilt für die Anordnung von Überarbeit. Denn insoweit wird vertreten, daß der Arbeitgeber Überarbeit einseitig - auch ohne entsprechende Klausel im Arbeitsvertrag - anordnen darf, wenn es um außergewöhnliche Fälle (vgl. § 14 AZG) geht.[426] Für diese außergewöhnlichen Fälle hat er kein rechtliches Interesse am Erhalt einer die Überarbeit regelnden Betriebsvereinbarung. Außerhalb dieser Fälle bedarf es einer Vereinbarung im Arbeitsvertrag, insoweit ist der Arbeitgeber am Bestand der Betriebsvereinbarung interessiert, wenn entsprechende Klauseln in den Arbeitsverträgen fehlen. In den beiden übrigen Fällen, in denen das BetrVG die Ersetzung einzelvertraglicher Vereinbarungen durch eine Einigung zwischen Arbeitgeber und Betriebsrat anordnet, gelten ohne betrieblichen Einigung die gesetzlichen Regelungen der §§ 614, 269 Abs. 1, 270 Abs. 1, 4, 612 Abs. 2 BGB. Hier kann der Wegfall der Betriebsvereinbarung im Interesse des Arbeitgebers liegen, weil die gesetzliche Regelung für ihn günstiger sein kann. Hat er zum Beispiel bisher oberhalb des üblichen Lohnniveaus nach Akkord gezahlt, erzwungen durch das Mitbestimmungsrecht des Betriebsrats gemäß § 87 Abs. 1 Nr. 11 BetrVG, verringert sich der Akkordsatz mit Ende der Betriebsvereinbarung auf die übliche Höhe (§ 612 Abs. 2 BGB). Der Fortfall der Betriebsvereinbarung, nach der der Arbeitgeber zur Zahlung einer Kontoführungspauschale verpflichtet ist - mitbestimmungspflichtig gemäß § 87 Abs. 1 Nr. 4 BetrVG als annexe Regelungskompetenz -,[427] ließe den Anspruch der Arbeitnehmer auf diese Pauschale ersatzlos entfallen. Denn eine entsprechende gesetzliche Regelung fehlt. Gleiches gilt für Abmachungen zwischen Arbeitgeber und Betriebsrat, aufgrund derer den Arbeitnehmern ein Ausgleich für besondere Belastungen bei Erbringung der vertraglich

---

[425] BAG 15.12.1961, AP Nr 1 zu § 615 BGB Kurzarbeit, Bl. 2R (5 der Gründe); 7.4.1970, AP Nr 3 zu § 615 BGB Kurzarbeit, Bl. 1R (I 1 der Gründe); 14.2.1991, AP Nr 4 zu § 615 BGB Kurzarbeit, Bl. 2R (IV 3 der Gründe); Däubler/Kittner/Klebe/Berg, § 77 Rn 19a; Fitting/Kaiser/Heither/Engels, § 87 Rn 153; Galperin/Löwisch, § 87 Rn 106; GK/Wiese, § 87 Rn 82, 313; Hess/Schlochauer/Glaubitz, § 87 Rn 205; MünchArbR/Matthes, § 328 Rn 50; Richardi, § 87 Rn 439; a.A. Söllner, Anm. zu BAG AP Nr 2 zu § 615 BGB Kurzarbeit, Bl. 3R; Waltermann, NZA 1993, S. 679 (681-684); Zöllner/Loritz, Arbeitsrecht, S. 567

[426] Schaub, Arbeitsrechtshandbuch, S. 319

[427] BAG 8.3.1977, AP Nr 1 zu § 87 BetrVG Auszahlung, Ls. 1, Bl. 2R (II 2 der Gründe); 5.3.1991, AP Nr 11 zu § 87 BetrVG Auszahlung, Bl. 1R (1 der Gründe); 10.8.1993, AP Nr 12 zu § 87 BetrVG Auszahlung, Bl. 2R (III 1 der Gründe); Däubler/Kittner/Klebe, § 87 Rn 109; Fitting/Kaiser/Heither/Engels, § 87 Rn 181; Galperin/Löwisch, § 87 Rn 123; MünchArbR/Matthes, § 328 Rn 10; Richardi, § 87 Rn 467; Weiss/Weyand, § 87 Rn 39; a. A. GK/Wiese, § 87 Rn 302f; Hess/Schlochauer/Glaubitz, § 87 Rn 251

geschuldeten Leistung gewährt wird (§ 91 BetrVG). Zusammenfassend ist festzustellen, daß der Arbeitgeber - mit Ausnahme der Regelungen zu § 87 Abs. 1 Nr. 3 BetrVG - grundsätzlich geneigt sein wird, sich von den Bindungen der Betriebsvereinbarung zu lösen.

Allerdings muß das nicht so sein. Gegen ein Interesse des Arbeitgebers an einer sofortigen Änderung spricht, daß die Betriebsvereinbarung die Arbeitsverhältnisse im Betrieb für alle Arbeitnehmer oder für Gruppen von Arbeitnehmern einheitlich regelt. Insoweit gilt dasselbe wie für den Tarifvertrag. Für diesen ist die Ordnungsfunktion von so großer Bedeutung, daß der Gesetzgeber in § 4 Abs. 5 TVG die Nachwirkung abgelaufener Rechtsnormen von Tarifvertrag anordnet.[428] Zum Teil wird zwar der Standpunkt vertreten, daß eine solche Ordnungsfunktion[429] für die Betriebsvereinbarung nicht beabsichtigt sei, die Betriebsvereinbarung habe eine ordnende Wirkung, ohne daß das der Zweck des Instituts der Betriebsvereinbarung sei.[430] Allerdings ändert das nichts daran, daß die Betriebsvereinbarung einen besonderen Wert aus ihrer effizienten, weil gegenüber allen Arbeitnehmern gleichermaßen geltenden Wirkung bezieht. Eben deshalb hat der Arbeitgeber möglicherweise ein besonderes Erhaltungsinteresse. Ist die Betriebsvereinbarung schon länger in Geltung, scheut der Arbeit-geber möglicherweise auch den Aufwand, von ihr abzuweichen. Das gilt insbesondere, wenn sich die Betriebsvereinbarung aus seiner Sicht bewährt hat. Eventuell hat der Arbeitgeber auch Anlaß, Unruhe innerhalb der Belegschaft zu befürchten, wenn er von einer bekannten Ordnung abweicht. Denn aus der einheitlichen Geltung und aus der Eigenschaft der Betriebsvereinbarung als fremdbestimmte Ordnung wird für die Arbeitnehmer das Gefühl von Rechtssicherheit, von Geltungsbeständigkeit erwachsen. Diese Unruhe ist möglicherweise ebenfalls zu befürchten, wenn durch die Beendigung der Betriebsvereinbarung für die Arbeitnehmer nach ihrer Ansicht angestammte Rechte entfallen. Beendet der Arbeitgeber in dem oben genannten Beispiel die Betriebsvereinbarung, aus der sich der übertarifliche Akkordsatz ergibt, so werden die Arbeitnehmer dies als Entzug von Rechten empfinden. Führt die Beendigung der Betriebsvereinbarung nach Wegfall des Betriebsrats zu Unzufriedenheit in der Arbeitnehmerschaft, verhält sich der Arbeitgeber eventuell taktisch unklug, weil er fördert, was er im Zweifel verhindern möchte - die baldige Neuwahl eines Betriebsrats durch die Belegschaft.

---

[428] Wiedemann/Wank, § 4 Rn 327

[429] Canaris, ArbuR 1966, S. 129 (130); Richardi, Kollektivgewalt, S. 317; Travlos-Tsanetatos, S. 57-59

[430] Kreutz, Grenzen der Betriebsautonomie, S. 198f

bb) Ersatz einseitiger Anordnungen des Arbeitgebers insbesondere kraft des Direktionsrechts

Im Bereich der zwingenden Mitbestimmung betrifft die Mehrzahl der Kompetenzbestimmungen des Betriebsrats den Bereich des Arbeitsverhältnisses, den der Arbeitgeber ohne Betriebsrat durch einseitige Anordnungen ausfüllen kann (§§ 87 Abs. 1 Nr. 1, 2, 5 - 7, 9, 12; 94; 95 BetrVG). Wird mit Wegfall des Betriebsrats auch ein ersatzloser Wegfall der Betriebsvereinbarung angenommen, ist der Arbeitgeber - in den Grenzen des Gesetzes, insbesondere des § 315 BGB - wieder frei, diese Fragen einseitig durch einfache Erklärung, etwa durch Aushang am Schwarzen Brett, neu zu regeln. Deshalb liegt es nahe, ein Interesse des Arbeitgebers am Wegfall der Betriebsvereinbarung zu bejahen. Dennoch hat der Arbeitgeber möglicherweise aus denselben Erwägungen, die auch für den Erhalt der unter 1. genannten Gruppe von Betriebsvereinbarungen sprechen, ein Interesse an der Fortgeltung der Betriebsvereinbarung.

b) Freiwillige Betriebsvereinbarung

Jedenfalls wird der Arbeitgeber ein großes Interesse am Erhalt solcher Betriebsvereinbarungen haben, durch die an sich individualvertragliche Pflichten der Arbeitnehmer durch freiwillige Betriebsvereinbarungen auf die kollektivrechtliche Ebene gehoben worden sind.[431] Denn soweit eine arbeitsvertragliche Entsprechung fehlt, würde der Wegfall der Betriebsvereinbarung zum Fortfall von Verpflichtungen der Arbeitnehmer führen.

c) Teilmitbestimmungspflichtige Betriebsvereinbarung

Soweit der Arbeitgeber freiwillige Leistungen gewähren möchte, kann er bei Existenz eines Betriebsrats nur den Umfang der finanziellen Mittel, den Zweck der Leistung und den Personenkreis, den er mit der Leistung begünstigen will, einseitig festlegen.[432] Im übrigen bedarf es im Interesse der innerbetrieblichen Lohngerechtigkeit einer Einigung mit dem Betriebsrat (§ 87 Abs. 1 Nr. 8, 10

---

[431] zu der Verlagerung von individualvertraglichen Regelungsinhalten in BV: Preis, Vertragsgestaltung, S. 75; Waltermann, NZA 1996, S. 357

[432] BAG 12.6.1975, AP Nr 1 zu § 87 Altersversorgung, Bl. 4Rf (B 6 der Gründe); 17.12.1980, AP Nr 4 zu § 87 BetrVG Lohngestaltung, Bl. 2R (1 b der Gründe); 8.12.1981, AP Nr 1 zu § 87 BetrVG Prämie, Bl. 1Rf (B II 1 der Gründe); 3.8.1982, AP Nr 12 zu § 87 BetrVG Lohngestaltung, Bl. 3R (3 d der Gründe); MünchArbR/Matthes, § 333 Rn 19; Richardi, § 87 Rn 835, 898

BetrVG).[433] Die Mitbestimmung bei Bestimmung des Verteilungsschlüssels hat zur Folge, daß der Arbeitgeber auch bei Kürzung des Leistungsumfangs diesen Verteilungsschlüssel einhalten muß, will er nicht erneut eine Regelung mit dem Betriebsrat treffen.[434] Die Streichung der Leistung ist mitbestimmungsfrei.[435] Ohne Betriebsrat kann er die Verteilung freiwilliger Leistungen hingegen selbst bestimmen. Deshalb bedeutet das Fehlen eines Betriebsrats für den Arbeitgeber eine Vergrößerung seiner Selbständigkeit. Das Fehlen einer unmittelbar und zwingend wirkenden Regelung bedeutet für den Arbeitgeber auch bei der Gewährung der Leistungen kein Weniger an Effizienz, denn die Ausschüttung der Leistung kann neben der arbeitsvertraglichen Vereinbarung auch durch Gesamtzusage[436] geregelt werden oder ohne ausdrückliche Regelung erfolgen. Ein Anspruch entsteht dann nach den Grundsätzen der betrieblichen Übung.[437] Auch die Verringerung oder Streichung der individualvertraglich gewährten Leistung ist für den Arbeitgeber ohne weiteres möglich, sofern er die Leistung unter dem Vorbehalt der Freiwilligkeit[438] gewährt. Ein Rechtsanspruch auf künftige Leistungen entsteht dann bei den Arbeitnehmern nicht.[439] Etwas anderes gilt allenfalls für Leistungszulagen, die nach der Rechtsprechung des BAG selbst bei der Gewährung unter Freiwilligkeitsvorbehalt nur in den Grenzen billigen Ermessens im Sinne von § 315 Abs. 3 BGB widerrufen werden können.[440] Unabhängig davon wird der Arbeitgeber möglicherweise kein Interesse an einer Beendigung der bisherigen Betriebsvereinbarungen haben. Hierfür können dieselben Gründe sprechen, die schon für den Erhalt der unter 1. genannten Gruppe von Betriebsvereinbarungen sprechen, insbesondere also die Ordnungswirkung der Betriebsvereinbarungen.

---

433 BAG 17.12.1980, AP Nr 3 zu § 87 BetrVG Lohngestaltung, Bl. 2 (1 a der Gründe); 3.8.1982, AP Nr 12 zu § 87 BetrVG Lohngestaltung, Bl. 2R (3 a der Gründe)

434 BAG GS 3.12.1991, AP Nr 52 zu § 87 BetrVG Lohngestaltung, Ls. 5a, Bl 13R (D I der Gründe)

435 BAG GS 3.12.1991, AP Nr 52 zu § 87 BetrVG Lohngestaltung, Ls. 4, Bl 12R (C III 6 a der Gründe)

436 MünchArbR/Hanau, § 60 Rn 82

437 MünchArbR/Hanau, § 60 Rn 85

438 vgl. BAG 8.3.1995, AP Nr 184 zu § 611 BGB Gratifikation, Bl. 1R (I 1 b der Gründe); 6.12.1995, AP Nr 187 zu § 611 BGB Gratifikation, Bl. 1R f (II 1 der Gründe); 5.6.1996, AP Nr 193 zu § 611 BGB Gratifikation, Bl. 2 (II 3 der Gründe)

439 BAG 6.12.1995, AP Nr 187 zu § 611 BGB Gratifikation, Bl. 1R f (II 1 der Gründe); 5.6.1996, AP Nr 193 zu § 611 BGB Gratifikation, Bl. 2 (II 3 der Gründe)

440 BAG 13.5.1987, AP Nr 4 zu § 305 BGB Billigkeitskontrolle, Bl. 2R (II 2 der Gründe); MünchArbR/Hanau, § 60 Rn 107

2. Darstellung der Interessen der Arbeitnehmer

Grundsätzlich wird für die Arbeitnehmer die Regelung durch *erzwingbare Betriebsvereinbarungen* ihre Interessen besser zur Geltung bringen als die jeweilige individualvertragliche Vereinbarung. Immerhin dient die erzwingbare Mitbestimmung dem Schutz der Belegschaft.[441] Sie soll sicherstellen, daß die Arbeitnehmer bezüglich solcher Angelegenheiten, die sie betreffen, gleichberechtigt beteiligt werden bzw. wegen der grundsätzlichen Unterlegenheit des Arbeitnehmers individualrechtliche Regelungen ausgeschlossen oder zumindest unnötig werden.[442] Deshalb wird den Arbeitnehmern grundsätzlich an einem *möglichst langdauernden Bestand der Betriebsvereinbarungen* gelegen sein. Allerdings kann eine Betriebsvereinbarung, auch wenn sie dem Wohl der Belegschaft insgesamt dient, für einzelne Arbeitnehmer gegenüber der ansonsten vom Arbeitgeber alleine getroffenen Entscheidung nachteilig sein. So kann zum Beispiel die Festlegung von Verteilungsgrundsätzen einer freiwilligen Leistung des Arbeitgebers durch Betriebsvereinbarung dazu führen, daß einzelne Arbeitnehmer eine geringer dotierte Leistung erhalten, als sie ohne Mitwirkung des Betriebsrats erhalten hätten. Diese Arbeitnehmer haben dann kein Interesse am Erhalt der Betriebsvereinbarung, wenn sie davon ausgehen, daß der Arbeitgeber ihnen ohne Beteiligung des Betriebsrats noch immer eine höhere Leistung gewähren wird. Das Günstigkeitsprinzip greift hier nicht, weil keine für die Arbeitnehmer günstigere arbeitsvertragliche Regelung besteht, sondern nur die Erwartung einer günstigeren Regelung. Gleiches gilt dann, wenn der Arbeitgeber eine bereits durch arbeitsvertragliche Einheitsregelung gewährte Leistung durch eine Einigung mit dem Betriebsrat in Form einer ablösenden Betriebsvereinbarung[443] hat verdrängen lassen und hierbei von den Betriebspartnern in den Grenzen des kollektiven Günstigkeitsprinzips[444] eine

---

[441] BAG 13.7.1977, AP Nr 2 zu § 87 BetrVG Kurzarbeit, Bl. 3 (1 der Gründe); 17.12.1980, AP Nr 4 zu § 87 BetrVG Lohngestaltung, Bl. 3 (3 der Gründe); 18.4.1989, AP Nr 18 zu § 87 BetrVG Tarifvorrang, Bl. 3 (B II 2 a der Gründe); Däubler/Kittner/Klebe, Einl. Rn 66; Fitting/Kaiser/Heither/Engels, § 1 Rn 1, 163; Galperin/Löwisch, vor § 74 Rn 6; GK/Wiese, Einl. Rn 45, 49, § 87 Rn 89; Hess/Schlochauer/Glaubitz, § 87 Rn 7; v. Hoyningen-Huene, Betriebsverfassungsrecht, S. 6; Jahnke, Tarifautonomie und Mitbestimmung, S. 25-27; Kreutz, Grenzen der Betriebsautonomie, S. 239; vgl. Richardi, § 87 Rn 8

[442] BAG 24.2.1987, AP Nr 21 zu § 77 BetrVG, Bl. 5 (B II 4 der Gründe); MünchArbR/Matthes, § 318 Rn 18

[443] vgl. mit umfassender Darstellung des Meinungsstands: Fastrich, RdA 1994, S. 129-140

[444] Leitentscheidung BAG GS 16.9.1986, EzA § 77 BetrVG Nr 17, S. 93-95 (C II 4 b der Gründe); vgl. Däubler/Kittner/Klebe/Berg, § 77 Rn 22, 23; Fitting/Kaiser/Heither/Engels, § 77 Rn 174-179; GK/Kreutz, § 77 Rn 221-225; Hess/Schlochauer/Glaubitz, § 77 Rn 93-95; Richardi, § 77 Rn 142f; Weiss/Weyand, § 77 Rn 16f

Umverteilung vorgenommen wurde. Auch hier können einzelne Arbeitnehmer die Erwartung haben, daß der Arbeitgeber die ursprünglich gewährte Leistung wieder gewähren will. Einen arbeitsvertraglichen Anspruch haben sie nicht, wenn mit dem Großen Senat des BAG angenommen wird, daß die ablösende Betriebsvereinbarung die durch arbeitsvertragliche Einheitsregelung begründeten vertraglichen Ansprüche vernichtet hat.[445] Für die *freiwillige Betriebsvereinbarung* kommt es auf den Regelungsgegenstand an. Soweit sie Regelungen enthält, die typischerweise im Arbeitsvertrag getroffen werden, kommt es für die Arbeitnehmer maßgeblich darauf an, ob die Betriebsvereinbarung gegenüber den gesetzlichen Regelungen und dem Arbeitsvertrag günstigere Inhalte enthält oder ob den Arbeitnehmern durch die Betriebsvereinbarung Verpflichtungen auferlegt werden. Ist ersteres zu bejahen, werden sie - wie grundsätzlich im Bereich der erzwingbaren Mitbestimmung - einen *möglichst langdauernden Bestand der Betriebsvereinbarung* erstreben. Ergeben sich aus ihr Verpflichtungen, werden die Arbeitnehmer an einem *möglichst baldigen Ende der Betriebsvereinbarung* interessiert sein.

3. Zwischenergebnis

Zusammenfassend ist festzustellen, daß der Arbeitgeber ein Interesse am Wegfall der Betriebsvereinbarung haben kann, aber nicht haben muß. Das hängt von der konkreten betrieblichen Situation und den Vorstellungen des Arbeitgebers ab. Deshalb liegt es nahe, *ihm die Entscheidung über die Beendigung der Betriebsvereinbarung zu überlassen.*

Das gilt auch dann, wenn der Arbeitgeber mit einzelnen Arbeitnehmern von der Betriebsvereinbarung abweichende individualvertragliche Vereinbarungen getroffen hat. Diese treten hinter der Betriebsvereinbarung zurück, soweit sie nicht für den Arbeitnehmer günstiger sind. Sind sie günstiger, kamen sie schon bisher zur Anwendung.[446] Soweit sie nicht günstiger sind, wird dem Arbeitgeber dann weniger an einer Beendigung der Betriebsvereinbarung liegen, wenn wegen unterschiedlicher individualvertraglicher Vereinbarungen ohne Betriebsvereinbarung unterschiedliche Regelungen im Betrieb gelten

---

[445] BAG GS 16.9.1986, EzA § 77 BetrVG Nr 17, S. 95 (C II 4 c der Gründe); a. A. BAG 21.9.1989, AP Nr 43 zu § 77 BetrVG, Ls. 1, Bl. 6R, 7 (IV 3 der Gründe)

[446] BAG 15.12.1961, AP Nr 1 zu § 615 BGB Kurzarbeit, Bl. 2R (5 der Gründe); 7.4.1970, AP Nr 3 zu § 615 BGB Kurzarbeit, Bl. 1R (I 1 der Gründe); 14.2.1991, AP Nr 4 zu § 615 BGB Kurzarbeit, Bl. 2R (IV 3 der Gründe); Däubler/Kittner/Klebe/Berg, § 77 Rn 19a; Fitting/Kaiser/Heither/Engels, § 87 Rn 153; Galperin/Löwisch, § 87 Rn 106; GK/Wiese, § 87 Rn 82, 313; Hess/Schlochauer/Glaubitz, § 87 Rn 205; MünchArbR/Matthes, § 328 Rn 50; Richardi, § 87 Rn 439; a.A. Söllner, Anm. zu BAG AP Nr 2 zu § 615 BGB Kurzarbeit, Bl. 3R; Waltermann, NZA 1993, S. 679 (681-684); Zöllner/Loritz, Arbeitsrecht, S. 567

würden und im Wege der Änderungskündigung nicht ohne weiteres zu vereinheitlichen wären. Hat der Arbeitgeber zum Beispiel mit einzelnen Arbeitnehmern individuell gleitende Arbeitszeit vereinbart, bevor diese durch Betriebsvereinbarung für die gesamte Belegschaft einheitlich geregelt worden ist, so führte die Beendigung der Betriebsvereinbarung dazu, daß für einzelne Arbeitnehmer weiterhin gleitende Arbeitszeit gelten würde, andere hingegen die vom Arbeitgeber einseitig angeordneten festen Arbeitszeiten zu befolgen hätten - jedenfalls unter der Voraussetzung, daß für die abweichenden individualvertraglichen Regelungen ein sachlicher Grund vorliegt und deshalb der arbeitsrechtliche Gleichbehandlungsgrundsatz nicht verletzt ist.[447] Da gleitende Arbeitszeit für die Arbeitnehmer günstiger ist als die Regelung fester Arbeitszeiten, weil ihnen so eine eigene Entscheidung über die Lage der Arbeitszeit ermöglicht wird, ist der Weg für den Arbeitgeber beschwerlich, gegen den Willen der Arbeitnehmer einheitlich und zügig nicht realisierbar. Denn die Änderungskündigung läßt Änderungen nur unter Einhaltung der Kündigungsfristen zu. Diese werden sich - auch bei eigenständigen arbeitsvertraglichen Vereinbarungen - nach der Dauer der Betriebszugehörigkeit unterscheiden. Eine einheitliche Änderung richtet sich dann nach der Kündigungsfrist des ältesten Arbeitnehmers. Der Arbeitgeber wird aber in der Regel eine Änderung zu einem baldigeren Zeitpunkt wünschen.
Etwas anderes gilt nur dann, wenn die Betriebsparteien durch eine Betriebsvereinbarung arbeitsvertragliche Einheitslösungen abgelöst haben und der Auffassung des Großen Senats des BAG zu folgen ist, der in diesen Fällen annimmt, daß die Betriebsvereinbarungen die arbeitsvertraglichen Regelungen vernichtet.[448]

Für die Arbeitnehmer hängt das Interesse am Ende der Betriebsvereinbarung davon ab, ob die Betriebsvereinbarung für sie gegenüber dem Rechtszustand ohne Betriebsvereinbarung günstiger ist. Grundsätzlich wird bei erzwingbaren Betriebsvereinbarungen ein großes Bestandsinteresse bestehen, im übrigen hängt das von der jeweiligen Betriebsvereinbarung ab. Das Interesse an Erhalt oder Ende der Betriebsvereinbarung kann in der Belegschaft uneinheitlich sein.

---

[447] vgl. Schaub, Arbeitsrechtshandbuch, S. 978

[448] BAG GS 16.9.1986, EzA § 77 BetrVG Nr 17, S. 95 (C II 4 c der Gründe); dagegen BAG 21.9.1989, AP Nr 43 zu § 77 BetrVG, Bl. 6R, 7 (IV 3 der Gründe)

II. Zurechnung des Wegfalls des Betriebsrats

Die Betriebsvereinbarung besteht in einem Spannungsverhältnis zwischen Arbeitgeber, Betriebsrat und den Arbeitnehmern. Sie trifft in ihrem normativen Teil einen Interessenausgleich zwischen Arbeitgeber und Arbeitnehmern. Es wurde soeben deutlich, daß der Ablauf der Betriebsvereinbarung in der Regel nur dem Interesse eines von beiden entsprechen wird. Ob das Bestandsinteresse der einen dem Beendigungsinteresse der anderen Partei vorgeht, hängt entscheidend davon ab, wem der Wegfall des Betriebsrats zugerechnet werden kann. Es geht darum, den Wegfall des Betriebsrats der Sphäre des Arbeitgebers oder der Arbeitnehmer zuzuweisen. Der Begriff der Zurechnung meint nicht Verschulden im Sinne von § 276 Abs. 1 BGB. Das kann schon deshalb nicht gemeint sein, weil der einzelne Arbeitnehmer keine Möglichkeit hat, alleine einen Betriebsrat zu wählen. Hierfür bedarf es einer mehrheitlichen Wahlentscheidung, die der einzelne nicht erzwingen kann. Da es aber um die Geltung der Betriebsvereinbarung auf der normativen Wirkebene geht, also um die Regelungen der Betriebsvereinbarung, die die Rechtsbeziehung des Arbeitgebers zum einzelnen Arbeitnehmer betreffen, wird der Wegfall des Betriebsrats dem Arbeitgeber, den Arbeitnehmern oder dem Betriebsrat selbst zugerechnet. Er kann einer der drei Sphären zugeordnet werden.

Die Betriebsratslosigkeit des Betriebes in der *Fallgruppe 1* ist den Arbeitnehmern zuzurechnen. Das BetrVG ordnet an, daß ein Betriebsrat ausschließlich durch Wahl bestimmt wird. Es bedarf einer Mehrheitsentscheidung der wahlberechtigten Arbeitnehmer. Damit kommt es auf die Wahlhandlung des einzelnen Arbeitnehmers an. Das BetrVG weist den Arbeitnehmern die Verantwortung für die Wahl des Betriebsrats zu. Wählen sie keinen Betriebsrat, so ist das ihnen - und damit auch jedem einzelnen Arbeitnehmer als Teil der Belegschaft - zuzurechnen, nicht dem Arbeitgeber. Das Ziel des BetrVG, diese Wahl zu fördern, zeigt sich in § 15 Abs. 3 S. 1, 2 KSchG, der den Ausschluß der ordentlichen Kündigung durch den Arbeitgeber für jeden Wahl-bewerber und für jedes Mitglied des Wahlvorstandes vom Zeitpunkt der Aufstellung des Wahl-vorschlags an bis zum Ablauf von sechs Monaten nach Bekanntgabe des Wahlergebnisses anordnet und so die verstärkte Unabhängigkeit vom Arbeitgeber gewährleistet.[449] Der Arbeitgeber darf die Wahl, d. h. auch die Vorbereitung der Wahl,[450] gemäß § 20 Abs. 1

[449] Hueck/v. Hoyningen-Huene, KSchG, § 15 Rn 4a

[450] Fitting/Kaiser/Heither/Engels, § 20 Rn 4; GK/Kreutz, § 20 Rn 8; Hess/Schlochauer/Glaubitz, § 20 Rn 7; v. Hoyningen-Huene, Betriebsverfassungsrecht, S. 143; Richardi, § 20 Rn 1; Weiss/Weyand, § 20 Rn 2

BetrVG nicht behindern. Diese Verbot ist strafbewährt gemäß § 119 Abs. 1 Nr. 1 BetrVG.

Anders ist es in der *Fallgruppe 2*. Endet die Amtszeit des Betriebsrats vorzeitig, weil die Wahl erfolgreich angefochten (§ 13 Abs. 2 Nr. 4 BetrVG), weil der Betriebsrat selbst aufgelöst worden ist (§ 13 Abs. 2 Nr. 5 BetrVG) oder weil alle Betriebsratsmitglieder das Betriebsratsamt niedergelegt haben (§ 24 Abs. 1 Nr. 2 BetrVG), ist dieser Wegfall des Betriebsrats weder dem Arbeitgeber noch den Arbeitnehmern zuzurechnen. Zurechnungssubjekt ist im einen Fall der Wahlvorstand, in den anderen Fällen der Betriebsrat selbst. Den Arbeitnehmern wird also der Betriebsrat "entzogen", ohne daß sie das verhindern können. Der Arbeitgeber hat ebenfalls keinen Einfluß auf den Wegfall des Betriebsrats. Das hat Folgerungen für das Recht des Arbeitgebers, bestehende Betriebsvereinbarungen nach Wegfall des Betriebsrats zu beendigen.

III. Folgerungen für das Lossagungsrecht des Arbeitgebers

Es wurde soeben deutlich, daß einerseits die Bestands- bzw. Beendigungsinteressen von der Qualifizierung der Betriebsvereinbarung als freiwillige oder erzwingbare Betriebsvereinbarung abhängen und andererseits der Schutz dieser Interessen davon abhängt, wem der Wegfall des Betriebsrats zuzurechnen ist. Beide Gesichtspunkte sollen nun zueinander in Beziehung gesetzt werden, und es soll überlegt werden, welche konkreten Auswirkungen der Wegfall des Betriebsrats für die Beendigung durch den Arbeitgeber hat.

1. Erzwingbare Betriebsvereinbarung

Die Mitbestimmung bezweckt den Schutz der Arbeitnehmerinteressen.[451] Deshalb wird einerseits das Direktionsrecht des Arbeitgebers bzw. allgemein das Recht zur einseitigen Bestimmung des Inhalts des Arbeitsverhältnisses eingeschränkt,[452] andererseits werden Regelungsinhalte der Regelungsbefugnis der Arbeitsvertragsparteien entzogen und der Mitbestimmung des Betriebsrats unterworfen.[453] Die Mitbestimmung wird

---

[451] BAG 13.7.1977, AP Nr 2 zu § 87 BetrVG Kurzarbeit, Bl. 3 (1 der Gründe); 17.12.1980, AP Nr 4 zu § 87 BetrVG Lohngestaltung, Bl. 3 (3 der Gründe); 18.4.1989, AP Nr 18 zu § 87 BetrVG Tarifvorrang, Bl. 3 (B II 2 a der Gründe); Däubler/Kittner/Klebe, Einl. Rn 66; Fitting/Kaiser/Heither/Engels, § 1 Rn 1, 163; Galperin/Löwisch, vor § 74 Rn 6; GK/Wiese, Einl. Rn 45, 49, § 87 Rn 89; Hess/Schlochauer/Glaubitz, § 87 Rn 7; v. Hoyningen-Huene, Betriebsverfassungsrecht, S. 6; Jahnke, Tarifautonomie und Mitbestimmung, S. 25-27; Kreutz, Grenzen der Betriebsautonomie, S. 239; vgl. Richardi, § 87 Rn 8

[452] vgl. GK/Wiese, vor § 87 Rn 6, 7

[453] vgl. GK/Wiese, vor § 87 Rn 7

unter anderem durch den Abschluß von Betriebsvereinbarungen ausgeübt, weshalb auch die erzwingbare Betriebsvereinbarung dem Schutz der Arbeitnehmerinteressen dient.[454] Der Schutz durch Mitbestimmung erstreckt sich also nicht nur auf den Vorgang der Mitbestimmung, gewährt nicht nur ein Recht auf Mitbestimmung, sondern umfaßt auch das Ergebnis der Ausübung dieses Rechts. Das zeigt sich darin, daß der Arbeitgeber die Pflicht hat, die bestehenden Betriebsvereinbarungen durchzuführen (§ 77 Abs. 1 S. 1 BetrVG). Weiterhin ist das der Grund, weshalb erzwingbare Betriebsvereinbarungen gemäß § 77 Abs. 6 BetrVG nachwirken. Denn es soll dem Arbeitgeber - wie auch umgekehrt dem Betriebsrat - nicht möglich sein, durch Kündigung der Betriebsvereinbarung die mitbestimmte Regelung zu beenden und so die vor Abschluß dieser Betriebsvereinbarung bestehende mitbestimmungslose Rechtslage wieder herzustellen bzw. nunmehr einseitige Regelungen ohne Mitbestimmung zu treffen.[455]
Gleichzeitig bindet die erzwingbare Mitbestimmung den Arbeitgeber in erheblichem Umfang. Soweit ein Tatbestand der erzwingbaren Mitbestimmung betroffen ist, kann der Arbeitgeber nicht - wie ohne Betriebsrat - einseitig kraft seines Direktionsrechts Anordnungen treffen oder mit dem einzelnen Arbeitnehmer Vereinbarungen treffen. Vielmehr bedarf es der Vereinbarung mit dem Betriebsrat bzw., falls diese nicht zustande kommt, des Spruchs der Einigungsstelle. Mit Wegfall des Betriebsrats fällt dieser Einigungszwang fort. Das wird immer dann zu einem Änderungswillen des Arbeitgebers führen, wenn sich die Regelung nach seiner Auffassung nicht bewährt hat, sondern ausschließlich Produkt des Einigungszwangs ist; sei es, weil die Regelung gegen den Willen des Arbeitgebers von der Einigungsstelle geschaffen worden ist, sei es, weil der Betriebsrat die Regelung mit dem Hinweis auf das andernfalls erforderliche Anrufen der Einigungsstelle erzielt hat.

In der *Fallgruppe 2* verdient grundsätzlich das Bestandsinteresse der Arbeitnehmer so lange den Vorrang vor dem Änderungsinteresse des Arbeitgebers, wie es der Belegschaft noch nicht möglich war, einen neuen Betriebsrat zu wählen. Zwar ist in dieser Fallgruppe auch dem Arbeitgeber der Wegfall des Betriebsrats nicht zuzurechnen. Dennoch ist bis zum Verstreichen der ersten Neuwahlmöglichkeit das Bestandsinteresse vorzuziehen. Das ergibt sich aus der Funktion des BetrVG, durch Mitbestimmung die Arbeitnehmer zu schützen.[456]

---

[454]vgl. Kreutz, Genzen der Betriebsautonomie, S. 154-197; 222-225, 239

[455]GK/Kreutz, § 77 Rn 336; vgl. oben Teil 2 D II 1

[456]vgl. BAG 13.7.1977, AP Nr 2 zu § 87 BetrVG Kurzarbeit, Bl. 3 (1 der Gründe); 17.12.1980, AP Nr 4 zu § 87 BetrVG Lohngestaltung, Bl. 3 (3 der Gründe); 18.4.1989, AP Nr

Denn erstens würde die Mitbestimmung erschwert, wenn der Wegfall des Betriebsrats den sofortigen Ablauf der erzwingbaren Betriebsvereinbarung zur Folge hätte. Denn der neu gewählte Betriebsrat müßte mit der Ausübung seiner Mitbestimmungsrechte und dem Aufbau einer kollektiven Ordnung im Betrieb von vorne anfangen. Dadurch stünden die Arbeitnehmer erheblich schlechter, als wenn der Betriebsrat nicht weggefallen wäre.[457] Das ist bereits ausführlich im Zusammenhang mit der Auseinandersetzung um die Analogie zu § 613a Abs. 1 S. 2 BGB verdeutlicht worden.[458] Dieser Konsequenz steht aber entgegen, daß der Belegschaft - wie soeben deutlich wurde - der Wegfall des Betriebsrats in diesen Fällen nicht zugerechnet werden kann.
Zweitens ist im BetrVG angelegt, daß die Mitbestimmung nicht nur *ad hoc*, sondern beständig auch künftig ausgeübt werden kann. Sie ist auf Kontinuität ausgerichtet. Die Belegschaft kann sich die Mitbestimmungspflicht im Betrieb durch regelmäßige Neuwahl eines Betriebsrats erhalten. Darüber hinaus kann dem BetrVG der Rechtsgrundsatz entnommen werden, daß die Betriebsratslosigkeit trotz ursprünglich bestehenden Betriebsrats auch bei außergewöhnlichen Umständen möglichst vermieden werden soll. Dieser Grundsatz der Betriebsratsbeständigkeit zeigt sich etwa bei den Regelungen im Zusammenhang mit dem vorzeitigen Amtszeitende des Betriebsrats (vgl. § 13 Abs. 2 BetrVG). Ist der Betriebsrat aus einem der Gründe in § 13 Abs. 2 Nr. 1 bis 3 BetrVG neu zu wählen, ordnet § 21 S. 5 BetrVG an, daß der amtierende Betriebsrat im Amt bleibt, bis ein neuer Betriebsrat - innerhalb der regelmäßigen Amtszeit - gewählt worden ist. Mit Blick auf die erwartete Neuwahl eines Betriebsrats ordnet § 22 BetrVG die Fortführung des Amtes durch den bisherigen Betriebsrat an, obwohl dieser durch Erklärung des Rücktritts deutlich gemacht hat, das Betriebsratsamt nicht weiterführen zu wollen. Der so gewährleisteten Kontinuität entspricht die Regelung in § 321 UmwG, der im Falle der Spaltung eines Betriebes im Sinne des Umwandlungsgesetzes ein Übergangsmandat des bisherigen Betriebsrats für die durch die Spaltung entstandenen Betriebe bis zur Dauer von sechs Monaten anordnet. Schließlich zeigt sich dieser Grundsatz auch in der Rechtsprechung. So ist es ständige Rechtsprechung des BAG, daß auch der rechtsgeschäftliche Betriebsübergang grundsätzlich den Bestand des Betriebsrats nicht berührt;

---

18 zu § 87 BetrVG Tarifvorrang, Bl. 3 (B II 2 a der Gründe); Däubler/Kittner/Klebe, Einl. Rn 66; Fitting/Kaiser/Heither/Engels, § 1 Rn 1, 163; Galperin/Löwisch, vor § 74 Rn 6; GK/Wiese, Einl. Rn 45, 49, § 87 Rn 89; Hess/Schlochauer/Glaubitz, § 87 Rn 7, v. Hoyningen-Huene, Betriebsverfassungsrecht, S. 6; Jahnke, Tarifautonomie und Mitbestimmung, S. 25-27; Kreutz, Grenzen der Betriebsautonomie, S. 239; vgl. Richardi, § 87 Rn 8

[457] vgl. Hanau/Vossen, FS Hilger/Stumpf, S. 271 (274)

[458] oben Teil 2 E II 2 c bb (2)

etwas anderes gilt nur dann, wenn mit dem Betriebsübergang der Verlust der Betriebsidentität eintritt.[459] Der Rechtsgrundsatz der Betriebsratsbeständigkeit folgt aus dem Zweck des BetrVG, die Arbeitnehmer zu schützen.[460] Denn erst der Betriebsrat führt zur Mitbestimmung im Betrieb. Allerdings gibt es Fälle, in denen dieser Grundsatz ausnahmsweise nicht gilt. Das ist so bei erfolgreicher Anfechtung der Betriebsratswahl (§ 13 Abs. 2 Nr. 4 BetrVG), weil dem Betriebsrat in diesem Fall die Legitimation zur Interessenwahrung der Belegschaft fehlt.[461] Gleiches gilt für die gerichtliche Auflösung des Betriebsrats wegen groben Pflichtverstoßes (§§ 13 Abs. 2 Nr. 5, 23 Abs. 1 BetrVG), weil hierbei weitere Pflichtverstöße zu besorgen sind.[462] Schließlich fällt der Betriebsrat sofort und ersatzlos fort, wenn alle Mitglieder ihr Betriebsratsamt niederlegen (§ 24 Abs. 1 Nr. 2 BetrVG), denn dann bleibt vom Betriebsrat nur eine "leere Hülle".[463] In diesen Fällen ist die Fortsetzung des Betriebsratsamtes nicht möglich. Deshalb ist insoweit eine Ausnahme vom Grundsatz der Betriebsratsbeständigkeit geboten. Das heißt indes nicht, daß damit auch die Ergebnisse der bereits ausgeübten Mitbestimmung in Gestalt von Betriebsvereinbarungen fortfallen. Der Betriebsrat fällt nach allgemein vertretener Auffassung nicht rückwirkend weg. Das hat zur Folge, daß die Betriebsvereinbarungen, die der Betriebsrat bis zu diesem Zeitpunkt in Ausübung seines Mitbestimmungsrechts abgeschlossen hat, erhalten bleiben. Dieses Ergebnis stimmt überein mit der Ausrichtung des BetrVG auf Kontinuität, die sich nicht nur auf das Amt des Betriebsrats bezieht, sondern sich auch auf die Betriebsvereinbarung erstreckt. Das zeigt sich auch an der Regelung der Nachwirkung erzwingbarer Betriebsvereinbarungen in § 77 Abs. 6 BetrVG. Die Nachwirkung wird angeordnet, um zu verhindern, daß

---

[459] 23.11.1988, AP Nr 77 zu § 613a BGB, Bl. 3 (I 2 a aa der Gründe); 5.2.1991, AP Nr 89 zu § 613a BGB, Bl. 8R (IV 2 c cc der Gründe); 27.7.1994, AP Nr 118 zu § 613a BGB, Bl. 4, 4R (B II der Gründe)

[460] zum Gesetzeszweck vgl. BAG 13.7.1977, AP Nr 2 zu § 87 BetrVG Kurzarbeit, Bl. 3 (1 der Gründe); 17.12.1980, AP Nr 4 zu § 87 BetrVG Lohngestaltung, Bl. 3 (3 der Gründe); 18.4.1989, AP Nr 18 zu § 87 BetrVG Tarifvorrang, Bl. 3 (B II 2 a der Gründe); Däubler/Kittner/Klebe, Einl. Rn 66; Fitting/Kaiser/Heither/Engels, § 1 Rn 1, 163; Galperin/Löwisch, vor § 74 Rn 6; GK/Wiese, Einl. Rn 45, 49, § 87 Rn 89; Hess/Schlochauer/Glaubitz, § 87 Rn 7; v. Hoyningen-Huene, Betriebsverfassungsrecht, S. 6; Jahnke, Tarifautonomie und Mitbestimmung, S. 25-27; Kreutz, Grenzen der Betriebsautonomie, S. 239; vgl. Richardi, § 87 Rn 8

[461] vgl. GK/Wiese/Kreutz, § 22 Rn 14

[462] vgl. GK/Kreutz/Wiese, § 13 Rn 75, § 22 Rn 14

[463] vgl. Däubler/Kittner/Klebe/Buschmann, § 21 Rn 28; Fitting/Kaiser/Heither/Engels, § 21 Rn 29; GK/Wiese/Kreutz, § 22 Rn 12; Richardi, § 24 Rn 8; a. A. Hess/Schlochauer/Glaubitz, § 13 Rn 23; Fitting/Kaiser/Heither/Engels, § 13 Rn 38

Regelungslücken zwischen gekündigter und später neu abgeschlossener Kollektivvereinbarung entstehen.

Wegen der soeben angesprochenen Gründe, dem Schutz der Arbeitnehmerinteressen einerseits und der Ausrichtung des BetrVG auf Wahrung der Kontinuität abgeschlossener Betriebsvereinbarungen andererseits, ist es in der Fallgruppe 2 geboten, dem Arbeitgeber solange die Beendigung der erzwingbaren Betriebsvereinbarung zu untersagen, bis die Arbeitnehmer die Möglichkeit gehabt haben, einen neuen Betriebsrat zu wählen.[464] Die Betriebsvereinbarungen unterliegen einer Veränderungssperre. Machen die Arbeitnehmer von der Möglichkeit zur Neuwahl keinen Gebrauch, hat das Änderungsinteresse des Arbeitgebers Vorrang vor dem Bestandsinteresse der Arbeitnehmer. Wird hingegen innerhalb dieses Zeitraums ein neuer Betriebsrat gewählt, gelten die bestehenden Betriebsvereinbarungen weiter. Weil diese Weitergeltung bei rechtzeitiger Neuwahl eines Betriebsrats erforderlich ist, um dem Schutz der Arbeitnehmerinteressen und dem Grundsatz der Wahrung der Kontinuität ausgeübter Mitbestimmung zu entsprechen, genügt die Annahme einer Nachwirkung nicht. Denn die bloß unmittelbar geltenden Betriebsvereinbarungen können nicht automatisch wieder zwingende Geltung erlangen. Insofern beeinträchtigt die Veränderungssperre die Interessen des Arbeitgebers mehr als die Nachwirkung. Sie beeinträchtigt sie insofern weniger, als sie bis zur erstmaligen Möglichkeit der Neuwahl eines Betriebsrats zeitlich begrenzt ist. Ein weitergehender Veränderungsschutz ist nicht erforderlich.

In der *Fallgruppe 1* ist der Wegfall des Betriebsrats den Arbeitnehmern zuzurechnen. Allerdings ist auch nicht zu verkennen, daß auch im Individualarbeitsrecht die einseitige Änderung einer vertraglich vereinbarten Regelung - mag sie materiellrechtlich ohne weiteres zulässig sein - regelmäßig nur unter Wahrung einer Kündigungsfrist zulässig ist. Dieser Gesichtspunkt spricht dafür, die einseitige Beendigung der Betriebsvereinbarung nur unter Wahrung einer Frist zu gewähren, innerhalb derer sich die betroffenen Arbeitnehmer darauf einstellen können, daß eine Rechtsänderung eintreten wird. Auf diese Weise wird auch dem Umstand Rechnung getragen, daß der einzelne Arbeitnehmer gegen den Willen der übrigen Arbeitnehmer keine Möglichkeit hat, die Wahl eines Betriebsrats zu bewirken. Sein Interesse, den Erhalt der mitbestimmten Regelungen im Betrieb zu erhalten, wird indes nur für den Zeitraum gewahrt werden können, den der Arbeitgeber seinerseits auch bei bestehendem Betriebsrat wahren muß. Eine längere Frist ist dem

---

[464] vgl. unten Teil 3 D II 1 a bb

Arbeitgeber angesichts der Tatsache nicht zuzumuten, daß ihm der Wegfall des Betriebsrats nicht zuzurechnen ist.

Auch wenn der einzelne Arbeitnehmer alleine keine Wahl eines Betriebsrats erreichen kann, bedarf er keines Schutzes hinsichtlich der in Betriebsvereinbarungen geregelten Rechte.[465] Bezüglich der freiwilligen Betriebsvereinbarungen ist ursächlich hierfür, daß der Arbeitnehmer auch bei bestehendem Betriebsrat kein Recht hat, die Beendigung von Betriebsvereinbarungen zu verhindern. Sowohl Arbeitgeber als auch der Betriebsrat können freiwillige Betriebsvereinbarungen durch Kündigung mit Wirkung für die Zukunft beenden.[466] Hinsichtlich der erzwingbaren Betriebsvereinbarungen greift dieses Argument zwar nicht, weil sie trotz Kündigung nicht enden, sondern gemäß § 77 Abs. 6 BetrVG nachwirken. Dennoch gilt auch für diese, daß der einzelne Arbeitnehmer keines Schutzes gegen den ersatzlosen Fortfall der Regelungen in dem Falle bedarf, daß der Arbeitgeber sich von den Betriebsvereinbarungen löst. Denn der Arbeitgeber stellt so den Rechtszustand her, der bestand, bevor ein Betriebsrat gewählt wurde. Es ist kein Grund ersichtlich, warum der zwischenzeitliche Bestand eines Betriebsrats ein Recht auf Fortbestand der von diesem erreichten Rechte der Arbeitnehmer begründet. Durch den Wegfall der Betriebsvereinbarung steht der Arbeitnehmer auch nicht schlechter, als er stehen würde, wenn niemals ein Betriebsrat gewählt worden wäre. Denn die arbeitsvertraglichen Regelungen finden nach Wegfall der sie zuvor verdrängenden Betriebs-vereinbarungen wieder Anwendung.[467]

2. Freiwillige Betriebsvereinbarung

Für *freiwillige Betriebsvereinbarungen, die die Rechtslage der Arbeitnehmer verbessern*, besteht kein vergleichbar intensiver Schutz des Erhaltungsinteresses der Arbeitnehmer. Denn diese Betriebsvereinbarungen können, auch wenn ein Betriebsrat besteht, durch Kündigung ersatzlos beendet werden. Es besteht kein Grund, den Arbeitnehmern wegen des Wegfalls des

---

[465]ausführlich zum nachfolgenden unten Teil 3 D V

[466]BAG 10.3.1992, AP Nr 5 zu § 1 BetrAVG Betriebsvereinbarung, Bl. 2-3 (2 a-d der Gründe); 18.4.1989, AP Nr 2 zu § 1 BetrAVG Betriebsvereinbarung, Bl. 2Rf (III 1 a, b der Gründe); 9.2.1989, AP Nr 40 zu § 77 BetrVG, Bl. 2f (I 2 der Gründe); 26.4.1990, AP Nr 4 zu § 77 BetrVG Nachwirkung, Bl. 3-5R (II 2, 3 der Gründe); Däubler/Kittner/Klebe/Berg, § 77 Rn 53; Fitting/Kaiser/Heither/Engels, § 77 Rn 132f; Galperin/Löwisch, § 77 Rn 61; GK/Kreutz, § 77 Rn 309; Hess/Schlochauer/Glaubitz, § 77 Rn 106, 109; Leinemann, BB 1989, 1905 (1907f); MünchArbR/Matthes, § 319 Rn 5; Stege/Weinspach, § 77 Rn 41

[467]BAG 21.9.1989, AP Nr 43 zu § 77 BetrVG, Ls. 1, Bl. 6R, 7 (IV 3 der Gründe) entgegen BAG GS 16.9.1986, EzA § 77 BetrVG Nr 17, S. 95 (C II 4 c der Gründe)

Betriebsrats eine längere Bindung an die Betriebsvereinbarungen zu ermöglichen. Deshalb muß es dem Arbeitgeber möglich sein, sich von den Betriebsvereinbarungen ebenso zu lösen, wie es ihm bei Bestand des Betriebsrats möglich ist - unabhängig davon, ob der Wegfall des Betriebsrats der Fallgruppe 1 oder 2 zuzuordnen ist. Entscheidend ist die Regelung der Kündigungsfrist in der Betriebsvereinbarung selbst. Ist keine vereinbart, so kann sich der Arbeitgeber mit einer Frist von drei Monaten von den Regelungen der Betriebsvereinbarung lossagen. Weil der Arbeitgeber aufgrund des Wegfalls des Betriebsrats nicht schlechter gestellt werden soll, als er mit Betriebsrat stünde, besteht auch die außerordentliche Lösungsmöglichkeit für den Arbeitgeber, wenn er bei noch bestehendem Betriebsrat die Möglichkeit zur außerordentlichen Kündigung hätte. Das ist den Arbeitnehmern zuzurechnen, weil auch der Betriebsrat die Kündigung des Arbeitgebers nicht verhindern kann.

Soweit *freiwillige Betriebsvereinbarungen die Rechtslage der Arbeitnehmer verschlechtern*, diese also an einem möglichst raschen Ende der Regelung interessiert sein werden, ist dieses Interesse nicht schutzwürdig. Weil die Arbeitnehmer auch bei bestehendem Betriebsrat keine Kündigung der Betriebsvereinbarung erzwingen können, ist es ihnen zuzumuten, entweder einen neuen Betriebsrat zu wählen, der ihre Interessen dann möglicherweise durch Kündigung vertritt. Oder es gelingt ihnen individuell, günstigere Regelungen im Arbeitsvertrag mit dem Arbeitgeber zu vereinbaren, die der Betriebsvereinbarung in der Anwendung vorgehen.

3. Lossagungsrecht bei Vorliegen eines wichtigen Grundes

Der Arbeitgeber kann ausnahmsweise die Betriebsvereinbarung mit sofortiger Wirkung beenden, wenn er bei noch bestehendem Betriebsrat ein außerordentliches Kündigungsrecht hätte. Das Recht zur außerordentlichen Kündigung ist für die Fälle anerkannt, in denen dem Arbeitgeber das Festhalten an der Betriebsvereinbarung bis zum Ablauf der Kündigungsfrist nicht zugemutet werden kann.[468] Liegt ein wichtiger Grund vor - zum Teil wird ein besonders wichtiger Grund verlangt[469] -, muß der Arbeitgeber ein außeror-

[468] BAG 19.7.1957, E 4, S. 232 (238f); 29.5.1964, E 16, S. 58 (67) (II 2 der Gründe); 28.4.1992, AP Nr 11 zu § 50 BetrVG, Bl. 6R (B IV der Gründe); AR-Blattei, Brune, SD 520, Rn 402; ErfK/Hanau/Kania, § 77 BetrVG Rn 117; Fitting/Kaiser/Heither/Engels, § 77 Rn 135; Galperin/Löwisch, § 77 Rn 63; GK/Kreutz, § 77 Rn 314; Hess/Schlochauer/Glaubitz, § 77 Rn 211; MünchArbR/Matthes, § 319 Rn 40; Richardi, § 77 Rn 186; Weiss/Weyand, § 77 Rn 40

[469] BAG 19.7.1957, E 4, S. 232 (Ls. 4, 238f); 29.5.1964, E 16, S. 58 (67, II 2 der Gründe); Fitting/Kaiser/Heither/Engels, § 77 Rn 135; Galperin/Löwisch, § 77 Rn 63; GK/Kreutz, § 77

dentliches Beendigungsrecht haben. Der Gesetzgeber hat mit der Regelung des § 120 Abs. 2 Insolvenzordnung das außerordentliche Kündigungsrecht einer Betriebsvereinbarung anerkannt. Nach Auffassung der herrschenden Meinung führt auch die außerordentliche Kündigung nicht zum sofortigen Fortfall der Betriebsvereinbarung, ihre Regelungen wirken nach.[470] Auch für die Beendigung der Betriebsvereinbarung durch außerordentliche Kündigung besteht der Zweck der Nachwirkung, die Sicherung des Instituts und der Funktionsfähigkeit der Mitbestimmung. Gleiches gilt in der Fallgruppe 2 für die fristlose Lossagung. In dieser Fallgruppe wirkt auch die so beendete Betriebsvereinbarung nach. Allerdings besteht die Nachwirkung in diesen Fällen nur so lange, wie die Belegschaft noch keine Möglichkeit zur Neuwahl eines Betriebsrats hatte. Danach endet die Nachwirkung automatisch. § 77 Abs. 6 BetrVG ist dann teleologisch zu reduzieren.[471]

4. Grundsätzlich keine Teiländerung

Soweit nach den oben aufgeführten Grundsätzen eine Lösungsmöglichkeit für den Arbeitgeber besteht, kann dieser grundsätzlich nicht nur Teile der Regelungen ändern. Sonst könnte der Arbeitgeber Bestandteile ändern, obwohl der Wille der Betriebsparteien bei Abschluß der Betriebsvereinbarung auf eine einheitliche Regelung gerichtet war. Er könnte die mitbestimmte Regelung so verändern, wie sie seinem Willen entspricht und auf diese Weise den vom Betriebsrat durchgesetzten Bestandteil der Betriebsvereinbarung, in dem die Rechte der Arbeitnehmer besondere Berücksichtigung finden, herauslösen und beenden, ohne auf den Vorteil der normativen Wirkung der Betriebsvereinbarung verzichten zu müssen. Etwas anderes gilt nur dann, wenn der Arbeitgeber die Betriebsvereinbarung bei bestehendem Betriebsrat teilweise kündigen könnte. Das ist zu bejahen, wenn das Recht zur Teilkündigung in der Betriebsvereinbarung ausdrücklich geregelt worden ist oder wenn sich die teilweise Lossagung auf einen selbständigen, mit dem weiteren Inhalt sachlich nicht zusammenhängenden Komplex bezieht und Anhaltspunkte dafür vorliegen, daß die Betriebsparteien davon ausgegangen sind, daß dieser Teil ein selbständiges Schicksal haben könnte und sollte.[472]

Rn 314; Hess/Schlochauer/Glaubitz, § 77 Rn 211; MünchArbR/Matthes, § 319 Rn 40; Weiss/Weyand, § 77 Rn 40; a. A. GK/Kreutz, § 77 Rn 314; Richardi, § 77 Rn 186

[470] BAG 10.8.1994, AP Nr 86 zu § 112 BetrVG (bzgl. Sozialplan); MünchArbR/Matthes, § 319 Rn 52; Richardi, § 77 Rn 20; a. A. Fitting/Kaiser/Heither/Engels, § 77 Rn 153; GK/Kreutz, § 77 Rn 334

[471] vgl. unten Teil 3 D II 3 a

[472] Däubler/Kittner/Klebe/Berg, § 77 Rn 55; Fitting/Kaiser/Heither/Engels, § 77 Rn 136; GK/Kreutz, § 77 Rn 313; Hess/Schlochauer/Glaubitz, § 77 Rn 215; MünchArbR/Matthes, § 319 Rn 41; Richardi, § 77 Rn 190; Weiss/Weyand, § 77 Rn 41

IV. Zwischenergebnis

Es kann als Zielvorgabe bei der Suche nach einer Lösung folgendes festgehalten werden:

1) Der Arbeitgeber muß die Möglichkeit haben, sich von Betriebsvereinbarungen nach Wegfall des Betriebsrats zu lösen.

2) Für erzwingbare Betriebsvereinbarungen gilt in der Fallgruppe 2 die Besonderheit, daß sie der Arbeitgeber grundsätzlich erst dann beenden kann, wenn die Belegschaft die Möglichkeit zur Neuwahl eines Betriebsrats hatte. In der Fallgruppe 1 ist eine Frist für die Beendigung zu berücksichtigen, innerhalb derer sich die Arbeitnehmer auf die Beendigung der Betriebsvereinbarungen einstellen können. Ungeachtet dessen hat der Arbeitgeber das Recht zur außerordentlichen Beendigung, wenn bei bestehendem Betriebsrat die außerordentliche Kündigung zulässig wäre.

3) Von einer freiwilligen Betriebsvereinbarung kann sich der Arbeitgeber unter Einhaltung der Frist lösen, die bei bestehendem Betriebsrat für die ordentliche Kündigung einzuhalten wäre. Der Arbeitgeber hat auch bei der freiwilligen Betriebsvereinbarung das Recht, die Betriebsvereinbarung außerordentlich zu beenden, wenn bei bestehendem Betriebsrat die außerordentliche Kündigung zulässig wäre.

4) Die Arbeitnehmer haben keine unmittelbare Beendigungsmöglichkeit. Ihnen bleibt nur, einen neuen Betriebsrat zu wählen oder für sie günstigere Regelungen im Arbeitsvertrag mit dem Arbeitgeber zu vereinbaren.

5) Der Arbeitgeber kann sich nur als ganzes bzw. unter den engen Voraussetzungen, die bei bestehendem Betriebsrat für die Teilkündigung der Betriebsvereinbarung zu beachten sind, von der Betriebsvereinbarung lösen.

D. Ausgestaltung des Beendigungsrechts im einzelnen

Wie oben[473] dargestellt wurde, endet der schuldrechtliche Teil der Betriebsvereinbarung mit Wegfall des Betriebsrats, soweit er nicht auf den normativen Teil bezogen ist. Ist er auf den normativen Teil bezogen, folgt er diesem in seinem Bestand. Der normative Teil seinerseits muß ebenfalls enden, sobald der Betrieb nicht mehr betriebsratsfähig ist. Im übrigen soll es dem Arbeitgeber überlassen sein, die normativ geltende Betriebsvereinbarung durch Lossagungserklärung enden zu lassen. Im folgenden ist zu überlegen, welche konkreten Anforderungen an diese Lossagungserklärung zu stellen sind. Eigenständige Bedeutung kommt hierbei der Tatsache zu, daß es eine *Vielzahl*

---

[473]Teil 3 B I

von Fallgestaltungen gibt, in denen der Betriebsrat wegfallen kann. Zu denken ist etwa daran, daß die Betriebspartner in der Betriebsvereinbarung die Nachwirkung ausgeschlossen haben oder der Betriebsrat wegfällt, nachdem der Arbeitgeber die Betriebsvereinbarung gekündigt hat, die Kündigungsfrist jedoch noch nicht abgelaufen ist. Zuvor sind einige Vorüberlegungen zu treffen, die für die anhand der eben angesprochenen Vielzahl von Fallgestaltungen dargestellten konkreten Lösung von Bedeutung sind.

I. Vorüberlegungen

1. Lossagungsrecht ist kein Kündigungsrecht

Es hat sich oben unter C. herausgestellt, daß es dem Arbeitgeber überlassen sein soll, in den Fallgruppen 1 und 2 den Zeitpunkt für die Beendigung der Betriebsvereinbarung selbst zu bestimmen. Dieses Recht wird dadurch eingeschränkt, daß der Arbeitgeber in der Fallgruppe 2 bezüglich erwingbarer Betriebsvereinbarungen eine Veränderungssperre zu wahren hat, die der Belegschaft die Zeit läßt, einen Betriebsrat neu zu wählen, ohne daß vom Arbeitgeber in der Zwischenzeit wegen der Betriebsratslosigkeit Veränderungen der im Betrieb geltenden Betriebsvereinbarungen durchgeführt werden können. Diese Anforderungen sprechen dafür, daß der Arbeitgeber ein *einseitiges Lossagungsrecht* ausüben kann. Dieses Recht ist kein Kündigungsrecht des Arbeitgebers. Denn erstens wird in dieser Untersuchung der Standpunkt vertreten, daß die Kündigung der Betriebsvereinbarung die Erklärung gegenüber dem anderen Vertrags-, d. h. Betriebspartner voraussetzt. Will der Arbeitgeber kündigen, ist hierfür also die Erklärung gegenüber dem Betriebsrat konstitutiv. Das wurde bereits oben im Teil 2 unter B. I. deutlich. Zweitens macht die begriffliche Trennung in Kündigung bei bestehendem Betriebsrat einerseits und in Lossagungserklärung nach Wegfall des Betriebsrats andererseits deutlich, daß sich die Eigenschaften und Wirkungen in wesentlichen Punkten unterscheiden. So wird die Kündigung gegenüber dem Betriebsrat, also auf der Vertragsebene, erklärt - gemäß § 26 Abs. 3 BetrVG gegenüber dem Betriebsratsvorsitzenden bzw. dessen Stellvertreter. Die Lossagungserklärung wird hingegen gegenüber allen Arbeitnehmern zugleich erklärt, möglich auch durch Aushang am Schwarzen Brett.[474] Die Beendigung erfolgt also auf der normativen Wirkebene. Den Gegensatz zwischen Kündigung und Lossagungserklärung verdeutlicht die Überlegung, daß die Kündigung des Arbeitgebers lediglich den Vertrag mit dem Betriebsrat beendet, was mittelbar das Ende der normativen Wirkung zur Folge hat. Demgegenüber beendet die Lossagungserklärung die normative Geltung unmittelbar. Ein

---

[474] sogleich unter 3

Unterschied besteht auch hinsichtlich des Rechts zur Kündigung bzw. Lossagung. Während die Beendigung durch Kündigung keinen Einschränkungen unterliegt, ist die Lossagung ausgeschlossen, soweit die Betriebsvereinbarung in der Fallgruppe 2 während des Zeitraums endete, der der Belegschaft zuzuweisen ist, um einen neuen Betriebsrat zu wählen (Veränderungssperre).[475] Im übrigen unterscheiden sich hinsichtlich der erzwingbaren Betriebsvereinbarung auch die Rechtsfolgen. Anders als die Kündigung führt die Lossagungserklärung nur ausnahmsweise zu einer Nachwirkung der erzwingbaren Betriebsvereinbarung.[476] Schließlich ist darauf hinzuweisen, daß die Lossagungserklärung gegenüber der Kündigung subsidiär ist. Solange die Kündigung möglich ist, ist die Lossagungserklärung ausgeschlossen.

2. Lossagungsrecht mit Hilfe vertraglicher Regelungsinstrumente

Fraglich ist, wie das Recht zur Beendigung der normativen Wirkung der Betriebsvereinbarung rechtlich ausgestaltet ist. Es läßt sich sowohl daran denken, vertragsrechtliche Instrumente anzuwenden, als auch die Grundsätze, die zur Aufhebung von Rechtsnormen gelten. Für ersteres spricht, daß die Betriebsvereinbarung nicht nur durch Vertragsschluß zustande kommt,[477] sondern bei bestehendem Betriebsrat auch durch das vertragsrechtliche Instrument der Kündigung zum Ablauf gebracht werden kann. Für letzteres spricht hingegen, daß die Betriebsvereinbarung gegenüber den Arbeitnehmern wie bzw. als Rechtsnorm gilt[478] - sie entstammt der privaten Rechtsetzung der Betriebspartner[479] - und die Fortgeltung der Betriebsvereinbarung nach Wegfall des Betriebsrats gerade darauf beruht, daß das Rechtsverhältnis zwischen Arbeitgeber und Arbeitnehmer weiterhin besteht. Beide

---

475 vgl. oben Teil 3 C III 1

476 vgl. unten Teil 3 D II 1 a cc

477 AR-Blattei, Brune, SD 520 Rn 48; Däubler/Kittner/Klebe/Berg, § 77 Rn 8; Galperin/Löwisch, § 77 Rn 6; GK/Kreutz, § 77 Rn 31, 143; Fitting/Kaiser/Heither/Engels, § 77 Rn 13; Hess/Schlochauer/Glaubitz, § 77 Rn 3; MünchArbR/Matthes, § 319 Rn 1; Richardi, § 77 Rn 24; Waltermann, Rechtsetzung durch Betriebsvereinbarung, S. 96

478 Däubler/Kittner/Klebe/Berg, § 77 Rn 42; Fitting/Kaiser/Heither/Engels, § 77 Rn 110; Hess/Schlochauer/Glaubitz, § 77 Rn 3, 7; MünchArbR/Matthes, § 319 Rn 3; Stege/Weinspach, § 77 Rn 27; Waltermann, Rechtsetzung durch Betriebsvereinbarung, S. 93; a. A. AR-Blattei, Brune, SD 520 Rn 51-58; Galperin/Löwisch, § 77 Rn 36; GK/Kreutz, § 77 Rn 193; Hanau, RdA 1989, S. 207 (208); Kreutz, Grenzen der Betriebsautonomie, S. 76-98

479 Waltermann, Rechtsetzung durch Betriebsvereinbarung, S. 140f

Möglichkeiten erscheinen wegen der Doppelnatur der Betriebsvereinbarung als Normenvertrag[480] dogmatisch begründbar.

Allerdings spricht gegen die Lösung mit Hilfe der Normeneigenschaft der Betriebsvereinbarung, daß hiermit keine Voraussetzungen für das Beendigungsrecht entsprechend den unter B. und C. herausgearbeiteten Anforderungen benannt sind. Denn Rechtsnormen können grundsätzlich jederzeit mit sofortiger Wirkung wieder aufgehoben werden. Grenzen ergeben sich aus den Grundrechten der Normunterworfenen. Grundrechte gebieten aber nicht die nur fristgemäße Beendigung von Betriebsvereinbarungen. Sie sind allenfalls geeignet, generell der Beendigung von Betriebsvereinbarungen dahingehend Grenzen zu ziehen, daß nicht ohne weiteres bereits bestehende Ansprüche wieder gekürzt bzw. aufgehoben werden dürfen. Ein weitergehender Schutz besteht nur ausnahmsweise, denn immerhin kann eine Betriebsvereinbarung bei bestehendem Betriebsrat ohne weiteres aufgehoben oder abgeändert werden. Ein Sonderfall ist die betriebliche Altersversorgung. Hier ist anerkannt, daß der Arbeitgeber in die durch eine Betriebsvereinbarung geschaffene Erwartung auf betriebliche Altersversorgung nicht ohne weiters eingreifen darf.[481] Hintergrund dürfte der Schutz aus Art. 14 Abs. 1 GG sein.[482] Ein genereller Lösungsansatz läßt sich daraus jedoch nicht ableiten, weil es ausschließlich um den auch von der Rechtsprechung[483] anerkannten Schutz der Altersversorgung geht - der im übrigen auch dann schon zu beachten ist, wenn ein Betriebsrat noch im Betrieb besteht.

Besser eignet sich die Übertragung des vertragsrechtlichen Rechtsinstituts der Beendigung durch einseitige Gestaltungserklärung auf die Beendigung nach Wegfall des Betriebsrats. Auch wenn, wie soeben unter 1. deutlich wurde, das Recht zur Kündigung nach Wegfall des Betriebsrats ausgeschlossen ist, kann doch der für dieses Recht wesentliche Gesichtspunkt, die durch einseitige Gestaltungserklärung zu erreichende Beendigung einer Regelung, übertragen werden. Während ein Betriebsrat besteht, kann der Arbeitgeber die Betriebsvereinbarung grundsätzlich nur fristgemäß kündigen. Nur ausnahmsweise ist die fristlose Beendigung zulässig, wenn ein wichtiger Grund die Fortgeltung der Betriebsvereinbarung bis zum vereinbarten Ende oder dem

---

480 Däubler/Kittner/Klebe/Berg, § 77 Rn 8; Fitting/Kaiser/Heither/Engels, § 77 Rn 13; MünchArbR/Matthes, § 319 Rn 1

481 vgl. unten Teil 3 D V 2 a

482 vgl. unten Teil 3 D V 2 a

483 st. Rspr. seit BVerfGE 53, S. 257 (289-294) (für Renten aus öffentlich-rechtlichen Sozialversicherungen); BAG 22.9.1987, AP Nr 5 zu § 1 BetrAVG Besitzstand, Bl. 4 (B. II. 2. a der Gründe) (für betriebliche Alterversorgung)

Ablauf der Kündigungsfrist unzumutbar macht. Dahinter wird der vertragsrechtliche Grundsatz stehen, daß ohne schwerwiegende Gründe die Beendigung von Dauerschuldverhältnissen nur unter Einhaltung einer Frist zulässig ist, damit sich der andere Vertragspartner auf das Ende der Regelung einstellen kann.[484] Das gilt nur dann nicht, wenn aus Zumutbarkeitserwägungen eine sofortige Beendigung erforderlich ist (vgl. § 626 BGB). Bei der normativ geltenden Betriebsvereinbarung kann derselbe Grundsatz herangezogen werden, wenn auch mit der Besonderheit, daß die Frist nicht nur der anderen Vertragspartei, dem Betriebsrat, sondern auch den normunterworfenen Arbeitnehmern die Möglichkeit schaffen soll, sich auf den Ablauf der Regelung einzustellen. Weil trotz Wegfalls des Betriebsrats die Arbeitnehmer ein Interesse daran haben, sich auf die Beendigung der Betriebsvereinbarung einzustellen, ist dieses Regel-Ausnahme-Verhältnis auch geeignet, auf die Beendigung nach Wegfall des Betriebsrats erstreckt zu werden. Das hat zur Konsequenz, daß der Arbeitgeber die außerordentliche Beendigung der Betriebsvereinbarung nur erreichen kann, wenn er hierfür einen schwerwiegenden Grund hat, der das erfordert. Weil es sich um einen vertragsrechtlichen Mechanismus handelt, liegt es nahe, auch für die Beendigung nach Wegfall des Betriebsrats die Voraussetzungen für die außerordentliche Beendigung dem Vertragsrecht zu entlehnen, also einen wichtigen Grund für die sofortige Beendigung zu verlangen. Das ist sachgerecht, weil ein Grund für die Anwendung des Regel-Ausnahme-Verhältnisses durch den Wegfall des Betriebsrats nicht berührt wird. Die Arbeitnehmer haben ein Interesse am nicht fristlosen Ablauf der Betriebsvereinbarung, weil die Betriebsvereinbarung auch in ihrem Interesse abgeschlossen wird. Sie schafft einen Ausgleich der häufig widerstreitenden Interessen der Belegschaft und des Betriebes (vgl. § 2 Abs. 1 BetrVG). Durch den Wegfall des Betriebsrats wird dieser Interessenausgleich inhaltlich nicht berührt.

3. Lossagung nur gegenüber allen Arbeitnehmern und grundsätzlich nur von der gesamten Betriebsvereinbarung

Das Gesetz gibt nicht Aufschluß darüber, wie der Arbeitgeber die Beendigung herbeiführen kann. Es ist naheliegend, eine Erklärung gegenüber allen Arbeitnehmern ausreichen zu lassen, möglich auch durch Aushang am Schwarzen Brett. Allerdings muß sie der Arbeitgeber einheitlich gegenüber allen Arbeitnehmern erklären, weil diese Erklärung die Kündigung gegenüber dem Betriebsrat ersetzt und diese ebenfalls nur einheitlich mit Wirkung gegenüber allen Normunterworfenen zulässig ist. Erklärt er dennoch nur

[484] vgl. Medicus, Schuldrecht I, S. 241, 253

gegenüber einzelnen Arbeitnehmern die Lossagung, so ist diese Erkärung unwirksam und vermag deshalb die Bindung an die Betriebsvereinbarung nicht zu beenden. Eine teilweise, nur auf einzelne Elemente der Betriebsvereinbarung bezogene Lossagung ist dem Arbeitgeber nur soweit möglich, wie er auch bei Bestehen des Betriebsrat eine Teilkündigung aussprechen könnte.

II. Erzwingbare Betriebsvereinbarungen

1. Beendigung unter Einhaltung einer Frist (Analogie zu § 77 Abs. 5 BetrVG)

a) Regelfall

Wie oben unter D. I. 2. dargestellt wurde, soll bei der Ausgestaltung des Lossagungsrechts auf Rechtsinstitute Bezug genommen werden, die bei bestehendem Betriebsrat ein Kündigungsrecht begründen. In § 77 Abs. 5 BetrVG ist normiert, daß Betriebsvereinbarungen, wenn nichts anderes vereinbart ist, mit einer Frist von drei Monaten gekündigt werden können. Tatbestand der Regelung ist die Kündigung, die als Rechtsfolge den ohne abweichende Vereinbarung nach drei Monaten erfolgenden Ablauf der Betriebsvereinbarung nach sich zieht. Die analoge Anwendung von § 77 Abs. 5 BetrVG würde demnach bedeuten, daß die Betriebsvereinbarung, von der sich der Arbeitgeber losgesagt hat, ebenfalls erst nach entsprechendem Fristablauf endet.

Die Analogie setzt zum einen voraus, daß eine offene Gesetzeslücke besteht.[485] Das hat sich bereits oben im 2. Teil gezeigt. Weder entspricht es den Wertungen des BetrVG, daß die Betriebsvereinbarung mit Wegfall des Betriebsrats endet, noch läßt sich die Betriebsvereinbarung durch Kündigung, dem Regelungsinstrument, das das BetrVG für die einseitige Beendigung vorsieht, beenden. Zum anderen muß der geregelte Tatbestand des § 77 Abs. 5 BetrVG mit dem nicht geregelten Lossagungsrecht vergleichbar sein, d. h. beide Tatbestände müssen bezüglich der für die rechtliche Bewertung maßgeblichen Gesichtspunkte übereinstimmen.[486]

Die Gesichtspunkte, die der gesetzlichen Regelung zugrundeliegen, werden erkennbar, wenn der Zweck der Regelung betrachtet wird.[487] Hierbei genügt jedoch der Blick auf die Absicht des historischen Gesetzgebers nicht. Denn so

---

[485] Larenz/Canaris, Methodenlehre, S. 202

[486] allgemein zur Analogie Larenz/Canaris, Methodenlehre, S. 202

[487] Larenz/Canaris, Methodenlehre, S. 202f

ist nicht zu erklären, warum eine Frist normiert wurde. Im Betriebsverfassungsgesetz aus dem Jahr 1952 fehlte eine vergleichbare Vorschrift. Dementsprechend war umstritten, ob und mit welcher Frist eine Betriebsvereinbarung gekündigt werden konnte. Die herrschende Meinung nahm an, daß Betriebsvereinbarungen jederzeit ohne Grund mit sofortiger Wirkung gekündigt werden konnten.[488] Mit dem BetrVG 1972 sollte dieser Streit beendet werden, die insofern bestehende Rechtsunsicherheit beseitigt werden.[489] Welchen über die Absicht der Eindeutigkeit und Rechtsklarheit hinausgehenden Zweck die Regelung verfolgt, ist den Materialien jedoch nicht zu entnehmen. Da aber in Rechtsprechung[490] und Literatur[491] einhellig neben dem Recht zur ordentlichen auch, bei Vorliegen eines wichtigen Grundes, ein Recht zur außerordentlichen Kündigung angenommen wird, wird dahinter das bereits oben unter I. 2. angesprochene Regel-Ausnahme-Verhältnis erkennbar. Grundsätzlich ist danach die Kündigung der Betriebsvereinbarung nur unter Einhaltung einer Kündigungsfrist möglich. Nur ausnahmsweise, wenn das Zuwarten bis zum Ablauf der regulären Kündigungsfrist nicht zuzumuten ist, ist die außerordentliche Beendigung zulässig. Der darin zum Ausdruck kommende Gedanke ist derselbe, der für schuldrechtliche Verträge anerkannt ist.[492] Dem Vertragspartner, gegenüber dem der Vertrag ohne seinen Willen beendet wird, soll grundsätzlich ein Zeitraum bis zur Beendigung zugebilligt werden, um sich auf die neue Rechtslage einzustellen. Auf das Kündigungrecht des Arbeitgebers bezogen heißt das, daß zum einen der Vertragspartner der Betriebsvereinbarung, also der Betriebsrat, die Möglichkeit erhalten soll, die Beendigung der Betriebsvereinbarung zur Kenntnis zu nehmen. Es wird ihm hierdurch ermöglicht, sich um den rechtzeitigen Neuabschluß einer Betriebsvereinbarung zu bemühen bzw. die Belegschaft über den Ablauf der Regelungen zu informieren. Weil aber die Regelungen in ihrem normativen Teil auch und gerade die Arbeitnehmer betreffen, wird ein weiterer Zweck des § 77 Abs. 5 BetrVG darin zu sehen sein, auch ihnen Gelegenheit zu geben, sich auf den Verlust der Regelungen einzustellen. Das ist insbesondere bezüglich teilmitbestimmter Regelungen wichtig, in denen sich der Arbeitgeber durch die

---

[488] zum damaligen Streitstand vergleiche Hueck/Nipperdey, II/2, S. 1283-1286; Nikisch, III, S. 297-299

[489] BT-Drucks. VI/1786, S. 47

[490] BAG 19.7.1957, E 4, S. 232 (238f); 29.5.1964, E 16, S. 58 (67, II 2 der Gründe); 28.4.1992, AP Nr 11 zu § 50 BetrVG, Bl. 6R (B IV der Gründe)

[491] AR-Blattei, Brune, SD 520, Rn 402; ErfK/Hanau/Kania, § 77 Rn 117; Fitting/Kaiser/Heither/Engels, § 77 Rn 135; Galperin/Löwisch, § 77 Rn 63; GK/Kreutz, § 77 Rn 314; Hess/Schlochauer/Glaubitz, § 77 Rn 211; MünchArbR/Matthes, § 319 Rn 40; Richardi, § 77 Rn 186; Weiss/Weyand, § 77 Rn 40

[492] Medicus, Schuldrecht I, S. 241, 253

Betriebsvereinbarung zu einer Leistung verpflichtet hat. Da er nach Auffassung der herrschenden Meinung auch diese Betriebsvereinbarung frei kündigen kann,[493] gewährt die Kündigungsfrist den Arbeitnehmern eine Übergangsfrist, in der sie sich auf den Wegfall der Leistung einstellen können. Die zu erwartende Beendigung der Betriebsvereinbarung kann sich so in der Belegschaft herumsprechen, bevor sie mit Ablauf der Kündigungsfrist eintritt. Insoweit dient die Kündigungsfrist der Rechtssicherheit. Es ist zwar denkbar, daß im Einzelfall eine solche Frist nicht erforderlich ist, weil es etwa um Verhaltensregelungen geht, die die Belegschaft mit sofortiger Wirkung ändern kann. Aber das ist auch bei schuldrechtlichen Verträgen denkbar, etwa wenn eine Kündigung schon so weit vor ihrem Ausspruch angekündigt worden ist, daß der Kündigungsempfänger genügend Zeit hatte, sich darauf einzustellen. Es ist also typisch für die ordentliche Kündigung, daß sie unabhängig davon eine Kündigungsfrist gewährt, ob der Kündigungsadressat dieser Frist im Einzelfall bedarf oder nicht.

Es ist zu überlegen, ob die Gesichtspunkte, die der Anordnung der Kündigungsfrist zugrundeliegen, auch nach Wegfall des Betriebsrats bei Beendigung der Betriebsvereinbarung durch den Arbeitgeber zu gelten haben. Es ist deshalb zu fragen, ob bei den Arbeitnehmern auch nach Wegfall des Betriebsrats ein zu schützendes Bedürfnis besteht, sich auf den Ablauf der Betriebsvereinbarung einzustellen. Hierbei müssen zwei Fallgruppen voneinander unterschieden werden. Es war oben unter C. deutlich geworden, daß in den Fällen der zwingenden Betriebsratslosigkeit (Fallgruppe 2) eine Veränderungssperre angenommen werden muß, die so lange währt, bis die Belegschaft die Möglichkeit gehabt hat, einen neuen Betriebsrat zu wählen. Einer Veränderungssperre bedarf es hingegen nicht in den Fällen der Fallgruppe 1, in denen die Belegschaft eine Betriebsratslosigkeit durch rechtzeitige Neuwahl eines Betriebsrats hätte vermeiden können. Während in der Fallgruppe 1 für die Annahme einer Lossagungsfrist das generelle Interesse der Belegschaft sprechen wird, sich auf den Wegfall der kollektiven Regelung einzustellen, wird in der Fallgruppe 2 hinzutreten, daß das Interesse am Bestandsschutz der betriebsverfassungsrechtlichen Normenverträge bis zur kurzfristigen Neuwahl eines Betriebsrats Schutz verdient.

---

[493] BAG 9.2.1989, AP Nr 40 zu § 77BetrVG, Bl. 2R (I 2 b der Gründe); 26.4.1990, EzA § 77 BetrVG Nr 35, S. 9 (II 3 b der Gründe); 21.8.1990, EzA § 77 Nr 36, S. 6f (B II 3 der Gründe); 26.10.1993, EzA § 77 BetrVG Nr 53, S. 6 (2 b der Gründe); GK/Kreutz, § 77 Rn 339; Leinemann, BB 1989, S. 1905 (1908); Loritz, RdA 1991, S. 65 (76); MünchArbR/Matthes., § 319 Rn 56; Richardi, § 87 Rn 48; Stege/Weinspach, § 77 Rn 44; a. A. Däubler/Kittner/Klebe/Berg, § 77 Rn 59; Blomeyer, DB 1990, S. 173; Schirge, DB 1991, S. 441

aa) Fallgruppe 1

Soweit die Betriebsvereinbarung, die der Arbeitgeber nach Wegfall des Betriebsrats beenden möchte, Regelungen zum Vorteil der Arbeitnehmer enthält, werden die Arbeitnehmer kein Interesse am Ablauf der Betriebsvereinbarung haben. Ihnen wird die Lossagungsfrist insofern dienen, als sie während dieser Frist entweder versuchen können, einzelvertragliche Regelungen mit dem Arbeitgeber zu vereinbaren, die an die Stelle der beendeten Betriebsvereinbarung treten. Oder sie werden die Zeit nutzen können, einen neuen Betriebsrat zu wählen, der ihre Interessen gegenüber dem Arbeitgeber vertreten kann. Wird der Betriebsrat vor Ablauf der Lossagungsfrist gewählt, beginnt mit Fristablauf die Nachwirkung, denn § 77 Abs. 6 BetrVG unterscheidet nicht nach dem Grund für den Ablauf der Betriebsvereinbarung. Infolgedessen hat der Betriebsrat Zeit, eine Neuregelung mit dem Arbeitgeber zu vereinbaren. Beide Möglichkeiten der Arbeitnehmer, die nachteiligen Folgen des Endes der Betriebsvereinbarung abzuwenden, machen deutlich, daß es dem Interesse der Arbeitnehmer entspricht - wie ohne Wegfall des Betriebsrats -, eine Frist anzunehmen, die den Arbeitnehmern Zeit läßt, sich auf den Ablauf der Betriebsvereinbarung einzustellen. Deshalb wird von einer Lossagungsfrist von drei Monaten ausgegangen, sofern die Betriebspartner keine andere Vereinbarung getroffen haben.

Enthält die Betriebsvereinbarung hingegen Regelungen, die die Arbeitnehmer als nachteilig empfinden, haben sie zwar an sich ein Interesse am sofortigen Ende der Betriebsvereinbarung. Nur wird sich selten eindeutig bestimmen lassen, ob eine Betriebsvereinbarung die Interessen der Belegschaft wahrt. Für die Interessenwahrung spricht immerhin, daß der Betriebsrat als Interessenvertretung der Arbeitnehmer die Betriebsvereinbarung abgeschlossen hat. Im Interesse der Rechtssicherheit ist es deshalb geboten, auch für solche Betriebsvereinbarungen, bei denen die Interessenwahrung der Arbeitnehmer zweifelhaft sein mag, eine Lossagungsfrist anzunehmen. Der Rechtssicherheit gebührt wegen der normativen Geltung der Betriebsvereinbarung ein besonderer Rang.

bb) Fallgruppe 2

Soweit die Belegschaft in dieser Fallgruppe die Möglichkeit zur Neuwahl eines Betriebsrats ungenutzt hat verstreichen lassen, gilt dasselbe wie in der Fallgruppe 1. Die Betriebsvereinbarung kann also vom Arbeitgeber mit einer Frist von drei Monaten durch Lossagungserklärung beendet werden, bei abweichender Fristregelung entsprechend der vereinbarten Frist.

Fraglich ist, was in der Zeit unmittelbar nach Wegfall des Betriebsrats gilt, solange die Belegschaft die Möglickeit zur Wahl eines Betriebsrats noch nicht gehabt hat. Hier wird eine Veränderungssperre angenommen, weil davon ausgegangen wird, daß das Beibehalten der erzwingbaren Betriebsvereinbarung im Regelfall den Interessen der Arbeitnehmer mehr entsprechen wird als ihr Wegfall. In dieser Zeit soll die Belegschaft die Gelegenheit haben, einen neuen Betriebsrat zu wählen, bevor die erzwingbaren Betriebsvereinbarungen enden.[494] Wie in der Fallgruppe 1 geht es also auch hier darum, daß die Arbeitnehmer Gelegenheit haben sollen, sich auf den Wegfall der Regelungen einzustellen bzw. dem drohenden Wegfall begegnen zu können - und zwar, indem sie durch Neuwahl eines Betriebsrats den Wegfall der unmittelbaren Wirkung mit Ablauf der Lossagungsfrist vermeiden. Der Unterschied zur Fallgruppe 1 besteht darin, daß die Veränderungssperre zwingend zu beachten ist, also keinen abweichenden Vereinbarungen der Betriebspartner zugänglich ist.

Für die Bemessung der Veränderungssperre können drei Monate angesetzt werden. Die Vorbereitung der Wahl erfolgt in drei Stufen. Erstens muß eine Betriebsversammlung einberufen werden. In dieser Betriebsversammlung muß ein Wahlvorstand gewählt werden, der die Wahl des Betriebsrats durchführt. Der Wahlvorstand muß zweitens eine Wählerliste erstellen, auf der alle wahlberechtigten Arbeitnehmer des Betriebes aufgeführt sind. Ist die Wählerliste erstellt, ist der Wahlvorstand drittens zur Wahlausschreibung verpflichtet. Nachdem Wahlvorschläge gemacht worden sind, kann die Wahl erfolgen. Für einzelne Stufen bestimmt das BetrVG bzw. die dazu erlassene Wahlordnung Fristen. Für die erste Stufe, die Wahl des Wahlvorstandes, bestimmt § 17 Abs. 2 BetrVG zwar keine Frist, geregelt ist nur, daß eine im Betrieb vertretene Gewerkschaft bzw. drei wahlberechtigte Arbeitnehmer zur Betriebsversammlung einladen können. Eine Frist für die Einberufung einer Betriebsversammlung ist aber für den Fall geregelt, daß bei noch bestehendem Betriebsrat eine im Betrieb vertretene Gewerkschaft eine Betriebsversammlung beantragt. Für diesen Fall ordnet § 43 Abs. 4 S. 2 BetrVG an, daß der Betriebsrat die Versammlung innerhalb von zwei Wochen einberufen muß. Wenn der Betriebsrat in diesem Zeitraum eine Betriebsversammlung vorbereiten, insbesondere dazu einladen kann, wird das auch der Gewerkschaft bzw. drei Arbeitnehmern des Betriebes, die eine Betriebsratswahl iniziieren wollen, möglich sein. Hierfür werden deshalb zwei Wochen angesetzt. Für die zweite Stufe, das Aufstellen einer Wählerliste, besteht gar keine gesetzliche Frist. Anders ist das für die dritte Stufe, die Wahlausschreibung. Hierfür bestimmt § 3 Abs. 1 S. 1 WahlO, daß der Wahlvorstand spätestens sechs Wochen vor dem ersten Tag der Stimm-abgabe eine Wahlausschreibung

[494] vgl. oben Teil 3 C III 1

erlassen muß, in der insbesondere gemäß § 3 Abs. 2 Nr. 7 WahlO erklärt wird, daß Wahlvorschläge beim Wahlvorstand eingereicht werden müssen. Insgesamt können für den Zeitraum zwischen Wahl des Wahlvorstandes (Stufe 1) und dem Abschluß der Wahl zehn Wochen angesetzt werden, denn § 16 Abs. 1 S. 1 BetrVG ordnet an, daß bei noch bestehendem Betriebsrat dieser spätestens zehn Wochen vor Ablauf seiner (regulären) Amtszeit einen Wahlvorstand zu bestellen hat. Die reguläre Amtszeit des Betriebs-rats endet gemäß § 21 S. 1 BetrVG nach vier Jahren, d. h. genau vier Jahre, nachdem er seine Amtszeit durch Bekanntgabe des Wahlergebnisses oder durch Ablauf der vierjährigen Amtszeit des vorherigen Betriebsrats begonnen hat (§ 21 S. 2 BetrVG). Diese Frist wird unabhängig vom Wegfall des Betriebsrats angenommen, weil die Tätigkeit des Wahlvorstandes unabhängig davon ist, ob im Betrieb ein Betriebsrat besteht oder nicht. Es lassen sich also für die Wahl eines Betriebsrats zwölf Wochen ansetzen. Um eine einheitliche Lösung zu ermöglichen, werden drei Monate angenommen.

Bei der Berechnung der Frist wird davon ausgegangen, daß die Belegschaft einen Betriebsrat zu wählen bereit ist. Denn soweit sie in ihrer Mehrheit hierzu nicht bereit ist, wird ihr - wie oben unter C. III. herausgestellt wurde - die Betriebsratslosigkeit zugerechnet. Deshalb bleibt unberücksichtigt, daß sich die Wahlvorbereitungen möglicherweise dadurch verzögern können, daß der Wahlvorstand nicht durch die Betriebsversammlung gewählt wird, sondern gemäß § 17 Abs. 3 S. 1 BetrVG durch das Arbeitsgericht bestellt werden muß. Unberücksichtigt bleibt auch, daß der Arbeitgeber seinerseits versuchen könnte, die Wahl zu verhindern oder zumindest zu verzögern. Zu denken ist hierbei daran, daß er auf die Arbeitnehmer einwirkt, keinen Wahlvorstand oder keinen Betriebsrat selbst zu wählen oder nicht die zur Erstellung der Wählerliste erforderlichen Auskünfte erteilt, obwohl er gemäß § 2 Abs. 2 S. 1 WahlO zur Auskunft verpflichtet ist. Darauf wird nicht abgestellt, weil § 20 Abs. 1 BetrVG anordnet, daß niemand die Betriebsratswahl behindern darf und § 119 Abs. 1 Nr. 1 BetrVG eine Behinderung oder Beeinflussung der Betriebsratswahl unter Strafe stellt. Ein strafbares Verhalten des Arbeitgebers soll nicht unterstellt werden. Ist im Einzelfall der Straftatbestand doch erfüllt, wird daran zu denken sein, daß der Arbeitgeber infolge der rechtswidrigen Verhinderung der Neuwahl eines Betriebsrats die Beendigung der Betriebsvereinbarung nicht innerhalb der Lossagungsfrist von drei Monaten erreichen kann. Vielmehr wird er so lange an die Betriebsvereinbarung gebunden bleiben, bis die Belegschaft trotz der Behinderungen die Möglichkeit hatte, Betriebsratswahlen durchzuführen. Das wird im Streitfall der Feststellung durch das Arbeitsgericht unterliegen. Der Schutz der Interessen der Arbeitnehmer gebietet in diesem Falle eine entsprechende Verlängerung der Lossagungsfrist.

cc) Keine Nachwirkung

Die erzwingbare Betriebsvereinbarung, von der sich der Arbeitgeber unter Einhaltung einer Lossagungsfrist gelöst hat, wirkt nicht nach. Zwar wirkt nach dem Wortlaut von § 77 Abs. 6 BetrVG jede abgelaufene erzwingbare Betriebsvereinbarung nach, bis sie durch eine andere Abmachnung ersetzt worden ist. § 77 Abs. 6 BetrVG muß aber im Wege der teleologischen Reduktion für die Lossagung nach Wegfall des Betriebsrats eingeschränkt werden. Denn der Sinn der Nachwirkung, Sicherung der Institution und der Funktionsfähigkeit der Mitbestimmung,[495] besteht nach Wegfall des Betriebsrats nicht mehr, wenn die Belegschaft trotz der Möglichkeit zur Neuwahl keinen Betriebsrat gewählt hat. Zwar würde in der Fallgruppe 2 möglicherweise der Schutzzweck der Norm eine Nachwirkung für die Dauer gebieten, bis die Belegschaft die Möglichkeit der Neuwahl eines Betriebsrats gehabt hat. Dieser Gesichtspunkt wird jedoch bereits bei der Berechnung der Lossagungsfrist gewahrt, die es der Belegschaft ermöglicht, während ihres Laufs einen neuen Betriebsrat zu wählen. Auf einen weiteren Aspekt weisen *Fitting/Kaiser/Heither/Engels*[496] und *Kreutz*[497] hin. Sie verneinen eine Nachwirkung mit der Begründung, daß nach Wegfall des Betriebsrats mangels Mitbestimmungsrechts kein Spruch der Einigungsstelle in Betracht komme, der jedoch konstitutive Voraussetzung für die Nachwirkung von erzwingbaren Betriebsvereinbarungen sei. Denn andernfalls könne eine Seite durch die Weigerung einer Einigung die nachwirkenden Regelungen konservieren. *Hanau* und *Kania* weisen darauf hin, daß die Nachwirkung mit Wegfall des Betriebsrats enden müsse, weil mit diesem Zeitpunkt keine mitbestimmungspflichtigen Angelegenheiten im Betrieb mehr bestünden.[498]

b) Sonderfälle

Es läßt sich also für den Regelfall feststellen, daß sich der Arbeitgeber nach Wegfall des Betriebsrats nur mit einer Frist von drei Monaten von der Betriebsvereinbarung lossagen kann. Das gilt gleichermaßen für die Fallgruppe 1 wie für die Fallgruppe 2. Auch wenn im Normalfall das Lossagungsrecht des Arbeitgebers für beide Fallgruppen identisch ist, ist die Differenzierung zwischen den Fallgruppen geboten. Denn der Unterschied in der Begründung für die Annahme der dreiwöchigen Lossagungsfrist führt in Sonderfällen zu unterschiedlichen Ergebnissen.

---

[495] vgl. oben Teil 2 D I

[496] § 77 Rn 153

[497] GK, § 77 Rn 334

[498] ErfK/Hanau/Kania, § 77 BetrVG Rn 119

aa) Abweichende Frist in der Betriebsvereinbarung vereinbart

Fraglich ist, ob die Vereinbarung einer anderen Frist auch auf die Beendigung nach Wegfall des Betriebsrats bezogen werden kann. Hierbei sind zwei Fälle voneinander zu unterscheiden. Erstens kann in der Betriebsvereinbarung ausdrücklich eine abweichende Lossagungsfrist für den Fall geregelt sein, daß der Betriebsrat weggefallen ist. Das ist grundsätzlich zulässig, denn ebenso, wie § 77 Abs. 5 BetrVG die Vereinbarung einer abweichenden Kündigungsfrist zuläßt, wird es bei der analogen Anwendung der Norm auch zulässig sein, daß eine abweichende Lossagungsfrist vereinbart ist. Ausnahmsweise gilt allerdings etwas anderes in der Fallgruppe 2, wenn die vereinbarte Lossagungsfrist kürzer als drei Monate ist, so daß die Veränderungs-sperre nicht gewahrt ist. Zweitens kann überlegt werden, ob die Regelung einer abweichenden Kündigungsfrist auch für die Lossagung nach Wegfall des Betriebsrats gelten soll. Hier wird es darauf ankommen, ob diese Erstreckung durch Auslegung zu ermitteln ist.

(1) Ausdrückliche abweichende Regelung einer Lossagungsfrist

Grundsätzlich steht es den Betriebspartnern frei, eine eigenständige Regelung zur Länge der Lossagungsfrist zu vereinbaren. Ist diese Frist *länger als drei Monate*, hat der Arbeitgeber dann eine für ihn erkennbar ungünstigere Regelung getroffen, als wenn er mit dem Betriebsrat keine Regelung getroffen hätte. Rechtliche Einwände bestehen dagegen nicht. Der Arbeitgeber handelt in eigenem Interesse. Deshalb steht es ihm frei, seine Rechtsposition gegenüber der gesetzlichen Rechtslage zu verschlechtern. Da die erzwingbaren Betriebsvereinbarungen dem Interesse der Arbeitnehmer dienen,[499] haben diese kein Interesse daran, daß der Arbeitgeber möglichst bald die Betriebsvereinbarung beenden kann.

Haben die Betriebspartner hingegen eine *kürzere Lossagungsfrist* vereinbart, muß nach Fallgruppen unterschieden werden. Soweit der Wegfall des Betriebsrats der *Fallgruppe 1* zuzuordnen ist, bestehen keine Einwände gegen die Vereinbarung einer kürzeren Lossagungsfrist. Wenn der Betriebsrat sich entschließt, mit dem Arbeitgeber eine entsprechende Frist zu regeln, obwohl hierdurch die Interessen der Arbeitnehmer weniger gewahrt werden, als wenn keine Frist vereinbart würde, so ist das die unabhängige Entscheidung des Betriebsrats. Ein Einwand gegen die Wirksamkeit der Regelung besteht nicht, denn bestmögliche Interessenwahrung der Arbeitnehmer ist kein Wirksamkeitserfordernis der Betriebsvereinbarung. Anders ist hingegen die Rechtslage, wenn für die *Fallgruppe 2* eine Lossagungsfrist vereinbart worden ist, die kürzer als drei Monate ist. Denn dann mißachten die Betriebspartner das

---

[499] vgl. Teil 3 C I 2

Erfordernis der Veränderungssperre. Die Folge ist dann, daß der Arbeitgeber eine Betriebsvereinbarung beenden kann, obwohl die Belegschaft noch keine Gelegenheit hatte, einen neuen Betriebsrat zu wählen. Fraglich ist, ob die Mißachtung der Veränderungssperre die Unwirksamkeit der Vereinbarung zur Folge hat. Das BAG erkennt in ständiger Rechtsprechung an, daß Betriebsvereinbarungen einer gerichtlichen Billigkeitskontrolle unterliegen.[500] Es ist zu überlegen, ob die Vereinbarung einer kurzen Lossagungsfrist in diesem Sinne unbillig ist. Prüfungsmaßstab ist ausgehend von § 75 BetrVG, ob die betriebliche Regelung gesetzlichen Grundentscheidungen widerspricht und den Gleichbehandlungsgrundsatz sowie das Gleichbehandlungsgebot beachtet.[501] Es geht hingegen nicht darum, die Bewertung der Interessen des Betriebes und der Arbeitnehmer zu überprüfen. Vielmehr soll den Betriebspartnern hierbei ein weiter Beurteilungsspielraum verbleiben.[502]

Oben unter C. III. ist deutlich geworden, daß die Interessen der Arbeitnehmer in der Fallgruppe 2 eine Veränderungssperre erfordern. Weil ihnen der Wegfall des Betriebsrats nicht zugerechnet werden kann, sollen sie solange an die bestehenden Betriebsvereinbarungen gebunden sein, wie sie noch keine Möglichkeit zur Neuwahl eines Betriebsrats gehabt haben. Die Veränderungssperre ist geboten, weil dem BetrVG der Rechtsgrundsatz entnommen werden kann, daß die Betriebsratslosigkeit trotz ursprünglich bestehenden Betriebsrats möglichst vermieden werden soll. Wenn ausnahmsweise - wie bei zwingender Betriebsratslosigkeit (Fallgruppe 2) - dieser Grundsatz der Betriebsratsbeständigkeit nicht gelten kann, dann ist es im Interesse des Schutzes der Arbeitnehmer geboten, zumindest die Ergebnisse der bereits ausgeübten Mitbestimmung solange zu erhalten, bis die Belegschaft die

---

[500] BAG 30.1.1970, AP Nr 142 zu § 242 BGB Ruhegehalt, Ls. 2, Bl. 6R-7R (B IV 3 b der Gründe); 11.6.1975, AP Nr 1 zu § 77 BetrVG Auslegung, Ls. 2, Bl. 3 (2 der Gründe); 11.3.1976, AP Nr 11 zu § 242 BGB Ruhegehalt -Unverfallbarkeit-, Bl. 2 (II 2 a der Gründe); 8.12.1981, AP Nr 1 zu § 1 BetrAVG Unterstützungskasse, Bl. 3 (II 3 der Gründe); 9.12.1981, AP Nr 14 zu § 112 BetrVG, Bl. 2 (II 2 a der Gründe); GS 16.9.1986, AP Nr 17 zu § 77 BetrVG, Bl. 97f (C II 5 der Gründe); 3.11.1987, EzA § 77 BetrVG Nr 20, S. 9-11 (II 4 der Gründe); 20.11.1987, AP Nr 2 zu § 620 BGB Altersgrenze, Bl. 5Rf (VI der Gründe); 25.4.1991, EzA § 611 BGB Gratifikation-Prämie- Nr 85, Ls. 2, S. 9f (II 3 e der Gründe); 21.1.1992, EzA § 1 BetrAVG Ablösung Nr 8, S. 5 (I 2 der Gründe); 1.12.1992, EzA § 77 BetrVG Nr 50, S. 8 (I 3 a der Gründe)

[501] BAG 22.5.1990, AP Nr 3 zu § 1 BetrAVG Betriebsvereinbarung, Bl. 2 (2 a der Gründe); 21.1.1992, EzA § 1 BetrAVG Ablösung Nr 8, S. 5 (I 2 der Gründe); 1.12.1992, EzA § 77 BetrVG Nr 50, S. 8 (I 3 a der Gründe); 20.4.1994, AP Nr 77 zu § 112 BetrVG, Bl. 2 (II 2 der Gründe); 26.10.1994, AP Nr 18 zu § 611 BGB Anwesenheitsprämie, Bl. 4 R

[502] anders noch BAG 25.4.1991, EzA § 611 Gratifikation Prämie Nr 85, S. 9f (II 3 e der Gründe)

Möglichkeit zur Neuwahl eines Betriebsrats hatte.[503] Deshalb bedeutet der Verstoß gegen die Veränderungssperre gleichzeitige einen Verstoß gegen den dem BetrVG zugrundeliegenden Rechtsgrundsatz des Arbeitnehmerschutzes durch Mitbestimmung. Die Vereinbarung der kurzen Lossagungsfrist ist deshalb bezüglich der Fallgruppe 2 unbillig und muß dahingehend angepaßt[504] werden, daß die Lossagungsfrist von drei Monaten gilt.

(2) Erstreckung der Kündigungsfrist auch auf die Lossagung?
Soweit die Betriebspartner keine ausdrückliche Regelung zur Lossagungsfrist, sondern nur zur Kündigungsfrist getroffen haben, stellt sich die Frage, ob diese Kündigungsfrist auch als Lossagungsfrist gilt. Weil damit eine Vereinbarung des schuldrechtlichen Teils betroffen ist, ist das eine Frage der Vertragsauslegung.[505]

(11) Einfache Vertragsauslegung
Es ist gemäß §§ 133, 157 BGB zu fragen, wie der objektive Erklärungsempfänger unter Berücksichtigung der Verkehrssitte und nach Treu und Glauben die Erklärung des anderen Vertragspartners verstehen konnte.[506] Danach ist die Kündigungsfrist nicht ohne weiteres auf die Lossagung zu erstrecken. Denn die Betriebspartner haben sich ausdrücklich nur auf die Kündigungsfrist verständigt, und die Kündigung unterscheidet sich, wie oben unter C. I. 1. deutlich wurde, ganz wesentlich von der Lossagungserklärung. Insbesondere unterliegt die Lossagung anderen Einschränkungen als die Kündigung. Das wurde soeben unter (1) bei der Betrachtung einer kurzen Lossagungsfrist deutlich. Deshalb kann die Lossagungsfrist nicht als von den Betriebspartnern bei Vereinbarung der Kündigungsfrist mitgedacht verstanden werden.

(22) Ergänzende Vertragsauslegung
Wenn kein tatsächlicher Wille der Betriebspartner durch Auslegung der Betriebsvereinbarung zu ermitteln ist, der auf die Vereinbarung einer Lossagungsfrist gerichtet ist, dann bleibt es bei der Frist von drei Monaten, wie sie in Analogie zu § 77 Abs. 5 BetrVG anzunehmen ist. Es kommt also nicht darauf an, im Wege der ergänzenden Vertragsauslegung auf den hypothetischen

---

[503] vgl. oben Teil 3 C III 1
[504] vgl. BAG 25.3.1971, E 23, S. 257 (271f, III 1 b der Gründe); 20.11.1987, AP Nr 2 zu § 620 BGB Altersgrenze, Bl. 6 (B VI, VII 2 der Gründe)
[505] vgl. MünchArbR/Matthes, § 319 Rn 4; GK/Kreutz, § 77 Rn 60
[506] st. Rspr. BGH 5.10.1961, Z 36, S. 30 (33); 3.2.1967, Z 47, S. 75 (78); Brox, AT, Rn 134; Palandt/Heinrichs, § 133 Rn 9

Willen der Vertragsparteien abzustellen.[507] Vielmehr gilt hier dasselbe, wie in dem Fall, daß einer der Betriebspartner die Betriebsvereinbarung bei bestehendem Betriebsrat kündigen möchte. Ist ausdrücklich keine abweichende Frist vereinbart, bleibt es bei der vom Gesetz als Regelfall vorgesehenen Frist von drei Monaten.

bb) Ausschluß der Nachwirkung

Der Zweck der Nachwirkung gemäß § 77 Abs. 6 BetrVG entfällt, wenn die Belegschaft trotz der Möglichkeit zur Neuwahl keinen Betriebsrat gewählt hat. Einen über die Einhaltung der Lossagungsfrist hinausgehenden Schutz, der sich wegen der verlängerten unmittelbaren Geltung der Betriebsvereinbarung zum Nachteil des Arbeitgebers auswirkte, können die Arbeitnehmer nicht beanspruchen.[508] Deshalb ist der Ausschluß der Nachwirkung insoweit zulässig.

Besonderheiten gelten nur, wenn die Betriebsvereinbarung zu einem Zeitpunkt gekündigt worden ist, zu dem der Betriebsrat noch bestand. Wenn dann später, während des Laufs der Kündigungsfrist oder während der Nachwirkung der erzwingbaren Betriebsvereinbarung, der Betriebsrat aus einem der in §§ 13 Abs. 2 Nr. 4, 5; 24 Abs. 1 Nr. 2 BetrVG genannten Gründe wegfällt (Fallgruppe 2), wird die Frage relevant, ob die Betriebspartner die Nachwirkung auch insoweit ausschließen konnten. Diese Frage wird in anderem Zusammenhang behandelt.[509]

Kurz anzusprechen ist noch der Sonderfall, daß die Betriebspartner nicht nur die Nachwirkung der erzwingbaren Betriebsvereinbarung ausgeschlossen, sondern außerdem eine Lossagungs-frist vereinbart haben, die kürzer ist als drei Monate. Insoweit gilt dasselbe wie in dem oben besprochenen Fall, daß ausschließlich eine kürzere Lossagungsfrist vereinbart worden ist. Also gilt auch hier, daß die Vereinbarung grundsätzlich zulässig ist. Nur für die Fallgruppe 2 ist diese Regelung unbillig. Fällt der Betriebsrat aus einem der darin zusammengefaßten Gründe weg, dann bleibt es bei der dreimonatigen Lossagungsfrist.[510]

cc) Befristung

Für die Vereinbarung einer Befristung gelten die gleichen Grundsätze wie bei der Vereinbarung einer von der dreimonatigen Frist des § 77 Abs. 5 BetrVG

---

[507] zur ergänzenden Vertragsauslegung: Brox, AT, Rn 138; Larenz/Wolf, AT, S. 567 Rn 120

[508] vgl. oben Teil 3 C II, III

[509] siehe unten unter 3

[510] vgl. oben Teil 3 D II 1 a bb

abweichenden Lossagungsfrist. Die Befristungsvereinbarung ist ebenso wie die Regelung einer abweichenden Kündigungs- bzw. Lossagungsfrist Bestandteil des schuldrechtlichen Teils der Betriebsvereinbarung. Deshalb ist die Betriebsvereinbarung auch bezüglich der Befristungsvereinbarung wie ein Vertrag auszulegen.

(1) Vereinbarung der Befristung ohne ausdrückliche Einbeziehung des Betriebsratswegfalls

Es wird der Regelfall sein, daß die Betriebspartner die Betriebsvereinbarung befristet vereinbaren, ohne eine Regelung dafür zu treffen, ob die Befristung auch für den Fall gelten soll, daß der Betrieb zwischenzeitlich betriebsratslos geworden ist. Dann stellt sich die Frage, ob die zeitliche Beschränkung der Geltungsdauer auch für diese Situation gilt.

11) Einfache Vertragsauslegung

Es ist zunächst zu versuchen, dies mit Hilfe *einfacher Vertragsauslegung* zu ermitteln, d. h. es ist zu überlegen, wie ein objektiver Erklärungsempfänger die Vereinbarung unter Berücksichtigung der Verkehrssitte und nach Treu und Glauben verstehen mußte.[511] Die konkreten Betriebspartner werden kaum an die Möglichkeit des Wegfalls des Betriebsrats gedacht haben. Sie konnten gegenseitig die Vereinbarung auch nicht so verstehen, daß sich die Befristung auch auf diese Situation erstreckt, weil der Ablauf der Befristung - solange ein Betriebsrat besteht - ohne entgegenstehende weitere Anhaltspunkte, auch das ist eine Frage der Auslegung,[512] nicht zum ersatzlosen Ende der Betriebsvereinbarung führt, sondern die Nachwirkung bewirkt.[513] Für erzwingbare Betriebsvereinbarungen verursacht die Befristung deshalb grundsätzlich keinen ersatzlosen Fortfall der Vereinbarung, sondern nur, daß mit Fristablauf automatisch Neuverhandlungen ausgelöst werden. Mit Wegfall des Betriebsrats ist die Geltung von § 77 Abs. 6 BetrVG aber dahingehend teleologisch zu reduzieren, daß die Norm für diese Situation grundsätzlich nicht

---

[511]st. Rspr. BGH 5.10.1961, Z 36, S. 30 (33); 3.2.1967, Z 47, S. 75 (78); Brox, AT, Rn 134; Palandt/Heinrichs, § 133 Rn 9

[512]BAG 9.2.1984, AP Nr 9 zu § 77 BetrVG, Bl. 3f (III 2 b der Gründe); Däubler/Kittner/Klebe/Berg, § 77 Rn 60; Galperin/Löwisch, § 77 Rn 45; GK/Kreutz, § 77 Rn 334, 343; Hess/Schlochauer/Glaubitz, § 77 Rn 234; MünchArbR/Matthes, § 319 Rn 53; Richardi, § 77 Rn 203; a. A. Stege/Weinspach, § 77 Rn 44

[513]BAG 9.2.1984, AP Nr 9 zu § 77 BetrVG, Bl. 3f (III 2 b der Gründe); 17.1.1995, BB 1995, S. 1643 (II B 2 a der Gründe); Däubler/Kittner/Klebe/Berg, § 77 Rn 60; Fitting/Kaiser/Heither/Engels, § 77 Rn 153; GK/Kreutz, § 77 Rn 334

mehr gilt.[514] Die Rechtsfolgen des Fristablaufs unterscheiden sich also wesentlich danach, ob ein Betriebsrat besteht oder weggefallen ist.

2) Ergänzende Vertragsauslegung

Die Befristungsvereinbarung ist deshalb *ergänzend auszulegen*. Es ist nach dem hypothetischen Willen der Betriebspartner zu fragen. Es ist also zu überlegen, was sie redlicherweise vereinbart hätten, wenn sie die Möglichkeit des Betriebsratswegfalls bedacht hätten.[515] Bei bestehendem Betriebsrat hat die Vereinbarung einer Befristung, die länger als die Kündigungsfrist ist, den Sinn, für die Geltungsdauer jenseits der Möglichkeit der außerordentlichen Kündigung Neuverhandlungen auszuschließen. Denn keiner der Betriebspartner kann während der zwingenden Geltung einer Betriebsvereinbarung einseitig ohne vorhergehende Kündigung unter Berufung auf sein Initiativrecht eine Änderung oder Beendigung der bestehenden Betriebsvereinbarungen erzwingen. Andernfalls wären Befristung und Kündigung weitgehend sinnlos. Die Betriebspartner haben eine Mindestbefristung vereinbart. Wenn allerdings kein Einigungszwang mehr besteht, also mit Wegfall des Betriebsrats, ist die temporäre Bestandssicherheit durch den Ausschluß von Neuverhandlungen im Zweifel nicht mehr gewollt, weil der Wegfall des anderen Betriebspartners für den Arbeitgeber im Bereich der erzwingbaren Mitbestimmung wegen des damit zusammenhängenden Wegfalls des Einigungszwangs ein wesentlicher Umstand für den Bestand der Betriebsvereinbarung ist. Der Wille der Betriebspartner bei Vereinbarung einer Befristung läßt sich deshalb dahingehend annehmen, daß der Arbeitgeber mit Wegfall des Betriebsrats ein Lossagungsrecht haben soll, genau so, als sei eine Befristung nicht vereinbart worden. Die Befristung hat also mit Wegfall des Betriebsrats die Eigenschaften einer Höchstbefristung. Der Arbeitgeber kann vor Fristablauf durch Lossagungserklärung die Betriebsvereinbarung zum Ablauf der Lossagungsfrist beenden.

Haben die Betriebspartner umgekehrt eine Befristung vereinbart, die kürzer als die Kündigungsfrist ist, kommt es auf die Klassifizierung als Höchst- oder Mindestbefristung nicht an. Eine vorhergehende Beendigung durch ordentliche Kündigung - also auch fristgemäße Lossagung - ist nicht möglich. Grundsätzlich endet die Betriebsvereinbarung dann auch nach Wegfall des Betriebsrats mit Fristablauf. Abweichendes muß allerdings für die Fallgruppe 2, der zwingenden Betriebsratslosigkeit, gelten. Denn hier muß nach Wegfall des Betriebsrats eine dreimonatige *Veränderungssperre* bestehen. Die Fristvereinbarung ist insoweit unbillig, als sie - wie bei der Vereinbarung einer

---

514 vgl. unten Teil 3 D II 3 a

515 zur ergänzenden Vertragsauslegung: Brox, AT, Rn 138; Larenz/Wolf, AT, S. 567 Rn 120

kürzeren Lossagungsfrist - gegen die Grundentscheidung des BetrVG verstößt, die Interessen der Arbeitnehmer durch die Anordnung der Mitbestimmung zu schützen. Zur weiteren Begründung wird auf die Ausführungen zur Vereinbarung einer kürzeren Lossagungsfrist (oben unter aa (1)) verwiesen. Die Betriebsvereinbarung ist also im Wege der Billigkeitskontrolle dahingehend zu korrigieren, daß sie bei zwingender Betriebsratslosigkeit erst mit Ablauf von drei Monaten seit Wegfall des Betriebsrats automatisch endet.

Schließlich ist in Erwägung zu ziehen, daß die Auslegung der Betriebsvereinbarung ergibt, daß die Parteien die *Nachwirkung ausgeschlossen* haben. In diesem Fall war der Wille der Betriebspartner bei Vereinbarung der Befristung darauf gerichtet, die Betriebsvereinbarung mit Fristablauf ersatzlos enden zu lassen. Das hat Auswirkungen auch auf die Situation nach Wegfall des Betriebsrats. Denn dieser Wille ändert sich auch nicht durch die Betriebsratslosigkeit. Vielmehr führt das *argumentum e contrario* zu der Annahme, daß die Parteien nach Wegfall des Betriebsrats erst recht einen Fortfall der Betriebsvereinbarung erreichen wollten. Dann soll die Betriebsvereinbarung nach dem Willen der Betriebspartner auch nach Wegfall des Betriebsrats mit Fristablauf ersatzlos enden. Allerdings ist hier - wie schon bei der Auslegung der Betriebsvereinbarung bezüglich abweichender Kündigungsfristen[516] - zu beachten, daß diese Vereinbarung eine unbillige Regelung sein kann, die eine gerichtliche Korrektur erfordert. Das ist dann zu bejahen, wenn die Betriebsvereinbarung wegen Fristablaufs bei zwingender Betriebsratslosigkeit (Fallgruppe 2), bei der eine dreimonatige Veränderungssperre zu gelten hat, innerhalb von drei Monaten seit Fortfall des Betriebsrats abläuft. Auch in diesem Fall ist die Betriebsvereinbarung im Wege der Billigkeitskontrolle dahingehend zu korrigieren, daß sie bei zwingender Betriebsratslosigkeit erst mit Ablauf von drei Monaten seit Wegfall des Betriebsrats automatisch endet. Im übrigen gilt die Befristung, für die die Nachwirkung ausgeschlossen ist, auch bei Wegfall des Betriebsrats.

(2) Befristung ausdrücklich auch bei Wegfall des Betriebsrats

Haben die Betriebspartner ausdrücklich bestimmt, daß die Betriebsvereinbarung auch bei zwischenzeitlichem Wegfall des Betriebsrats mit Fristablauf enden soll, dann ist diese Vereinbarung im Grundsatz wirksam. Wie bei ausdrücklicher Vereinbarung einer kurzen Lossagungsfrist[517] ist die Befristung allerdings insoweit unbillig, als die Frist so bemessen ist, daß die Betriebsvereinbarung innerhalb von drei Monaten nach Wegfall des

[516] oben Teil 3 D II 1 b aa

[517] oben Teil 3 D II 1 b aa

Betriebsrats ablaufen würde und der Betriebsrat infolge zwingender Betriebsratslosigkeit (Fallgruppe 2) weggefallen ist, die Belegschaft also keine Möglichkeit zur rechtzeitigen Neuwahl eines Betriebsrats hatte. Für diese Fälle muß die Betriebsvereinbarung aufgrund der Billigkeitskontrolle dahingehend korrigiert werden,[518] daß sie erst mit Ablauf von drei Monaten nach Wegfall des Betriebsrats automatisch endet. Aufgrund derselben Erwägungen ist es für diese Fälle ebenso unzulässig, eine Zweckbefristung zu vereinbaren und als Erlöschenszeitpunkt den Wegfall des Betriebsrats zu vereinbaren. Auch hier muß die Regelung dahingehend im Wege der Billigkeitskontrolle angepaßt werden, daß sie erst nach Ablauf von drei Monaten nach Wegfall des Betriebsrats automatisch endet.

2. Beendigung mit sofortiger Wirkung

Hinsichtlich der sofortigen Beendigung erzwingbarer Betriebsvereinbarungen sind zwei Situationen voneinander zu unterscheiden. Zum einen kann der Arbeitgeber nach Wegfall des Betriebsrats die Betriebsvereinbarung mit sofortiger Wirkung beenden wollen aus Gründen, die ihn bei fortbestehendem Betriebsrat zur außerordentlichen Kündigung motivierten. Zum anderen kann das Motiv des Arbeitgebers für die Beendigung der Betriebsvereinbarung der Wegfall des Betriebsrats selbst sein.

a) Fristlose Lossagung aus anderen Gründen als dem Wegfall des Betriebsrats

Der Arbeitgeber kann nicht nur wegen des Wegfalls des Betriebsrats bestehende Betriebsvereinbarungen beenden wollen. Ebenso ist denkbar, daß er aus anderen Gründen, die nicht mit der Betriebsratslosigkeit selbst zusammenhängen, eine Beendigung der Betriebsvereinbarung wünscht, nachdem der Betriebsrat weggefallen ist. Eine ausführliche Bearbeitung dieser Problematik führt fort von der eigentlichen Thematik dieser Untersuchung, welche Auswirkungen der Wegfall des Betriebsrats auf bestehende Betriebsvereinbarungen hat. Denn es geht hier um die Folgefrage nach dem Beendigungsrecht des Arbeitgebers aus anderen Gründen als dem Wegfall des Betriebsrats und im Regelfall zu einem späteren Zeitpunkt als dem des Betriebsratswegfalls. Sie wird deshalb nur kurz angesprochen.

Es wurde oben[519] dargestellt, daß für das Lossagungsrecht des Arbeitgebers nach Wegfall des Betriebsrats auf das Regel-Ausnahme-Verhältnis von ordentlicher und außerordentlicher Kündigung von Dauerschuldverhältnissen

---

518 vgl. BAG 25.3.1971, E 23, S. 257 (271f, II 1 b der Gründe); 20.11.1987, AP Nr 2 zu § 620 BGB Altersgrenze, Bl. 6 (B VI, VII 2 der Gründe)

519 Teil 3 D I 2

Bezug genommen werden kann. Wenn dem Arbeitgeber deshalb nur ausnahmsweise ein Recht zur fristlosen Lossagung zusteht, soweit der Arbeitgeber hierfür einen wesentlichen Grund hat, dann wird das unabhängig davon gelten, ob der Arbeitgeber den Wegfall des Betriebsrats selbst als solchen Grund sieht - das ist soeben behandelt worden - oder ob andere Gründe vorliegen, die den Arbeitgeber zur außerordentlichen Lossagung veranlassen. Auch in letzterem Fall wird der Arbeitgeber ein Recht zur Beendigung der Betriebsvereinbarung haben müssen. Dafür spricht auch, daß der Arbeitgeber dann nicht schlechter stehen soll, als er ohne Wegfall des Betriebsrats stehen würde, wenn der Betriebsrat aus einem Grund fortgefallen ist, der ihm nicht zuzurechnen ist. Allerdings stellt sich dann die weitere Frage, ob die so beendete erzwingbare Betriebsvereinbarung nachwirkt. Das ist deshalb erwägenswert, weil die Nachwirkung für die außerordentlich gekündigte erzwingbare Betriebsvereinbarung in Rechtsprechung und Literatur angenommen wird.[520] Zu denken ist aber an eine teleologische Reduktion von § 77 Abs. 6 BetrVG, weil nach Wegfall des Betriebsrats kein Schutz der Mitbestimmung mehr erforderlich ist.[521] Besonderheiten gelten allerdings in der Fallgruppe 2. In diesen Fällen wirkt die Betriebsvereinbarung solange nach, bis die Belegschaft die Möglichkeit zur Neuwahl eines Betriebsrats gehabt hat. Haben die Arbeitnehmer bis dahin keinen Betriebsrat gewählt, ist die Anwendung von § 77 Abs. 6 BetrVG teleologisch zu reduzieren, die Betriebsvereinbarung endet automatisch.[522]

b) Wegfall des Betriebsrats als Grund für die sofortige Beendigung

Mit Wegfall des Betriebsrats entfällt der Einigungszwang der erzwingbaren Mitbestimmung. Indes ist bereits oben in Teil 2 C. II. im Zusammenhang mit der Erörterung eines Lösungsvorschlags von *Säcker* herausgearbeitet worden, daß dieser Umstand nicht zum Wegfall der Geschäftsgrundlage führt. Selbst wenn die Auffassung vertreten wird, daß der von der Geschäftsgrundlagenlehre unabhängige allgemeine Rechtgrundsatz gilt, daß Dauerrechtsbeziehungen in außergewöhnlichen Fällen mit sofortiger Wirkung beendet werden können und das so begründete Recht zur außerordentlichen Kündigung einen extensiveren Anwendungsbereich besitzt als die Lehre vom Wegfall der Geschäftsgrundlage,[523] begründet der Wegfall des Betriebsrats ein darauf

---

[520] BAG 10.8.1994, AP Nr 86 zu § 112 BetrVG (bzgl. Sozialplan); MünchArbR-Matthes, § 319 Rn 52; Richardi, § 77 Rn 20; a. A. Fitting/Kaiser/Heither/Engels, § 77 Rn 153; GK/Kreutz, § 77 Rn 334

[521] vgl. oben Teil 3 D II 1 a cc

[522] vgl. oben Teil 3 D II 1 a cc

[523] Haarmann, Wegfall der Geschäftsgrundlage bei Dauerrechtsverhältnissen, S. 128f; Köbler, Die "clausula rebus sic stantibus", S. 250; Oetker, Das Dauerschuldverhältnis, S. 419

gestütztes Beendigungsrecht nicht. Denn allein der Fortfall des Betriebsrats und infolgedessen der Wegfall des Einigungszwangs machen es dem Arbeitgeber nicht unzumutbar, an die Betriebsvereinbarungen bis zum Ablauf von drei Monaten gebunden zu sein. Insoweit gelten dieselben Argumente, die bereits gegen eine Anwendung der Lehre vom Wegfall der Geschäftsgrundlage vorgebracht worden sind.[524] Denkbar ist indes, daß andere Umstände, die bei bestehendem Betriebsrat zum Ausspruch einer außerordentlichen Kündigung berechtigten, eine Unzumutbarkeit und damit ein Lossagungsrecht mit sofortiger Wirkung begründen. Das ist soeben unter a) erörtert worden.

3. Sonderfall - Betriebsratsamt endet im Nachwirkungszeitraum bzw. während des Laufs der Kündigungsfrist

Bisher sind die Auswirkungen des Wegfalls des Betriebsrats ausschließlich für ungekündigt bestehende Betriebsvereinbarungen betrachtet worden. Es ist aber auch die Fallgestaltung denkbar, daß die Betriebsvereinbarung bereits gekündigt worden ist und der Betriebsrat während des Laufs der Kündigungsfrist fortfällt (unter b)). Ebenso ist denkbar, daß die Betriebsvereinbarung im Zeitpunkt des Wegfalls des Betriebsrats nur noch unmittelbar gilt, also nachwirkt (unter a)).

a) Betriebsrat entfällt im Nachwirkungszeitraum

Es ist bereits oben im Teil 2 unter D. I. herausgearbeitet worden, daß die Anordnung der Nachwirkung gemäß § 77 Abs. 6 BetrVG dazu dient, das Institut der Mitbestimmung und die Funktionsfähigkeit dieses Instituts zu schützen. Zu diesem Zweck sollen die mitbestimmt zustandegekommenen Regelungen so lange bestehen bleiben, bis sie durch eine andere mitbestimmte Regelung ersetzt werden. Durch die Anordnung der Nachwirkung wird verhindert, daß sich zeitliche Regelungslücken zwischen beendeter Betriebsvereinbarung und später abgeschlossener, möglicherweise erzwungener Betriebsvereinbarung ergeben.[525] Umgekehrt formuliert heißt das, daß eine Veränderungssperre gegen solche Regelungen besteht, die nicht mit dem Betriebsrat getroffen worden sind. Genau derselbe Zweck führt auch nach Wegfall des Betriebsrats in der *Fallgruppe 2* dazu, eine Veränderungssperre anzunehmen. Wie die Betrachtung der Interessen von Arbeitgeber und Arbeitnehmer bei Wegfall des Betriebsrats oben unter C. II. und III. deutlich gemacht haben, ist hier das Bestandsinteresse der Arbeitnehmer gegenüber dem Beendigungsinteresse des Arbeitgebers solange vorrangig, wie es der

---

[524] vgl. oben Teil 2 C II

[525] vgl. Galperin/Löwisch, § 77 Rn 44; GK/Kreutz, § 77 Rn 336; Richardi, § 77 Rn 153

Belegschaft noch nicht möglich war, einen neuen Betriebsrat zu wählen. Der neu gewählte Betriebsrat soll nicht von vorne beginnen müssen bei der Ausübung seiner Mitbestimmungsrechte. Auch hierdurch wird das Institut der Mitbestimmung geschützt, weil andernfalls das Recht zur Mitbestimmung an Bedeutung verlieren würde. Der Schutz der Arbeitnehmerinteressen soll durch den Erhalt der durch Mitbestimmung zustande gekommenen Regelungen gewahrt werden. Für die Dauer der Veränderungssperre wirkt deshalb die Betriebsvereinbarung nach. Hat die Belegschaft die Möglichkeit der Neuwahlen ungenutzt verstreichen lassen, bedarf die Mitbestimmung keiner Sicherung mehr. Diese Rechtsfolge tritt in der *Fallgruppe 1* sofort mit Wegfall des Betriebsrats ein. Denn wie oben unter C. II. und III. der Blick auf die Interessen von Arbeitgeber und Arbeitnehmern gezeigt hat, ist in diesen Fällen keine Veränderungssperre anzunehmen. Die Anwendung von § 77 Abs. 6 BetrVG ist demnach mit Wegfall des Betriebsrats teleologisch zu reduzieren, die Nachwirkung endet zu diesem Zeitpunkt automatisch. Die spätere Wahl eines Betriebsrats ändert daran nichts.

Soweit die erzwingbaren Betriebsvereinbarungen - in der Fallgruppe 2 - für die Dauer von drei Monaten nach Wegfall des Betriebsrats nachwirken, schafft die Nachwirkung, anders als während des Bestehens des Betriebsrats, nach dessen Wegfall keinen absoluten Schutz gegen Veränderungen. Da die Theorie der notwendigen Mitbestimmung[526] den Bestand eines Betriebsrats voraussetzt, kann sie nach dessen Wegfall nicht mehr gelten. Andernfalls würde die Betriebsvereinbarung nicht nachwirken, sondern weiterhin zwingend gelten - zusätzlich im Bestand dadurch verfestigt, daß für den Arbeitgeber nicht einmal mehr eine abweichende Vereinbarung mit dem Betriebsrat möglich wäre. Kann die Fortgeltung der Betriebsvereinbarungen demgegenüber so beendet werden, wie der Wortlaut des § 77 Abs. 6 BetrVG dies vorsieht, ist der Arbeitgeber frei, mit den Arbeitnehmern individuelle Vereinbarungen zu treffen, die die Nachwirkung der Betriebsvereinbarung gegenüber diesen Arbeitnehmern beenden. Allerdings kommt die Nachwirkung faktisch einer absolut geltenden Veränderungssperre nahe. Es ist in anderem Zusammenhang (oben im Teil 2 unter D. II. 2. a)) herausgearbeitet worden, daß der Arbeitgeber den Aufwand

---

[526] BAG 13.7.1977, AP Nr 2 zu § 87 BetrVG Kurzarbeit, Bl. 5 (10 der Gründe); 16.9.1986, AP Nr 17 zu § 77 BetrVG, Bl. (C III 4 der Gründe); 20.8.1991, AP Nr 50 zu § 87 BetrVG Lohngestaltung, Ls. 1, Bl. 3f (II 2 e der Gründe); GS 3.12.1991, AP Nr 51 zu § 87 BetrVG Lohngestaltung, Bl. 14R f (D II der Gründe); AP Nr 52 zu § 87 BetrVG Lohngestaltung, Bl. 13R f (D II der Gründe); 3.5.1994, AP Nr 23 zu § 23 BetrVG, Bl. 4R f (B III 2 c der Gründe); Däubler/Kittner/Klebe, § 87 Rn 4; Fitting/Kaiser/Heither/Engels, § 87 Rn 568; Galperin/Löwisch, § 87 Rn 16; GK/Wiese, § 87 Rn 92; Hess/Schlochauer/Glaubitz, § 87 Rn 93; Schaub, Arbeitsrechtshandbuch, S. 1936; Weiss/Weyand, § 87 Rn 2

einer Änderung in vielen Fällen scheuen wird. Wie sich zeigte, eignet sich die Nachwirkung nicht dafür, dem Arbeitgeber generell die Beendigung der kollektiven Geltung der Betriebsvereinbarung zu ermöglichen und den Erhalt ihrer Inhalte im Individualrecht zu gewähren. Nicht jeder Arbeitnehmer wird mit einer Änderung seines Arbeitsvertrages einverstanden sein, und die Änderungskündigung ist wegen der unterschiedlich langen Kündigungsfristen als kollektiv gegenüber allen Arbeitnehmer eingesetztes Instrument zur Änderung von Arbeitsverträgen ungeeignet.[527] Der Arbeitgeber wird deshalb geneigt sein, eine gegenüber allen Arbeitnehmern gleichermaßen geltende Maßnahme zur Beendigung der Betriebsvereinbarung vorzuziehen. Wird innerhalb der Dreimonatsfrist ein Betriebsrat gewählt, wirkt die Betriebsvereinbarung weiterhin fort, bis die Betriebspartner eine abweichende Vereinbarung getroffen haben - allerdings gilt das nur insoweit, wie die Nachwirkung nicht zuvor durch Individualvereinbarungen ausgeschlossen worden ist. Ist hingegen während des Laufs der Veränderungssperre kein Betriebsrat gewählt worden, gilt der Zweck der Nachwirkung mit Ablauf von drei Monaten nicht mehr. Dann gebietet der Fortfall des Regelungszweckes die teleologische Reduktion der Norm, die Nachwirkung endet.[528]

b) Betriebsrat entfällt während des Laufs der Kündigungsfrist

Der Lauf der Kündigungsfrist ist vom Wegfall des Betriebsrats unberührt. Dessen ungeachtet kann der Arbeitgeber die Lossagung von der Betriebsvereinbarung erklären, die mit Ablauf der Lossagungsfrist von drei Monaten endet. Eine Nachwirkung besteht nicht. Sowohl in der Fallgruppe 1 als auch in der Fallgruppe 2 ist § 77 Abs. 6 BetrVG teleologisch zu reduzieren.[529] Erwägenswert ist das Lossagungsrecht für den Arbeitgeber dann, wenn der Lauf der verbleibenden Kündigungsfrist länger als drei Monate währt; die Lossagung ermöglicht dem Arbeitgeber in diesem Fall eine vorzeitige Beendigung der kollektiven Regelungen.

Für die Fallgruppe 2 ist ein Sonderfall zu beachten. Wenn die Kündigungsfrist während der dreimonatigen Veränderungssperre endet, wirken die normativen Regelungen der Betriebsvereinbarungen bis zum Ende der Veränderungssperre nach. Erst mit deren Ablauf ist § 77 Abs. 6 BetrVG teleologisch zu reduzieren, die Regelungen gelten nicht mehr.

Bezüglich der *Fallgruppe 1* ist noch darauf hinzuweisen, daß der Arbeitgeber die Betriebsvereinbarungen mit sofortiger Wirkung - ohne Nachwirkung -

---

[527]Heither, RdA 1993, S. 72 (75); vgl. Teil 3 D II 2 a

[528]zur teleologischen Reduktion: Larenz/Canaris, Methodenlehre, S. 210

[529]vgl. oben Teil 3 D II 3 a

beenden kann, wenn ihm der Fortbestand nicht zuzumuten ist, d.h. wenn ein wichtiger Grund vorliegt, der ihn bei bestehendem Betriebsrat zur außerordentlichen Kündigung berechtigte.[530] In der *Fallgruppe 2* erreicht er in diesem Fall keine sofortige Beendigung der unmittelbaren Wirkung der normativen Bestimmungen, diese wirken bis zum Ablauf der Veränderungssperre nach.[531]

III. Freiwillige Betriebsvereinbarungen

1. Beendigung unter Einhaltung einer Frist (§ 77 Abs. 5 BetrVG analog)

a) Grundfall

Hinsichtlich der Lossagung von freiwilligen Betriebsvereinbarungen kann Bezug genommen werden auf die Ausführungen zur Lossagung von erzwingbaren Betriebsvereinbarungen.[532] Allerdings ist für freiwillige Betriebsvereinbarungen eine Unterscheidung zwischen den Fallgruppen 1 und 2 nicht erforderlich. Denn die aus dem Einigungszwang abzuleitende Notwendigkeit, eine Veränderungssperre anzunehmen,[533] besteht für die ohne gesetzlichen Zwang abgeschlossenen Betriebsvereinbarungen nicht. Für die ordentliche Beendigung der freiwilligen Betriebsvereinbarung sind Kündigung und Lossagung im wesentlichen identisch zu behandeln. Der Arbeitgeber kann sich in Analogie zu § 77 Abs. 5 BetrVG von Betriebsvereinbarung grundsätzlich mit einer Frist von drei Monaten lossagen. Es gilt auch hier, wie bezüglich der erzwingbaren Betriebsvereinbarung,[534] daß die für die Regelung einer Kündigungsfrist wesentlichen Gesichtspunkte ebenfalls für die Lossagung von einer freiwilligen Betriebsvereinbarung wesentlich sind. In beiden Fällen soll den normunterworfenen Arbeitnehmer ein Zeitraum gewährt werden, um sich auf den Wegfall der Regelung einzustellen. Ist eine andere Kündigungsfrist in der Betriebsvereinbarung vereinbart, so muß durch Auslegung dieser Regelung ermittelt werden, ob diese Frist auch für die Loslösungserklärung des Arbeitgeber gilt. Finden sich keine Anhaltspunkte dafür, daß beide Betriebspartner bei Abschluß der Betriebsvereinbarung diesen Fall mitregeln wollten, gilt eine Lossagungsfrist von drei Monaten in Analogie zu § 77 Abs. 5 BetrVG.

---

[530] vgl. oben Teil 3 D II 2 a
[531] vgl. oben Teil 3 D II 2 a
[532] vgl. oben Teil 3 D II 1
[533] vgl. oben Teil 1 C II 2, Teil 3 B III
[534] vgl. oben Teil 3 D II 1 a

b) Sonderfall - Betriebliche Altersversorgung

Die Betriebsvereinbarung, die eine betriebliche Altersversorgung regelt, kann entsprechend der Rechtsprechung des BAG[535] nicht in vollem Umfang durch Kündigung beendet werden. Vielmehr bestehen für den kündigenden Arbeitgeber Einschränkungen aufgrund der Grundsätze des Vertrauensschutzes und der Verhältnismäßigkeit.[536] Den weitestgehenden Schutz haben danach bereits erdiente und nach den Grundsätzen des § 2 BetrAVG errechnete Teilbeträge. Sie können nur in seltenen Ausnahmefällen entzogen werden. Zuwächse, die sich aus variablen Berechnungsfaktoren ergeben, können hingegen aus triftigen Gründen geschmälert werden, soweit sie zeitanteilig erdient sind. Den geringsten Schutz haben Zuwachsraten, die noch nicht erdient sind. In sie kann bereits bei Vorliegen sachlicher Gründe eingegriffen werden.[537] Diese Einschränkungen gelten nach Wegfall des Betriebsrats in selbem Umfang auch für die Lossagung von Betriebsvereinbarungen, die eine betriebliche Altersversorgung regeln. Denn diese zum Schutz der Arbeitnehmer entwickelte Rechtsprechung muß auch auf die Lossagung nach Weggfall des Betriebsrats angewendet werden. Die Arbeitnehmer sind nicht weniger schutzbedürftig.

2. Sofortige Beendigung

Wie für erzwingbare Betriebsvereinbarungen[538] ist ein Lossagungsrecht mit sofortiger Wirkung wegen des Wegfalls des Betriebsrats auch für freiwillige Betriebsvereinbarungen nicht anzunehmen. Der Wegfall des Betriebsrat begründet keinen Umstand, der dem Arbeitgeber die fortgesetzte Bindung an die Betriebsvereinbarung unzumutbar macht. Hingegen hat der Arbeitgeber das Recht, aus anderen Gründen, die bei bestehendem Betriebsrat ein Recht zur außerordentlichen Kündigung begründeten, ein sofortige Lossagung zu erklären. Auch insofern gilt hier das gleiche wie für die erzwingbare Betriebsvereinbarung.[539]

3. Befristung

Haben die Betriebspartner die freiwillige Betriebsvereinbarung befristet abgeschlossen, endet sie automatisch mit Fristablauf - unabhängig davon, ob zuvor der Betriebsrat fortgefallen ist. Denn der Bestand des Betriebsrats ist

---

[535] BAG 18.4.1989, EzA § 77 BetrVG Nr 28, Ls. 2, 3, S. 7f (III. 1. c der Gründe)

[536] BAG 18.4.1989, EzA § 77 BetrVG Nr 28, Ls. 2, S. 8 (III. 1. c der Gründe); für die ablösende BV vgl. BAG GS 16.9.1986, EzA § 77 BetrVG Nr 17, S. 97f C II 5 der Gründe)

[537] BAG 18.4.1989, EzA Nr 28 zu § 77 BetrVG, LS 3, S. 8 (III. 1. c der Gründe)

[538] vgl. oben Teil 3 D II 2

[539] vgl. oben Teil 3 D II 2

weder für den Fortbestand der freiwilligen Betriebsvereinbarung wesentlich, noch für die Geltung der Befristungsvereinbarung.

IV. Teilmitbestimmungspflichtige Betriebsvereinbarungen

In einer Betriebsvereinbarung können mitbestimmungspflichtige und mitbestimmungsfreie Regelungen vereinigt sein. Sie bilden einen sachlichen Zusammenhang in Betriebsvereinbarungen über sogenannte freiwillige Leistungen des Arbeitgebers. Bei diesen teilmitbestimmungspflichtigen Betriebsvereinbarungen ist die Entscheidung des Arbeitgebers über den Dotierungsrahmen, den Zweck der Leistung und den begünstigten Personenkreis ohne Beteiligung des Betriebsrats zulässig.[540] Die Verteilungsgrundsätze (der sogenannte Verteilungsplan) unterfallen hingegen im Interesse der innerbetrieblichen Lohngerechtigkeit dem Mitbestimmungsrecht des Betriebsrats gemäß § 87 Abs. 1 Nr. 8, 10 BetrVG.[541] Welche Auswirkungen das Zusammentreffen mitbestimmungspflichtiger und mitbestimmungsfreier Bestandteile hat, zeigt sich insbesondere bei der Streichung bzw. Kürzung der Leistungen. Eine endgültige Streichung erreicht der Arbeitgeber, indem er die Betriebsvereinbarung kündigt.[542] Mit Wirksamkeit der Kündigung entfällt die Leistungspflicht des Arbeitgebers. Anderes gilt hingegen, wenn der Arbeitgeber die Kündigung der Betriebsvereinbarung nur ausspricht, um im Anschluß daran eine neue Regelung über die Entgeltleistungen einschließlich eines geänderten Verteilungsplans zu treffen. Für diesen Fall nimmt das BAG an, daß die gesamte Betriebsvereinbarung, d. h. auch der freiwillige Bestandteil, gemäß § 77 Abs. 6 BetrVG nachwirkt.[543] Denn nach der Rechtsprechung des BAG folgt aus der Mitbestimmungspflicht des Betriebsrats hinsichtlich der Verteilungsgrundsätze, daß der Arbeitgeber von diesen grundsätzlich nicht

---

540 BAG 12.6.1975, AP Nr 1 zu § 87 Altersversorgung, Bl. 4Rf (B 6 der Gründe); 17.12.1980, AP Nr 4 zu § 87 BetrVG Lohngestaltung, Bl. 2R (1 b der Gründe); 8.12.1981, AP Nr 1 zu § 87 BetrVG Prämie, Bl. 1Rf (B II 1 der Gründe); 3.8.1982, AP Nr 12 zu § 87 BetrVG Lohngestaltung, Bl. 3R (3 d der Gründe); MünchArbR/Matthes, § 333 Rn 19; Richardi, § 87 Rn 835, 898

541 BAG v. 17.12.1980, AP Nr 3 zu § 87 BetrVG Lohngestaltung, Bl. 2 (1 a der Gründe); 3.8.1982, AP Nr 12 zu § 87 BetrVG Lohngestaltung, Bl. 2R (3 a der Gründe)

542 BAG 21.8.1990, AP Nr 5 zu § 77 BetrVG Nachwirkung, Bl. ; 26.10.1993, AP Nr 6 zu § 77 BetrVG Nachwirkung, Ls. 2, Bl. 1R-2R (1 der Gründe); 17.1.1995, AP Nr 7 zu § 77 BetrVG Nachwirkung, Bl. 2R (II A 1 a der Gründe)

543 BAG 26.10.1993, AP Nr 6 zu § 77 BetrVG Nachwirkung, Ls. 3, Bl. 2R-3R (2 der Gründe); 17.1.1995, AP Nr 7 zu § 77 BetrVG Nachwirkung, Bl. 4 (II A 2 der Gründe)

ohne erneute Beteiligung des Betriebsrats abweichen kann.[544] Will der Arbeitgeber die Verteilungsgrundsätze ändern, muß er bis zu einer Einigung mit dem Betriebsrat die bisherigen Grundsätze beibehalten.[545] Will indes der Arbeitgeber den Dotierungsrahmen kürzen, ohne den Verteilungsplan zu verändern, wird eine Nachwirkung nicht in Betracht kommen. Das BAG stellt hierzu ausdrücklich fest, daß die Betriebsvereinbarung in den Fällen nachwirke, in denen die Kündigung der Betriebsvereinbarung nur zu einer Verringerung des Volumens und einer Änderung des Verteilungsplans führen solle.[546] Nur wenn der Arbeitgeber beides beabsichtige, wirke die Betriebsvereinbarung nach.[547]

Wie diese kurze Darstellung der Rechtsprechung deutlich gemacht hat, beziehen sich die Besonderheiten der teilmitbestimmungspflichtigen Betriebsvereinbarungen nicht auf das Kündigungsrecht des Arbeitgebers, sondern auf die Frage, inwieweit "auch-freiwillige" Betriebsvereinbarungen ohne ausdrückliche Regelung nachwirken. Insofern kann für die Frage, ob Besonderheiten für die Lossagung nach Wegfall des Betriebsrats gelten, auf die Ausführungen oben unter Teil 3 D. II. Bezug genommen werden. Eine Nachwirkung gemäß § 77 Abs. 6 BetrVG kommt nach Wegfall des Betriebsrats grundsätzlich nicht mehr in Betracht. Der Arbeitgeber kann die teilmitbestimmungspflichtige Betriebsvereinbarung ohne weiteres unter Einhaltung der Lossagungsfrist beenden. Allerdings sind die Sonderfälle, die im Zusammenhang mit der Beendigung erzwingbarer Betriebsvereinbarungen dargestellt worden sind, auch in diesem Zusammenhang denkbar: Die Lossagungsfrist ist möglicherweise kürzer als drei Monate,[548] es wurde eine Befristung vereinbart,[549] der Betriebsrat entfällt, nachdem die Betriebsvereinbarung bereits gekündigt worden ist.[550] Insoweit gelten dieselben Besonderheiten, die auch für die erzwingbaren Betriebsvereinbarungen gelten.

Ausnahmsweise kann sich der Arbeitgeber im übrigen mit sofortiger Wirkung von der gesamten Betriebsvereinbarung lossagen, ohne daß sie - in der Fallgruppe 1 - nachwirkt, wenn er bei bestehendem Betriebsrat ein Recht zur

---

[544]BAG 21.8.1990, AP Nr 5 zu § 77 BetrVG Nachwirkung, Bl. (B II 4 der Gründe); 26.10.1993, AP Nr 6 zu § 77 BetrVG Nachwirkung, Bl. 3 (2 b der Gründe)

[545]BAG GS 3.12.1991, NZA 1992, S. 749 (759, Ls. 5a, D I); 26.10.1993, EzA § 77 BetrVG Nr 53; MünchArbR/Matthes, § 319 Rn 56;

[546]BAG 26.10.1993, AP Nr 6 zu § 77 BetrVG Nachwirkung, Bl. 3 (2 b der Gründe)

[547]vgl. anderes Verständnis der Entscheidung bei Thüsing, DB 1997, S. 1130 (1135)

[548]vgl. oben Teil 3 D II 1 b

[549]vgl. oben Teil 3 D II 1 b

[550]vgl. oben Teil 3 D II 3

außerordentlichen Kündigung hätte.[551] In der Fallgruppe 2 wirkt die Betriebsvereinbarung nach, bis der Zeitraum der Veränderungssperre abgelaufen ist.[552] Das gilt nur dann nicht, wenn auch nach der Rechtssprechung des BAG zur Kündigung teilmitbestimmungspflichtiger Betriebsvereinbarungen eine Nachwirkung nicht eintreten würde.

V. Betrieb hat weniger als fünf Arbeitnehmer

1. Grundsatz

Die Rechtsnatur der Betriebsvereinbarung als Normativvertrag führt dazu, daß die Betriebsvereinbarung mit Verlust der Betriebsratsfähigkeit eines Betriebes endet. Die Betrachtungen oben unter B. III. haben deutlich gemacht, daß es in einem Betrieb mit weniger als fünf wahlberechtigten Arbeitnehmern keine Betriebsvereinbarung geben kann. Weil die Betriebsvereinbarung für die Arbeitnehmer eine fremdbestimmte Ordnung schafft und die Wahl eines Betriebsrats konstitutiv ist, kann die Betriebsvereinbarung nur in solchen Betrieben bestehen, in denen die Arbeitnehmer die Möglichkeit haben, einen Betriebsrat zu wählen, der für sie die Herrschaft über die Betriebsvereinbarung ausübt.

Es stellt sich die Frage, ob der mit dem Wegfall der Betriebsvereinbarung einhergehende Wegfall der Regelungsinhalte zu nicht hinnehmbaren Ergebnissen führt. Dieser Überlegung steht nicht entgegen, daß § 77 Abs. 5 BetrVG auch die einseitige Beendigung der Betriebsvereinbarung durch Kündigung vorsieht. Denn auch für die Kündigung freiwilliger Betriebsvereinbarungen wird diskutiert, ob nicht weitere Voraussetzungen[553] bzw. andere Rechtsfolgen[554] des Kündigungsrechts angenommen werden müssen, als sie in § 77 Abs. 5 BetrVG formuliert sind, d. h. ob nicht das Kündigungsrecht beschränkt werden muß.[555] Dieser Streit kann hier

---

[551] vgl. oben Teil 3 D 2 a

[552] vgl. oben Teil 3 D 2 a

[553] Hanau/Preis, NZA 1991, S. 81 (90); Hilger/Stumpf, BB 1990, S. 929 (933); Schaub, BB 1990, S. 289 (290f); Übersicht bei Loritz, RdA 1991, S. 65 (66-73)

[554] Blomeyer, DB 1990, S. 173 (174f); Richardi, Anm. zu BAG, AP Nr 40 zu § 77 BetrVG, Bl. 5f; ders., § 77 Rn 152, 155; Schwerdtner, ZfA 1975, S. 171 (192); Übersicht bei Loritz, RdA 1991, S. 65 (73-79)

[555] dagegen BAG 10.3.1992, AP Nr 5 zu § 1 BetrAVG Betriebsvereinbarung, Bl. 2-3 (2 a-d der Gründe); 18.4.1989, AP Nr 2 zu § 1 BetrAVG Betriebsvereinbarung, Bl. 2Rf (III 1 a, b der Gründe); 9.2.1989, AP Nr 40 zu § 77 BetrVG, Bl. 2f (I 2 der Gründe); 26.4.1990, AP Nr 4 zu § 77 BetrVG Nachwirkung, Bl. 3-5R (II 2, 3 der Gründe); Däubler/Kittner/Klebe/Berg, § 77 Rn 53; Fitting/Kaiser/Heither/Engels, § 77 Rn 132f; Galperin/Löwisch, § 77 Rn 61;

aufgegriffen werden. Wegen der Nachwirkung erzwingbarer Betriebsvereinbarungen richtet sich der Streit ausschließlich auf die Beendigung freiwilliger Betriebsvereinbarungen. Weil es bei Verlust der Betriebsratsfähigkeit hingegen um das Ende aller Betriebsvereinbarungen geht, ist dieser Streit in diesem Zusammenhang auch auf die erzwingbare Betriebsvereinbarung zu beziehen. Allerdings stellt sich die Frage nur bei Betriebsvereinbarungen, die individualvertragliche Vereinbarungen ersetzen. Soweit Betriebsvereinbarungen das Recht des Arbeitgebers zur einseitigen Anordnung im Arbeitsverhältnis ersetzen, führt der Wegfall der Betriebsvereinbarung dazu, daß der Arbeitgeber wieder frei in den Grenzen höherrangiger Rechtsquellen - hier insbesondere § 315 BGB - von diesem Recht, insbesondere also dem Direktionsrecht, Gebrauch machen kann. Es besteht keine Gefahr, daß die Arbeitnehmer schlechter stehen, als sie stehen würden, wenn von vornherein kein Betriebsrat bestanden hätte.

Auch bezüglich individualvertragliche Regelungen ersetzender Betriebsvereinbarungen scheint es so, daß der Arbeitnehmer durch die Mitwirkung des Betriebsrats nicht schlechter stehen darf, als er ohne Betriebsrat stehen würde, weil die Mitbestimmung zum Schutz der Arbeitnehmer besteht,[556] der Betriebsrat ihre Interessen gegenüber dem Arbeitgeber wahrnehmen soll. Soweit Betriebsvereinbarungen und Arbeitsvertrag denselben Gegenstand regeln, steht der Arbeitnehmer aber schlechter, wenn der Arbeitgeber die Regelung in Gestalt einer Betriebsvereinbarung mit dem Betriebsrat vereinbart hat. Denn die Betriebsvereinbarung kann der Arbeitgeber unter Einhaltung einer Kündigungsfrist ohne weitere Einschränkungen gegenüber allen Arbeitnehmern einheitlich beenden, während die individualvertragliche Verpflichtung gegenüber den einzelnen Arbeitnehmern gegen den Willen der Arbeitnehmer nur durch Änderungskündigung - unter Einhaltung im Zweifel unterschiedlich langer Fristen und im Geltungsbereich des KSchG unter Beachtung von Kündigungsgründen - erreicht werden kann bzw. bei Leistung unter

---

GK/Kreutz, § 77 Rn 309; Hess/Schlochauer/Glaubitz, § 77 Rn 106, 109; Leinemann, BB 1989, 1905 (1907f); MünchArbR/Matthes, § 319 Rn 5; Stege/Weinspach, § 77 Rn 41

[556] BAG 13.7.1977, AP Nr 2 zu § 87 BetrVG Kurzarbeit, Bl. 3 (1. der Gründe); 17.12.1980, AP Nr 4 zu § 87 BetrVG Lohngestaltung, Bl. 3 (3. der Gründe); 18.4.1989, AP Nr 18 zu § 87 BetrVG Tarifvorrang, Bl. 3 (B. II. 2. a der Gründe); Däubler/Kittner/Klebe, Einl. Rn 66; Fitting/Kaiser/Heither/Engels, § 1 Rn 1, 163; Galperin/Löwisch, vor § 74 Rn 6; GK/Wiese, Einl. Rn 45, 49; Hess/Schlochauer/Glaubitz, § 87 Rn 7; v. Hoyningen-Huene, Betriebsverfassungsrecht, S. 6; Jahnke, Tarifautonomie und Mitbestimmung, S. 25-27; Richardi, § 87 Rn 8; für die Betriebsvereinbarung: Kreutz, Grenzen der Betriebsautonomie, S. 201-239

Widerrufsvorbehalt nur in den Grenzen der Billigkeit (§ 315 Abs. 3 BGB).[557] Einzig bezüglich Gratifikationen kann der Arbeitgeber die Entstehung eines Anspruchs auf künftige Leistungen durch den Ausspruch eines Freiwilligkeitsvorbehalts verhindern.[558] Insoweit ist die Rechtsbindung des Individualvertrages gegenüber der Betriebsvereinbarung nicht größer.

Die höhere Bestandsfestigkeit von Regelungen, die arbeitsvertraglich vereinbart worden sind, erstaunt insofern, als die Mitbestimmung des Betriebsrats - und damit auch die von ihm mit dem Arbeitgeber abgeschlossene Betriebsvereinbarung - die Funktion hat, die Arbeitnehmer zu schützen. Dieser Schutz soll durch die größere Unabhängigkeit des Betriebsrats gegenüber dem Arbeitgeber gewährleistet werden. Der Betriebsrat soll für die Arbeitnehmer sprechen und verhandeln. Dabei werden den Betriebsparteien in der erzwingbaren Mitbestimmung auch solche Regelungsgegenstände zugewiesen, die ohne Betriebsrat nicht bloß einseitig vom Arbeitgeber geregelt werden, sondern der gemeinsamen Regelung der Arbeitsvertragsparteien bedürfen (sogenannte materielle Arbeitsbedingungen).[559] Hierin ist der gesetzgeberische Wille zu erkennen, die Vertragsimparität zwischen Arbeitgeber und Arbeitnehmer durch Einschaltung des Betriebsrats als Sachwalter der Arbeitnehmerinteressen auszugleichen.[560] Erst dann kann der Zweck der Privatautonomie wieder greifen, gerechte Regelungen der im Zivilrechtsleben beteiligten Rechtssubjekte zu schaffen. Dem Betriebsrat wird es nicht nur im Bereich der erzwingbaren Mitbestimmung darum gehen, die Vertragsimparität auszugleichen, sondern auch bei der Vereinbarung freiwilliger Betriebsvereinbarungen, soweit sie individualvertragliche Regelungen ersetzen. Damit dienen auch diese Betriebsvereinbarungen dazu, die Privatautonomie zu stärken bzw. zu sichern. Diesem Zweck widerspricht es aber, wenn die vom Betriebsrat ausgehandelten Vereinbarungen leichter beendet werden können, als die Regelungen, die Arbeitgeber und Arbeitnehmer auch ohne Betriebsrat hätten aushandeln können. In der Literatur[561] wird vorgeschlagen, dieser Zweckwidrigkeit auf der Ebene des Kollektivrechts entgegenzuwirken, indem die ordentliche Kündbarkeit der freiwilligen

---

[557] Zöllner/Loritz, Arbeitsrecht, S. 84

[558] BAG 6.12.1995, AP Nr 187 zu § 611 BGB Gratifikation, Bl. 1Rf (II 1 der Gründe); 5.6.1996, AP Nr 193 zu § 611 BGB Gratifikation, Bl. 2 (II 3 der Gründe)

[559] vgl. nur GK/Kreutz, § 77 Rn 274

[560] GK/Kreutz, § 77 Rn 274; Kreutz, Grenzen der Betriebsautonomie, S. 171f, 247

[561] Hanau/Preis, NZA 1991, S. 81 (90); Hilger/Stumpf, BB 1990, S. 929 (933); Schaub, BB 1990, S. 289 (290f); Blomeyer, DB 1990, S. 173 (174f); Richardi, Anm. BAG, AP Nr 40 zu § 77 BetrVG, Bl. 5f; ders., § 77 Rn 152, 155; Schwerdtner, ZfA 1975, S. 171 (192); Übersicht bei Loritz, RdA 1991, S. 65 (66-79)

Betriebsvereinbarung eingeschränkt wird. Das wird besonders deutlich bei *Hanau* und *Preis*, die deshalb ein abgestuftes Kündigungsrecht von freiwilligen Betriebsvereinbarungen vorgeschlagen haben, abhängig von der Festigkeit der Rechtsposition, die bestehen würde, wenn die Regelung individualvertraglich vereinbart worden wäre. Die Abstufung reicht von der freien Kündbarkeit bis zur Änderungskündigung entsprechend den Anforderungen des § 2 KSchG für die individualrechtliche Änderungskündigung.[562]

Bei allen diesen Konstruktionen, die darauf abzielen, das Kollektiv- und das Individualarbeitsrecht zu koordinieren, wird nicht genügend beachtet, daß mit der Betriebsvereinbarung nicht nur der Zweck verfolgt wird, die Interessen des einzelnen Arbeitnehmers zu wahren. Vielmehr wird in § 2 Abs. 1 BetrVG ausdrücklich darauf hingewiesen, daß Arbeitgeber und Betriebsrat zum Wohl der Arbeitnehmer und des Betriebes zusammenarbeiten sollen. § 87 Abs. 1 BetrVG ordnet die erzwingbare Mitbestimmung mit Ausnahme der Nummern 5 und 9 für Angelegenheiten mit kollektivem Bezug an. Davon geht die herrschende Meinung aus.[563] Deshalb läßt sich feststellen, daß der Betriebsrat - jedenfalls auch - die Funktion hat, die Interessen *der Belegschaft*, nicht nur der einzelnen Arbeitnehmer, wahrzunehmen.[564] Damit wird über die Funktion des Arbeitsvertrages und über die Privatautonomie hinausgewiesen. Das kann erklären, weshalb der Betriebsrat einerseits weitergehende Rechte gegenüber dem Arbeitgeber hat, insbesondere indem er Regelungen erzwingen kann, andererseits das Individualrecht zu einer weitergehenden Bindung führt, indem die Änderung der Regelungen gegen den Willen des anderen Vertragspartners schwerer möglich ist als zumindest bei der freiwilligen Betriebsvereinbarung. Ein Minimalschutz des Individualrechts wird im Rahmen des Kollektivrechts durch das Günstigkeitsprinzip[565] gewahrt. Soweit die Arbeitsvertragsparteien

---

562 NZA 1991, S. 81 (90)

563 BAG 18.11.1980, AP Nr 3 zu § 87 BetrVG Arbeitszeit, Bl. 2R; 21.12.1982, AP Nr 9 zu § 87 BetrVG Arbeitszeit, Bl. 2R (II 3 a der Gründe); 16.7.1991, AP Nr 44 zu § 87 BetrVG Arbeitszeit, Bl. 4 (II 1 b der Gründe); 22.10.1991, AP Nr 48 zu § 87 BetrVG Arbeitszeit, Bl. 2R (II 1 der Gründe); GS 3.12.1991, AP Nr 51, 52 zu § 87 BetrVG Lohngestaltung, Bl. 11-12 (III 3 b der Gründe); 22.9.1992, AP Nr 56 zu § 87 BetrVG Lohngestaltung, Bl. 2R (I 1 b der Gründe); 22.9.1992, AP Nr 60 zu § 87 BetrVG Lohngestaltung, Bl. 2 (I 1 b der Gründe); Däubler/Kittner/Klebe, § 87 Rn 16; ErfK/Hanau/Kaina, § 87 BetrVG Rn 6; Fitting/Kaiser/Heiher/Engels, § 87 Rn 13,15; GK/Wiese, § 87 Rn 20; Hess/Schochauer/Glaubitz, § 87 Rn 23f; MünchArbR/Matthes, § 324 Rn 25; Weiss/Weyand, § 87 Rn 3

564 Fastrich, RdA 1994, S. 129 (134); ders., RdA 1999, S. 24 (25); Wiese, FS Kissel, S. 1269 (1276)

565 BAG GS 16.9.1986, EzA § 77 BetrVG Nr 17, S. 83-98 (C II der Gründe); GS 7.11.1989, AP Nr 46 zu § 77 BetrVG, Bl. 4-5 (C II der Gründe); 21.9.1989, AP Nr 43 zu § 77 BetrVG,

eine für den Arbeitnehmer günstigere Vereinbarung getroffen haben, geht diese der Anwendung der ungünstigeren Betriebsvereinbarung vor. Weil durch die Betriebsvereinbarung nicht nur die Interessen des einzelnen Arbeitnehmers gegenüber dem Arbeitgeber geschützt werden sollen, geht auch der Einwand von *Hilger* und *Stumpf*[566] fehl, daß es ein geradezu absurder Widerspruch wäre, wenn die durch betriebliche Übung entstandenen Leistungspflichten des Arbeitgebers weniger leicht zu beenden wären als die gemäß § 77 Abs. 2 BetrVG an die "feierliche Form" gebundene, also schriftlich abzuschließende Betriebsvereinbarung. Während die betriebliche Übung ein Institut des Individualrechts ist, gehorcht die Betriebsvereinbarung als kollektivrechtliches Regelungsinstrument deren eigenständigen Regelungen. Im übrigen läßt sich das Schriftformerfordernis der Betriebsvereinbarung bereits mit der normativen Wirkung gegenüber den Arbeitnehmern und dem damit verbundenen erhöhten Publizitätserfordernis begründen.

Diese Überlegungen gelten nicht nur für die Kündigung von Betriebsvereinbarungen, sondern auch für deren Ende wegen Betriebsratslosigkeit des Betriebes. Wenn eine freiwillige Betriebsvereinbarung durch Kündigung ohne Einschränkungen beendet werden kann, können auch in der Fallgruppe 3 die Betriebsvereinbarungen ersatzlos enden. Interessant ist in diesem Zusammenhang, daß die Frage der freien Kündbarkeit von Betriebsvereinbarungen im wesentlichen bezüglich solcher freiwilligen Betriebsvereinbarungen diskutiert wird, die eine betriebliche Altersversorgung regeln. Offensichtlich werden diese Betriebsvereinbarungen als besonders bestandsbedürftig angesehen. Dieser Standpunkt wird auch in der vorliegenden Untersuchung geteilt, wenn auch nicht wegen der erhöhten Bestandsfestigkeit individualvertraglicher Absprachen.

2. Sonderfälle

Wegen der erhöhten Bestandsfestigkeit der Regelungen einer betrieblichen Altersversorgung ist zu überlegen, inwieweit gegenüber dem ersatzlosen Wegfall der Betriebsvereinbarungen im Zeitpunkt des Verlustes der Betriebsratsfähigkeit des Betriebes Besonderheiten gelten (unter a). Weiterhin

Bl. 5R (IV 2 a der Gründe); Belling, Günstigkeitsprinzip im Arbeitsrecht, S. 107-128; Blomeyer, DB 1987, S. 634 (637); Däubler/Kittner/Klebe/Berg, § 77 Rn 19; Fitting/Kaiser/Heither/Engels, § 77 Rn 166; Galperin/Löwisch, § 77 Rn 94; Hess/Schlochauer/Glaubitz, § 77 Rn 88f; v. Hoyningen-Huene, Betriebsverfassungsrecht, S. 201; MünchArbR/Matthes, § 319 Rn 27; Richardi, § 77 Rn 132-139; Weiss/Weyand, § 77 Rn 15; a. A. Leinemann, DB 1985, S. 1394 (1395f); ders., BB 1989, S. 1905 (1909); ders., DB 1990, S. 732 (735); Reuter, ZfA 1993, S. 221 (246f)

566 BB 1990, S. 929 (930)

ist auf den Sozialplan einzugehen, weil dieser im Fall der Betriebsstillegung gerade dafür vorgesehen ist, daß der Betrieb infolge einer Betriebsänderung nicht mehr betriebsratsfähig ist (unter b).

a) Betriebliche Altersversorgung

Alle Autoren,[567] die erhöhte Anforderungen an die Wirksamkeit einer Kündigung stellen, haben diesen Standpunkt anhand der Beendigung von solchen Betriebsvereinbarungen entwickelt, die eine betriebliche Altersversorgung regeln. Hier erscheint die Rechtsfolge der Kündigung einer freiwilligen Betriebsvereinbarung, also der ersatzlose Fortfall, als unvereinbar mit dem Rechtsempfinden. *Heither*[568] verdeutlicht das anhand des Bildes eines 400-Meter-Läufers, der bei seinem Lauf im Stadion das Zieltransparent "Versorgung" nahe vor sich sieht. Doch kurz bevor er das Ziel erreicht, wird es eingerollt. Seine Mühe war umsonst. Für die vorliegend behandelte Situation, also das Ende der Betriebsvereinbarung wegen Verlustes der Betriebsratsfähigkeit, sollte hingegen nicht übersehen werden, daß die Fälle, in denen sich dieses Problem stellt, kaum zahlreich sein werden. Die betriebliche Altersversorgung erscheint als eine typische Einrichtung größerer Betriebe. Solche Betriebe werden selten derart verkleinert werden, daß sie mit einer Beschäftigtenzahl von weniger als fünf Arbeitnehmern weitergeführt werden.

Die Besonderheiten der betrieblichen Altersversorgung ergeben sich aus dem Doppelcharakter des Ruhegeldes. Zum einen hat es Versorgungscharakter. Durch die Altersversorgung werden Leistungen versprochen, die zu einem Zeitpunkt gewährt werden, zu dem keine Arbeitsleistung mehr erbracht wird. Damit ist die betriebliche Altersversorgung typischerweise weit in die Zukunft gerichtet. Zugleich kommt ihr Entgeltcharakter zu. Nach herrschender Meinung wird mit dem Versorgungsversprechen die Betriebstreue des Arbeitnehmers entgolten.[569] Damit ist der Arbeitnehmer typischerweise über einen langen Zeitraum zur Vorleistung verpflichtet. Es entsteht bei ihm ein Vertrauen, auch die Gegenleistung zu erhalten. Beide Gesichtspunkte zusammen betrachtet

---

[567]Hanau/Preis, NZA 1991, S. 81 (92); Hilger/Stumpf, BB 1990, S. 929; Schaub, BB 1990, S. 289 (291)

[568]RdA 1993, S. 72 (78)

[569]BAG 10.3.1972, AP Nr 156 zu § 242 BGB Ruhegehalt, Bl. 4 (A II 2 a der Gründe); 20.2.1975, AP Nr 8 zu § 242 BGB Ruhegehalt -Unverfallbarkeit-, Bl. 2,2R (I 2 b der Gründe); 17.4.1985, AP Nr 4 zu § 1 BetrAVG Unterstützungskassen, Bl. 4R,5 (B II 3 c (3) der Gründe); 23.10.1990, DB 1991, S. 449 (450, II 1 b der Gründe); Blomeyer/Otto, BetrAVG, Einl. Rn 138; Hilger, RdA 1981, S. 6 (9); dies., Anm. zu BAG, AP Nr 4 zu § 1 BetrAVG, Bl. 2R; Höfer/Küpper, BB 1990, S. 849 (850); MünchArbR/Ahrend/Förster, § 101 Rn 11

machen deutlich, warum die Rechtsprechung die Versorgungsleistungen dem Grundrechtsschutz aus Art. 14 Abs. 1 GG unterwirft, jedenfalls soweit diese durch den Arbeitnehmer erdient worden sind. Das BVerfG nimmt diesen Schutz für Renten aus öffentlich-rechtlichen Sozialversicherungen an,[570] das BAG weitet ihn auch auf die betriebliche Altersversorgung aus.[571] Das erklärt auch, weshalb das BAG die Einschränkbarkeit von Ansprüchen, Anwartschaften und Erwartungen mit Hilfe des Grundsatzes des Vertrauensschutzes und der Verhältnismäßigkeit, also typisch öffentlich-rechtlichen Instrumenten im Zusammenhang mit der Beschränkung von Grundrechtseingriffen,[572] begrenzt.[573]

Daraus folgt, daß bei der Regelung einer betrieblichen Altersversorgung in Form einer Betriebsvereinbarung der Verlust der Betriebsratsfähigkeit eines Betriebes ausnahmsweise nicht dazu führen kann, daß die betriebliche Altersversorgung wegfällt. Da die Betriebsvereinbarung jedoch nicht fortbestehen kann, muß nach einer Lösung gesucht werden, nach der zumindest die Inhalte der Betriebsvereinbarung erhalten bleiben. Die automatische Überleitung in Analogie zu § 613a Abs. 1 S. 2 BGB kommt nicht in Betracht. Das ist oben im Teil 2 unter E. II. 2. ausführlich dargestellt worden. Ebensowenig kann ein eigenständiger schuldrechtlicher Anspruch angenommen werden, der in der Betriebsvereinbarung wurzelt. Wie die Ausführungen oben im Teil 2 unter E. II. 1. verdeutlicht haben, ist diese Rechtsprechung des BAG auf den Eintritt des Versorgungsfalls bei noch bestehender Betriebsvereinbarung beschränkt. Hingegen folgt der Erhalt der betrieblichen Altersversorgung in diesem Sonderfall[574] aus der allgemeinen Fürsorgepflicht des Arbeitgebers. Sie bezeichnet die Pflicht des Arbeitgebers, die im Zusammenhang mit dem Arbeitsverhältnis stehenden Interessen des Arbeitnehmers so zu wahren, wie das unter Berücksichtigung der Belange des Betriebes und der Interessen der anderen Arbeitnehmer des Betriebes nach Treu

---

[570] st. Rspr. seit BVerfGE 53, S. 257 (289-296)

[571] BAG 22.9.1987, AP Nr 5 zu § 1 BetrAVG Besitzstand, Bl. 4 (B. II. 2. a der Gründe)

[572] vgl. Hesse, Grundzüge des Verfassungsrecht, Rn 318 (Verhältnismäßigkeitsgrundsatz), Rn 505 Fn 7 (Vertrauensschutz aus Art. 14 Abs. 1 GG), zum Vertrauensschutz unmittelbar aus Art. 14 Abs. 1 GG: BVerfGE 31, S. 275 (293); 36, S. 281 (292f); 64, S. 87 (104);

[573] vgl. Fastrich, Richterliche Inhaltskontrolle, S. 208; Reuter, JuS 1982, S. 787 (788); ders., Anm. BAG, SAE 1983, S. 201 (202f); ders., Anm. BAG, SAE 1987, S. 285 (286)

[574] als genereller Leistungsgrund: Hueck/Nipperdey, I, S. 478; Nikisch, I, S. 572; vgl. Übersicht bei Steinmeyer, Betriebliche Altersversorgung, S. 17; Wackerbarth, Entgelt für Betriebstreue, S. 21

und Glauben billigerweise verlangt werden kann.[575] Wenn der Arbeitgeber eine betriebliche Altersversorgung schafft, begründet er damit das Vertrauen der Arbeitnehmer in die Fortsetzung dieser Versorgung und zwar in vollem Umfang, solange der Arbeitgeber keinen gegenteiligen Willen zum Ausdruck gebracht hat; nach Kündigung besteht dieses Vertrauen in den Grenzen des Vertrauensschutzes und der Verhältnismäßigkeit. Daran ändert die Entscheidung des Arbeitgebers nichts, diese Versorgung durch eine freiwillige Betriebsvereinbarung zu regeln. Denn auch diese Betriebsvereinbarung kann nicht durch Kündigung in jedem Fall in vollem Umfang beendet werden. Am wenigsten Schutz haben Zuwachsraten, die noch nicht erdient sind, sogenannte dienstzeitabhängige Steigerungsbeträge. Diese können bei sachlichen Gründen gekürzt werden. Mehr Schutz haben Zuwächse, die sich aus variablen Berechnungsfaktoren ergeben. In diese Rechtspositionen kann nur aus triftigen Gründen eingegriffen werden. Den weitestgehenden Schutz haben bereits erdiente Teilbeträge. Diese können nur in seltenen Ausnahmefällen entzogen werden.[576]
Fiele mit der Betriebsvereinbarung auch die betriebliche Altersversorgung der Arbeitnehmer weg, sobald der Betrieb nicht mehr betriebsratsfähig ist, würde über diese Grenzen hinaus in die Altersversorgung eingegriffen - und das sogar, ohne daß der Arbeitgeber seinen Willen zur Beendigung der Regelung zum Ausdruck gebracht hat. Dem stehen die beiden oben angesprochenen Eigenschaften der betrieblichen Altersversorgung, der Versorgungs- und Entgeltcharakter, entgegen.

Wenn der Arbeitgeber nach Wegfall des Betriebsrats von der bisherigen Regelung abweichen möchte, kann er das durch entsprechende Ausgestaltung des Arbeitsvertrages erreichen. Sind die Arbeitnehmer hierzu nicht ohne weiteres bereit, gelingt das nur mit Hilfe der Änderungskündigung des Arbeitsvertrages. Als generelles Instrument zur Ablösung von Betriebsvereinbarungen ist die Änderungskündigung zwar nicht geeignet. Das hat sich oben in Teil 2 unter D. II. 2. a) erwiesen. In der hier behandelten Sondersituation läßt sich jedoch darauf zurückgreifen, weil der oben erhobene Haupteinwand in diesem Zusammenhang nicht greift: Die Änderungskündigung ist zwar wegen der unterschiedlich langen Kündigungsfristen der Arbeitnehmer, bei anzuwendendem KSchG wegen des Erfordernisses eines Kündigungsgrundes und der Möglichkeit des Arbeitnehmer, Kündigungsschutzklage zu erheben mit dem damit für den

[575] § 69 des Kommissionsentwurfs für ein Arbeitsgesetzbuch, abgedruckt in MünchArbR/Blomeyer, § 92 Rn 1; Schaub, Arbeitsrechtshandbuch, S. 923f
[576] BAG 18.4.1989, EzA Nr 28 zu § 77 BetrVG, Ls. 3, S. 7f (III 1 c der Gründe)

Arbeitgeber zusammenhängenden Verwaltungs- und Kostenaufwand als Massenänderungsinstrument untauglich.[577] Aber in der vorliegenden Situation greift das KSchG wegen der Regelung zum Geltungsbereich in § 23 Abs. 1 S. 2 KSchG (Beschäftigung von mehr als fünf Arbeitnehmern) nicht, so daß für den Arbeitgeber nur der Einwand unterschiedlich langer Kündigungsfristen verbleibt. Dieser Einwand ist aber angesichts der kleinen Zahl von Beschäftigten nicht schwerwiegend, weil wegen der geringen Betriebsgröße das Bedürfnis nach Einheitlichkeit nicht in vergleichbarem Maße besteht wie in einem größeren Betrieb. Allerdings kann der Arbeitgeber die nunmehr aus der Fürsorgepflicht folgende Verpflichtung zur Gewährung der Versorgung nur in den Grenzen kürzen, die bei Kündigung der Betriebsvereinbarung, aus der sich ursprünglich die betriebliche Altersversorgung ergab, zu beachten wären. Denn der Arbeitgeber soll nicht zum Nachteil der Arbeitnehmer einen Vorteil aus dem Wegfall des Betriebsrats erzielen, obwohl den Arbeitnehmern die Betriebsratslosigkeit nicht zugerechnet werden kann. Der Vorrang des Bestandsinteresses der Arbeitnehmer ergibt sich aus dem Versorgungscharakter der betrieblichen Altersversorgung.

Ist der Versorgungsfall bereits eingetreten, der Arbeitnehmer aus dem Arbeitsverhältnis ausgeschieden, darf sich dessen Anspruch ebenfalls nicht durch den Fortfall des Betriebsrats verschlechtern. Da die Betriebsvereinbarung nicht mit Wirkung für die Vergangenheit wegfällt, kann sie trotz Wegfalls weiterhin Anspruchgrundlage für den Versorgungsanspruch sein. Das setzt allerdings voraus, daß der Anspruch bereits mit Eintritt des Versorgungsfalles entstanden ist und nun jeweils mit Ablauf eines jeden Gewährungsabschnitts fällig wird. Das mag ungewöhnlich sein, ist der Rechtsordnung aber nicht unbekannt. So wird etwa der Anspruch auf ein 13. Monatsgehalt auch mit Ablauf eines jeden Kalendermonats erdient und erst zum Auszahlungsdatum fällig, so daß der vor diesem Zeitpunkt aus dem Arbeitsverhältnis ausgeschiedene Arbeitnehmer dennoch einen anteiligen Anspruch auf die Zuwendung hat - eventuell Monate, nachdem er den Betrieb verlassen hat.[578] Eine Erhöhung der laufenden Leistungen aus der betrieblichen Altersversorgung erfolgt - unabhängig von der rechtlichen Ausgestaltung des Versorgungssystems - aufgrund der gesetzlichen Anordnung in § 16 BetrAVG.

Als Lösung generell für das Schicksal der Betriebsvereinbarung nach Wegfall des Betriebsrats eignet sich die Heranziehung der Fürsorgepflicht nicht. Denn

577vgl. Griebeling, FS Ahrend, S. 208 (211); Heither, RdA 1993, S. 72 (75); ders., Arbeitsrecht der Gegenwart, Band 31, 1994, S. 55 (62)
578BAG 24.8.1989, zitiert in MünchArbR/Hanau, § 67 Rn 8

nur das Recht der betrieblichen Altersversorgung begründet Rechte der Arbeitnehmer, die wegen ihrer Grundrechtsrelevanz ein schützenswertes Bestandsinteresse schaffen.

b) Sozialplan

Während die Besonderheit der Betriebsvereinbarungen zur betrieblichen Altersversorgung darin zu sehen ist, daß die betroffenen Arbeitnehmer mit Wegfall der Betriebsvereinbarung eine Rechtsposition zu verlieren drohen, die ihnen nach dem allgemeinen Rechtsempfinden zustehen, besteht die Besonderheit des Sozialplans darin, daß er gerade für die Betriebsstillegung - und damit für einen Vorgang, der zum Verlust der Betriebsratsfähigkeit führt - vorgesehen ist. Weil sich gezeigt hat, daß der Bestand der Betriebsvereinbarung grundsätzlich voraussetzt, daß die Belegschaft das Recht zur Neuwahl eines Betriebsrates hat, scheint dieses Ergebnis in Widerspruch zu den Regelungen des Betriebsverfassungsgesetzes zum Sozialplan zu stehen. Gemäß § 112 Abs. 1 S. 3 BetrVG hat der Sozialplan die Wirkung einer Betriebsvereinbarung. Die weit überwiegende Meinung versteht den Sozialplan deshalb als Betriebsvereinbarung eigener Art.[579] Auch er gilt unmittelbar und zwingend. Er ist bei Betriebsänderungen im Sinne von § 111 BetrVG zu vereinbaren, unter anderem bei der Einschränkung oder Stillegung von Betrieben. Damit ist der Sozialplan auch für den Fall abzuschließen, in dem ein Betrieb in Vollzug der Betriebsänderung seine Betriebsratsfähigkeit verliert. Der Sozialplan soll als Normativvertrag genau in der Situation die wirtschaftlichen Nachteile der betroffenen Arbeitnehmer mildern bzw. ausgleichen, in der grundsätzlich der normative Fortbestand ausgeschlossen ist. Die herrschende Meinung begründet diesen Fortbestand - im Zweifel über den Bestand des Betriebes hinaus - damit, daß der Sozialplan deshalb fortbestehen *müsse*, weil er ja gerade für den Fall der Betriebsstillegung abgeschlossen worden sei.[580] Daran ist richtig, daß das Gesetz in § 112 Abs. 1 S. 3 BetrVG den Betriebsparteien ein Instrument zur Verfügung stellt, das im Falle der Betriebsstillegung funktionslos wäre, wenn der Sozialplan in Vollzug der Betriebsänderung wegfiele. Der Sozialplan hat also diese Geltung kraft gesetzlicher Anordnung. Weil das Gesetz für den Fall

---

579 BAG 27.8.1975, AP Nr 2 zu § 112 BetrVG, Ls. 2, Bl. 2; 17.2.1981, E 35, S. 80 (92, II 2 c der Gründe); 24.3.1981, AP Nr 12 zu § 112 BetrVG, 2R (II 1 der Gründe); 9.12.1981, AP Nr 14 zu § 112 BetrVG, Bl. 2R (II 2 a der Gründe); 10.8.1994, AP Nr 86 zu § 112 BetrVG, Bl. 4 (B II 3 a der Gründe); Galperin/Löwisch, § 112 Rn 44; GK/Fabricius, §§ 112, 112a Rn 63; v. Hoyningen-Huene, Betriebsverfassungsrecht, S. 340; MünchArbR/Matthes, § 354 Rn 38; Richardi, § 112 Rn 137; Weiss/Weyand, § 112 Rn 28

580 vgl. BAG 24.3.1981, AP Nr 12 zu § 112 BetrVG, Bl. 4 (II 3 der Gründe); Däubler/Kittner/Klebe/Berg, § 77 Rn 47; Fitting/Kaiser/Heither/Engels, § 77 Rn 140; Galperin/Löwisch, § 77 Rn 66; GK/Kreutz, § 77 Rn 319; Richardi, § 77 Rn 197

der Betriebsänderung den Abschluß eines Sozialplans vorsieht, können die Betriebspartner einen solchen vereinbaren bzw. durch den Spruch der Einigungsstelle ersetzen lassen.

Damit ist jedoch nicht der hier vertretene Standpunkt widerlegt, daß die Betriebsvereinbarung grundsätzlich mit Verlust der Betriebsratsfähigkeit endet. Aus dem Gesetz ergibt sich vielmehr ein Regel-Ausnahme-Verhältnis. Grundsätzlich setzt der Bestand der Betriebsvereinbarung das Recht der Belegschaft zur Wahl eines Betriebsrats voraus. Indem das Betriebsverfassungsgesetz für das Amt eines Betriebsrats dessen vorherige Wahl durch die Belegschaft voraussetzt und der so in das Amt gesetzte Betriebsrat mit dem Arbeitgeber die Herrschaft über die bestehenden Betriebsvereinbarungen - im Interesse der Belegschaft und für diese fremdbestimmt - ausübt, läßt sich dem Gesetz der Grundsatz entnehmen, daß das Recht der Belegschaft zur Wahl eines Betriebsrats konstitutiv für den Bestand der Betriebsvereinbarung ist.[581] Von diesem Grundsatz bestimmt das Gesetz mit seinen Regelungen zum Sozialplan die Ausnahme, daß der aufgrund einer Betriebsänderung abgeschlossene Sozialplan auch bzw. gerade dann als Normativvertrag besteht, wenn der Betrieb nicht mehr betriebsratsfähig ist. Nur für den Sozialplan trifft das Betriebsverfassungsgesetz Regelungen hinsichtlich der Auswirkungen, die der Wegfall des Betriebsrats auf bestehende Betriebsvereinbarungen hat. Denn nur bezüglich des Sozialplans bezeichnet das Gesetz - eben mit dem Begriff der Betriebsänderung - einen Sachverhalt, der regelmäßig den Verlust der Betriebsfähigkeit des Betriebes zur Folge hat. Nur für diesen Fall stellt das Gesetz das Regelungsinstrument der Betriebsvereinbarung als Sozialplan zur Verfügung. Daß der Sozialplan für eine betriebliche Sondersituation abgeschlossen wird und schon insofern eine Ausnahme im Gefüge des Betriebsverfassungsgesetzes ist, zeigt sich auch im Umfang des Mitbestimmungsrechts des Betriebsrats. Denn anders als bei den übrigen Tatbeständen der erzwingbaren Mitbestimmung obliegt es dem Betriebsrat bzw. der Einigungsstelle, bei der Verhandlung des Sozialplans auch hinsichtlich des Dotierungsrahmens mitzubestimmen (vgl. § 112 Abs. 5 S. 2 Ziff. 3 BetrVG). Damit wird im Gesetz für die in § 111 BetrVG benannten grundlegenden Änderungen der betrieblichen Struktur - bis hin zur Auflösung des Betriebes - dem Betriebsrat ein weit über das sonstige Maß hinausgehendes Mitbestimmungsrecht zugewiesen. Denn ansonsten erstreckt sich das erzwingbare Mitbestimmungsrecht des Betriebsrats nur auf die Verteilungsgrundsätze im Rahmen des vom Arbeitgeber alleine bestimmten

[581] siehe oben Teil 3 B. III.

Dotierungsrahmens.[582] Allein das zeigt bereits die Sonderstellung des Sozialplans. Für diese spricht schließlich auch der Wortlaut von § 112 Abs. 1 S. 3 BetrVG, nach dem der Sozialplan lediglich "die Wirkung einer Betriebsvereinbarung" hat.

Für diesen Sonderfall ist die Regelungsbefugnis der Betriebsparteien auf solche Regelungen beschränkt, die der Legaldefinition des Sozialplans in § 112 Abs. 1 S. 2 BetrVG entsprechen. Deshalb können nur solche Regelungen in einem Sozialplan vereinbart werden, mit denen die wirtschaftlichen Nachteile, die infolge einer Betriebsänderung den Arbeitnehmern des Betriebes entstehen, aufgehoben oder zumindest geschmälert werden. Sind andere Regelungsinhalte von den Betriebsparteien in einer Betriebsvereinbarung, auch unter der Bezeichnung Sozialplan, vereinbart worden, fallen sie mit Verlust der Betriebsratsfähigkeit weg.

Die Fortgeltung der Betriebsvereinbarung über den Verlust der Betriebsratsfähigkeit hinaus gilt nur ausnahmsweise und nur für den Sozialplan und kann nicht auf alle Betriebsvereinbarungen übertragen werden. Dies verdeutlicht auch die Überlegung, daß der Betriebsrat die Herrschaft über den Sozialplan auch nach Verlust der Betriebsratsfähigkeit des Betriebes ausüben kann. Denn um die Mitbestimmungsrechte des Betriebsrats zu wahren, fällt der Betriebsrat mit Verlust der Betriebsratsfähigkeit des Betriebes oder mit Ablauf der Amtszeit nicht weg.[583] Vielmehr hat der Betriebsrat nach nahezu einhelliger Auffassung in Rechtsprechung und Literatur ein Restmandat, solange sich mitbestimmungsrelevante Gegenstände in Bezug auf die Betriebsänderung stellen.[584] Das gilt auch, wenn eine Änderung des

---

[582] BAG 12.6.1975, AP Nr 1 zu § 87 Altersversorgung, Bl. 4Rf (B 6 der Gründe); 17.12.1980, AP Nr 4 zu § 87 BetrVG Lohngestaltung, Bl. 2R (1 b der Gründe); 8.12.1981, AP Nr 1 zu § 87 BetrVG Prämie, Bl. 1Rf (B II 1 der Gründe); 3.8.1982, AP Nr 12 zu § 87 BetrVG Lohngestaltung, Bl. 3R (3 d der Gründe); MünchArbR/Matthes, § 333 Rn 19; Richardi, § 87 Rn 835, 898

[583] BAG 16.6.1987, AP Nr 20 zu § 111 BetrVG, Bl. 3R (II 2 b der Gründe); Kissel, FG Söllner, S. 143 (151); Richardi, § 21 Rn 17

[584] BAG 14.11.1978, AP Nr 6 zu § 59 KO, Bl. 1R (2 der Gründe); 30.10.1979, AP Nr 9 zu § 112 BetrVG, Bl. 1Rf (II 1 der Gründe); 24.3.1981, AP Nr 12 zu § 112 BetrVG, Bl. 3R (II 2 der Gründe); 20.4.1982, AP Nr 15 zu § 112 BetrVG, Bl. 1R (I 1 der Gründe); 16.6.1987, AP Nr 20 zu § 111 BetrVG, Bl. 3R (II 2 b der Gründe); LAG Hamm 23.10.1975, EzA § 112 BetrVG Nr 10, Ls. 3, S. 31-33 (II 1 der Gründe); LAG Niedersachsen 25.2.1976, ArbuR 1976, S. 312f; Biebl, Restmandat, S. 35-41; ders., ArbuR 1990, S. 307 (311f); Däubler/Kittner/Klebe/Buschmann, § 21 Rn 40f; ErfK/Eisemann, § 21 BetrVG Rn 6; Fitting/Kaiser/Heither/Engels, § 21 Rn 54; Galperin/Löwisch, § 21 Rn 21, § 111 Rn 9; Hess/Schlochauer/Glaubitz, § 21 Rn 26; Kissel, FG Söllner, S. 143 (149-152); Richardi, § 21

Sozialplans erforderlich wird. Auch wenn der Sozialplan nach seinem Abschluß im Normalfall nicht mehr geändert werden soll, sind doch Fälle denkbar, in denen das Bedürfnis einer nachträglichen Änderung, etwa wegen Wegfalls der Geschäftsgrundlage, besteht.[585] Als generelle Lösung für die Frage, welche Auswirkungen der Betriebsratswegfall auf bestehende Betriebsvereinbarungen hat, ist das Restmandat indes nicht geeignet. Das wurde bereits oben in Teil 2 unter B. II. 2. gezeigt.

Das hier aufgezeigte Regel-Ausnahme-Verhältnis hat zur Konsequenz, daß der Auffassung der Literatur[586] nicht gefolgt werden kann, daß Betriebsvereinbarungen generell über den Zeitpunkt des Verlusts der Betriebsratsfähigkeit hinaus fortbestehen, wenn die Betriebspartner die Regelungen gerade angesichts dieses Ereignisses getroffen haben. Allerdings erscheint diese Konsequenz nicht sehr schwerwiegend. Denn typischerweise werden als Beispiele solcher Betriebsvereinbarungen der Sozialplan und die betriebliche Altersversorgung genannt.[587] Für beide Regelungsgegenstände wird auch in dieser Untersuchung der Erhalt der Regelungsinhalte angenommen. Im übrigen haben Arbeitgeber und Betriebsrat die Möglichkeit, auch über den Zeitpunkt des Verlusts der Betriebsratsfähigkeit hinaus wirksame Vereinbarungen abzuschliessen. Denn es bleibt die Möglichkeit, eine Regelungsabrede abzuschließen, die der Arbeitgeber anschließend im Verhältnis zu den Arbeitnehmern individualvertraglich umsetzt. Allerdings haben die Arbeitnehmer keinen Anspruch auf Umsetzung gegen den Arbeitgeber.

Rn 17, § 111 Rn 26; einschränkend: GK/Wiese, § 21 Rn 54 (nur für anhängige gerichtliche Verfahren oder Verfahren vor der Einigungsstelle); Weiss/Weyand, § 21 Rn 7; a. A. LAG Düsseldorf 26.3.1975, BB 1976, S. 602; Hanau, ZfA 1974, S. 109; Richardi, Sozialplan und Konkurs, S. 39

585 vgl. BAG 10.8.1994, AP Nr 86 zu § 112 BetrVG; 28.8.1996, AP Nr 104 zu § 112 BetrVG

586 AR-Blattei, Säcker, (D), Betriebsvereinbarung I, F III; AR-Blattei, Brune, SD 520 Rn 409; Bachner, NZA 1997, S. 79 (80-82); Fitting/Kaiser/Heither/Engels, § 77 Rn 55; Galperin/Löwisch, § 77 Rn 66; GK/Kreutz, § 77 Rn 319; MünchArbR/Matthes, § 319 Rn 42; a. A. Richardi, § 77 Rn 197

587 AR-Blattei, Säcker, (D), Betriebsvereinbarung I, F III; AR-Blattei, Brune, SD 520 Rn 409; Däubler/Kittner/Klebe/Berg, § 77 Rn 48; Fitting/Kaiser/Heither/Engels, § 77 Rn 140b; Galperin/Löwisch, § 77 Rn 66; GK/Kreutz, § 77 Rn 319; MünchArbR/Matthes, § 319 Rn 42; Richardi, § 77 Rn ?

Teil 4 Zusammenfassung

A. Grundsätze der eigenen Lösung

Die Betriebsvereinbarung hat den Rechtscharakter eines Normenvertrages. Sie kommt einerseits als Vertrag zustande und wird von den vertragschließenden Betriebspartnern in ihrem Bestand mit vertragsrechtlichen Instrumenten beherrscht. So kann die Betriebsvereinbarung gekündigt und angefochten werden. Andererseits wirkt die Betriebsvereinbarung gegenüber den Arbeitsvertragsparteien normativ. § 77 Abs. 4 S. 1 BetrVG ordnet an, daß die Betriebsvereinbarung unmittelbar und zwingend gilt. Das hat Konsequenzen für den Fortbestand der Betriebsvereinbarung nach Wegfall des Betriebsrats. Soweit die Betriebsvereinbarung ausschließlich zwischen den Betriebspartnern Rechte und Pflichten enthält, besteht nach Wegfall des Betriebsrats kein Grund für einen Fortbestand. Soweit sie normative Regelungen enthält, gilt sie fort. Soweit schließlich schuldrechtliche Inhalte auf den normativen Teil bezogen sind, wie z. B. Regelungen zur Befristung der Betriebsvereinbarung, folgen sie als akzessorische Bestandteile dem normativen Teil in ihrem Bestand.[588]

Weil die Betriebsvereinbarung - soweit sie normative Regelungen beinhaltet - von außen auf die Arbeitsverhältnisse wirkt, besteht grundsätzlich auch nach Wegfall des Betriebsrats ein Interesse der Arbeitsvertragsparteien am Fortbestand der Regelungen der Betriebsvereinbarung. Die durch die Betriebsvereinbarung geschaffene Ordnung wird durch den Wegfall des Betriebsrats nicht sinnlos. Für die Arbeitnehmer ist das insofern deutlich, als der Betriebsrat in ihrem Interesse handelt und gerade deshalb vom Gesetz vorgesehen ist, weil die Arbeitnehmer aufgrund der Vertragsimparität zwischen Arbeitgeber und Arbeitnehmer nicht in der Lage sind, ihre Interessen gegenüber dem Arbeitgeber angemessen zu verfolgen. Die Betriebsvereinbarung wird sie also grundsätzlich besser stellen, als sie stehen würden, wenn kein Betriebsrat im Betrieb bestanden hätte. Aber auch der Arbeitgeber wird möglicherweise ein Interesse am Fortbestand der Regelungen haben. Denn es ist denkbar, daß sich die Regelungen nach seiner Auffassung bewährt haben. Gleichzeitig muß ihm die Beendigung der Betriebsvereinbarung auch nach Wegfall des Betriebsrats möglich sein. Andernfalls würde die Betriebsvereinbarung für ihn zu einer jedenfalls zu seinen Gunsten unveränderbaren Zwangsordnung, obwohl sich die tatsächlichen oder rechtlichen Bedingungen im Betrieb nach Wegfall des Betriebsrats derart ändern können, daß eine Beendigung erforderlich ist. Deshalb hat der Arbeitgeber ein Lossagungsrecht, das er gegenüber der

588 vgl. Teil 3 B I, II

Belegschaft ausübt, d. h. gegenüber allen Arbeitnehmern gemeinsam. Das kann er auch durch Aushang am Schwarzen Brett erreichen.[589]

Soweit die Belegschaft auch nach Wegfall des Betriebsrats das Recht zur Wahl einer neuen Arbeitnehmervertretung hat (Fallgruppen 1 und 2), gilt die Betriebsvereinbarung ungeachtet des Wegfalls des Betriebsrats weiterhin unmittelbar und zwingend, bis sie der Arbeitgeber durch Abgabe der Lossagungserklärung beendet hat. Anderes gilt, wenn der Betrieb seine Betriebsratsfähigkeit verloren hat (Fallgruppe 3). Dann endet auch die Betriebsvereinbarung automatisch. Denn Bestandsvoraussetzung ist die Möglichkeit der Belegschaft, einen neuen Betriebsrat zu wählen, der im Interesse der Arbeitnehmer die Herrschaft über die Betriebsvereinbarung ausübt. Denn die Wahl des Betriebsrats schafft die demokratische Legitimation für die Geltung der fremdbestimmten Ordnung für die Arbeitnehmer. Ist die Wahl eines Betriebsrats rechtlich unmöglich, muß die Betriebsvereinbarung deshalb ersatzlos enden.[590]

Der Arbeitgeber hat das Recht zur Lossagung von der Betriebsvereinbarung, ein Anpassungsrecht hat er nicht. Die Regelungen der Betriebsvereinbarung setzen die Einigung der Betriebspartner bzw. den Spruch der Einigungsstelle voraus. Es widerspricht diesem Regelungsprinzip des BetrVG, wenn der Arbeitgeber nach Wegfall des Betriebsrats Regelungen alleine entsprechend seinen Vorstellungen treffen könnte, die den Vorzug der effektiven, d. h. normativen Wirkung gegenüber den Arbeitnehmern hätte.[591]

Die Arbeitnehmer haben kein Recht, die Betriebsvereinbarung zu beenden. Sie sind nicht Vertragspartei, üben keine Herrschaft über die Betriebsvereinbarung aus. Ihnen bleibt indes die Möglichkeit, einen neuen Betriebsrat zu wählen, der für sie die Herrschaft über die bestehenden Betriebsvereinbarungen ausübt. Im übrigen kann der Fall eintreten, daß die Betriebsvereinbarung im Wege der gerichtlichen Billigkeitskontrolle, der Betriebsvereinbarungen unterliegen, im Urteilsverfahren korrigiert wird, sofern die unveränderte Geltung zur Verletzung gesetzlicher Grundentscheidungen führen oder gegen den arbeitsrechtlichen Gleichbehandlungsgrundsatz verstoßen würde. Hinsichtlich der Ausübung des Lossagungsrechts unterliegt der Arbeitgeber den

---

[589]vgl. Teil 3 C III
[590]vgl. Teil 3 B III
[591]vgl. Teil 3 A

Einschränkungen, die das Verbot des Rechtsmißbrauchs gemäß § 242 BGB allgemein im Vertragsrecht bestimmt.[592]

B. Die eigene Lösung im einzelnen

Für die konkrete Lösung sind mehrere Fallgruppen zu unterscheiden. In der Fallgruppe 1 wird der Betrieb betriebsratslos, wenn trotz Ablaufs der regulären Amtszeit und des Rechts der Arbeitnehmer zur erneuten Betriebsratswahl kein neuer Betriebsrat gewählt wird. Die Fallgruppe 2 bezeichnet die Fälle, in denen der Betriebsrat vor Ablauf der regulären Amtszeit wegfällt, ohne daß die Belegschaft trotz des Rechts zur Neuwahl die Möglichkeit hat, zuvor einen neuen Betriebsrat zu wählen und so die Betriebsratslosigkeit zu verhindern. In der Fallgruppe 3 verliert der Betrieb seine Betriebsratsfähigkeit, wodurch die Belegschaft das Recht verliert, einen neuen Betriebsrat zu wählen. Der bisherige Betriebsrat fällt mit dem Verlust der Betriebsratsfähigkeit weg.[593]

I. Fallgruppe 1

Diese Fallgruppe bezeichnet den Fall, daß der Betrieb betriebsratslos wird, weil die Belegschaft trotz des weiterhin bestehenden Rechts zur Neuwahl keinen Betriebsrat wählt.

1. Erzwingbare Betriebsvereinbarung

a) Lossagungsrecht gemäß § 77 Abs. 5 BetrVG analog

Der Arbeitgeber hat grundsätzlich das Recht, sich unter Einhaltung einer Frist von drei Monaten von der erzwingbaren Betriebsvereinbarung loszusagen. Dahinter steht der allgemeine zivilrechtliche Mechanismus, nach dem Dauerrechtsbeziehungen grundsätzlich unter Einhaltung einer Frist gekündigt werden können und nur ausnahmsweise ein Recht zur sofortigen Beendigung besteht. Mit der Frist soll der anderen Vertragspartei eine Zeitspanne gewährt werden, in der sie sich auf das Ende des Vertrages einstellen kann. Der gleiche Gesichtspunkt gilt auch bei der einseitigen Beendigung der Betriebsvereinbarung, wenn auch mit der Besonderheit, daß nicht nur dem anderen Vertragspartner, also dem Arbeitgeber bzw. dem Betriebsrat, sondern auch den regelungsunterworfenen Arbeitnehmern Zeit zu gewähren ist, sich auf den Ablauf der Betriebsvereinbarung einzustellen. Deshalb ordnet § 77 Abs. 5 BetrVG das Recht zur fristgemäßen Kündigung an. Derselbe Gesichtspunkt besteht auch nach Wegfall des Betriebsrats. Auch dann soll den Arbeitnehmern

[592] vgl. Teil 3 A

[593] vgl. Teil 1 C III 3

ein Zeitraum gewährt werden, um sich auf den Ablauf der Betriebsvereinbarung einzustellen. Deshalb wird § 77 Abs. 5 BetrVG auf den Fall der Lossagung nach Wegfall des Betriebsrats analog angewendet. Die erzwingbare Betriebsvereinbarung, von der sich der Arbeitgeber losgesagt hat, wirkt nicht nach. Denn dann besteht der Zweck der Nachwirkung, die Sicherung des Instituts der Nachwirkung, nicht mehr. § 77 Abs. 6 BetrVG ist dann teleologisch zu reduzieren.[594]

Denkbar sind einige Sonderfälle. So können die Betriebspartner eine abweichende Lossagungsfrist vereinbart haben. Gegen deren Zulässigkeit bestehen in der Fallgruppe 1 keine Bedenken. Allerdings wird es häufig Auslegungsfrage sein, ob die Parteien eine abweichende Frist nicht ausschließlich für die Kündigung, sondern auch für die Situation nach Wegfall des Betriebsrats vereinbart haben. Kann durch einfache Vertragsauslegung eine solche Vereinbarung nicht ermittelt werden, bleibt es bei der dreimonatigen Frist des Gesetzes. Auch für die Vereinbarung einer Befristung ist durch Auslegung zu ermitteln, ob die zeitliche Beschränkung der Geltung der Betriebsvereinbarung auch für den Fall des vorherigen Wegfalls des Betriebsrats gelten soll. Da die Betriebspartner im Regelfall die Möglichkeit des Wegfalls des Betriebsrats nicht bedacht haben werden, ist durch ergänzende Vertragsauslegung zu ermitteln, was sie redlicherweise geregelt hätten, wenn sie die Möglichkeit des Betriebsratswegfalls bedacht hätten. Hierbei ist erneut der Einigungszwang der erzwingbaren Mitbestimmung wesentlich. Weil dieser mit Wegfall des Betriebsrats nicht mehr besteht, kann unterstellt werden, daß beide Betriebspartner nicht eine Bindung bis zum Ablauf der Befristung erreichen wollten. Die bei bestehendem Betriebsrat anzunehmende Mindestbefristung ist mit Wegfall des Betriebsrats als Höchstbefristung auszulegen. Die Betriebsvereinbarung kann vor Fristablauf durch Lossagungserklärung mit Lossagungsfrist beendet werden. Erfolgt das nicht, endet die Betriebsvereinbarung automatisch mit Fristablauf.[595]

Beachtlich ist der weitere Sonderfall, daß der Betriebsrat zu einem Zeitpunkt wegfällt, in dem die Betriebsvereinbarung bereits gekündigt worden ist. In diesem Fall endet die Betriebsvereinbarung grundsätzlich mit Ablauf der Kündigungsfrist. Dessen ungeachtet hat der Arbeitgeber das Recht, die erzwingbare Betriebsvereinbarung durch eine Lossagungserklärung unter Einhaltung der dreimonatigen Lossagungsfrist zu beenden. Das wird für ihn freilich nur dann einen Sinn ergeben, wenn die Betriebsparteien eine

---

594 vgl. Teil 3 D II 1 a
595 vgl. Teil 3 D II 1 b

Kündigungsfrist vereinbart haben, die im Zeitpunkt der Lossagungserklärung noch länger als drei Monate währt. Befindet sich die Betriebsvereinbarung im Stadium der Nachwirkung, wenn der Betriebsrat wegfällt, endet mit Wegfall des Betriebsrats auch die unmittelbare Geltung. Denn dann besteht der Zweck der Nachwirkung, die Sicherung des Instituts der Nachwirkung, nicht mehr. § 77 Abs. 6 BetrVG ist dann teleologisch zu reduzieren.[596]

b) Lossagungsrecht mit sofortiger Wirkung

Ungeachtet des Rechts zur Lossagung unter Einhaltung einer dreimonatigen Frist kann sich der Arbeitgeber aus anderen Gründen als dem Wegfall des Betriebsrats dann von den erzwingbaren Betriebsvereinbarung lossagen, wenn er bei noch bestehender Arbeitnehmervertretung ein außerordentliches Kündigungsrecht hätte. Auch die so beendete Betriebsvereinbarung wird nicht nachwirken.[597]

2. Freiwillige Betriebsvereinbarung

Hinsichtlich der Fallgruppe 1 kann sich der Arbeitgeber von freiwilligen Betriebsvereinbarungen unter denselben Voraussetzungen lossagen, unter denen er bei bestehendem Betriebsrat die Betriebsvereinbarung hätte kündigen können. Wenn in der Betriebsvereinbarung abweichende Kündigungsfristen vereinbart worden sind, gelten diese entsprechend für das Lossagungsrecht des Arbeitgebers.[598]

3. Teilmitbestimmungspflichtige Betriebsvereinbarung

Geht es um die Lossagung von Betriebsvereinbarungen, die nur zum Teil der erzwingbaren Mitbestimmung unterfallen, also um Betriebsvereinbarungen über freiwillige Leistungen, bezieht sich das Mitbestimmungsrecht ausschließlich auf den Verteilungsplan. Dementsprechend kann der Arbeitgeber bei bestehendem Betriebsrat die Betriebsvereinbarung ersatzlos kündigen, ohne daß die Betriebsvereinbarung nachwirkt, allerdings nur, wenn er die Leistungen gänzlich einstellen oder unter Beibehaltung des Verteilungsplans reduzieren will. Hat der Arbeitgeber vor, den Verteilungsplan zu ändern, wirkt die gesamte gekündigte Betriebsvereinbarung nach, bis eine Vereinbarung über den neuen Verteilungsplan zustandegekommen ist. Fällt der Betriebsrat weg, hat der Arbeitgeber das Recht, die Betriebsvereinbarung mit Hilfe des Lossagungsrechts in Analogie zu § 77 Abs. 5 BetrVG mit einer Frist von drei Monaten zu beenden. Ein außerordentliches Lossagungsrecht steht ihm nur

---

[596] vgl. Teil 3 D II 3

[597] vgl. Teil 3 D II 2

[598] vgl. Teil 3 D III

dann zu, wenn er bei bestehendem Betriebsrat ein Recht zur außerordentlichen Kündigung hätte. Die durch Lossagungserklärung beendete Betriebsvereinbarung wirkt nicht nach.[599]

II. Fallgruppe 2

Kennzeichnend für diese Fallgruppe ist der Umstand, daß der Betrieb betriebsratslos wird, ohne daß die Belegschaft die Möglichkeit gehabt hat, das durch rechtzeitige Neuwahl eines neuen Betriebsrats zu verhindern.

1. Erzwingbare Betriebsvereinbarung

Diese Abweichung gegenüber der Fallgruppe 1 prägt auch die Lösung. Weil erstens die Mitbestimmung zum Schutz der Arbeitnehmer besteht und zweitens das BetrVG hinsichtlich der Mitbestimmungsrechte und hinsichtlich des Ergebnisses der ausgeübten Mitbestimmung von Kontinuität geprägt ist, müssen die erzwingbaren Betriebsvereinbarungen solange unveränderbar fortbestehen, bis die Belegschaft die Möglichkeit zur Neuwahl eines Betriebsrats gehabt hat.[600] Für diese Möglichkeit können drei Monate angesetzt werden. Während dieser drei Monate besteht eine Veränderungssperre.[601]

a) Lossagungsrecht analog § 77 Abs. 5 BetrVG

Wie in der Fallgruppe 1 hat der Arbeitgeber das Recht, sich unter Einhaltung einer dreimonatigen Frist von den erzwingbaren Betriebsvereinbarungen loszusagen. Die Veränderungssperre zwingt jedoch für die Fälle zu Abweichungen gegenüber der Fallgruppe 1, in denen eine abweichende Lossagungsfrist oder eine Befristung vereinbart worden ist. In beide Fällen sind Vereinbarungen, die dazu führen, daß die Betriebsvereinbarung innerhalb der Veränderungssperre enden würden, im Wege der Billigkeitskontrolle dahingehend zu korrigieren, daß die Betriebsvereinbarung erst nach Ablauf der Veränderungssperre enden. Das ist damit zu begründen, daß dem BetrVG die Grundentscheidung zu entnehmen ist, die Interessen der Arbeitnehmer zu schützen und dieser Schutz die Veränderungssperre gebietet.[602]

Aus demselben Grund gelten Besonderheiten gegenüber der Fallgruppe 1 auch für den Sonderfall, daß der Betriebsrat zu einem Zeitpunkt wegfällt, in dem die

---

599 vgl. Teil 3 D IV
600 vgl. Teil 3 C III 1
601 vgl. Teil 3 D II 2 a bb
602 vgl. Teil 3 D II 1

Betriebsvereinbarung bereits gekündigt worden ist. Wenn der Ablauf der Kündigungsfrist dazu führt, daß die Betriebsvereinbarung während des Bestands der Veränderungssperre abläuft, wirkt sie bis zum Ablauf der Veränderungssperre nach. Ist umgekehrt die Kündigungsfrist, die nach Wegfall des Betriebsrats verbleibt, länger als der Zeitraum der Veränderungssperre, hat der Arbeitgeber das Recht, sich in Analogie zu § 77 Abs. 5 BetrVG mit einer Frist von drei Monaten von der Betriebsvereinbarung loszusagen, unabhängig davon, ob er oder der Betriebsrat die Betriebs-vereinbarung zuvor gekündigt hat.[603]

b) Sofortiges Lossagungsrecht

Der Arbeitgeber hat das Recht zur sofortigen Lossagung aus Gründen, die ihn bei bestehendem Betriebsrat zur fristlosen Kündigung berechtigten. Die so beendete Betriebsvereinbarung wirkt aufgrund der Veränderungssperre solange nach, bis drei Monate seit Wegfall des Betriebsrats vorüber sind. Solange gebietet die Funktion der Nachwirkung, die Sicherung des Instituts der Nachwirkung, die unmittelbare Fortgeltung. Danach endet die Nachwirkung automatisch, die Anwendung von § 77 Abs. 6 BetrVG ist teleologisch zu reduzieren.[604]

2. Freiwillige Betriebsvereinbarung

Hinsichtlich der freiwilligen Betriebsvereinbarung gelten keine Besonderheiten gegenüber der Fallgruppe 1. Denn die Veränderungssperre bezieht sich nur auf erzwingbare Betriebsvereinbarungen.[605]

3. Teilmitbestimmungspflichtige Betriebsvereinbarung

Auch hinsichtlich der teilmitbestimmungspflichtigen Betriebsvereinbarungen bestehen grundsätzlich keine Abweichungen gegenüber der Fallgruppe 1.[606] Einzig hinsichtlich der Lossagung mit sofortiger Wirkung ist zu beachten, daß die derart beendete Betriebsvereinbarung bis zum Ablauf des Zeitraums der Veränderungssperre nachwirkt, sofern nach der Rechtsprechung des BAG die Kündigung zu einer Nachwirkung führen würde.[607]

---

[603] vgl. Teil 3 D II 3
[604] vgl. Teil 3 D II 1 b
[605] vgl. Teil 3 D III
[606] vgl. Teil 3 D IV
[607] vgl. Teil 3 D IV

III. Fallgruppe 3

Anders als in den beiden anderen Fallgruppen verliert in dieser Fallgruppe die Belegschaft das Recht zur Neuwahl eines Betriebsrats. Das hat zur Folge, daß auch bestehende Betriebsvereinbarungen enden, sobald der Betrieb die Betriebsratsfähigkeit verliert und deshalb der Betriebsrat wegfällt. Das ist das Ergebnis allgemeiner Überlegungen zum Institut der Betriebs-vereinbarung.[608] Dem muß nicht entgegenstehen, daß das automatische Ende der Betriebsvereinbarung grundsätzlich den Ablauf der Regelungen auch dann zur Folge hat, wenn die Betriebsvereinbarung individualvertragliche Vereinbarungen ersetzt und diese nicht ohne weiteres enden können. Denn die Betriebsvereinbarung hat keine gegenüber dem Individualarbeitsrecht dienende Funktion. Zwar soll sie die Interessen der Arbeitnehmer schützen. Allerdings ist die Funktion der Betriebsvereinbarung nicht nur der Schutz des einzelnen Arbeitnehmers gegenüber dem Arbeitgeber, sondern die Wahrung der Interessen aller Arbeitnehmer gegenüber dem Arbeitgeber. Deshalb ist die Betriebsvereinbarung nicht nur als Ersatz für arbeitsvertragliche Regelungen mit einer Vielzahl von Arbeitnehmern aufzufassen, sondern sie ist ein Regelungsinstitut eigener Art, das vom Individualrecht emanzipiert eigenen gesetzlichen Regeln folgt. So entspricht es der ständigen Rechtsprechung des BAG, daß freiwilllige Betriebsvereinbarungen entsprechend dem Wortlaut des Gesetzes ohne Grund durch Kündigung ersatzlos beendet werden können, insbesondere wirken sie nicht nach.[609]

Allerdings kann für die betriebliche Altersversorgungen in Form von Betriebsvereinbarungen und für den Sozialplan nicht angenommen werden, daß diese mit Wegfall des Betriebrats ersatzlos enden. Für die betriebliche Altersversorgung gebietet der Grundrechtsschutz von Rechten und Anwartschaften auf eine betriebliche Altersversorgung, daß die Inhalte der weggefallenen Betriebsvereinbarung aufrechterhalten werden. Das Interesse der Arbeitnehmer an diesen Rechten und Anwartschaften hat der Arbeitgeber durch Abschluß der entsprechenden Betriebsvereinbarung begründet. Weil diese Betriebsvereinbarung darauf abzielt, die Arbeitnehmer für die Zeit nach Ausscheiden aus dem Erwerbsleben zu versorgen und diese Leistungen Entgelt für erbrachte Arbeitsleistung sind, muß der Arbeitgeber die Arbeitnehmer kraft seiner Fürsorgepflicht so stellen, als wäre die Betriebsvereinbarung nicht weggefallen.[610] Für den Sozialplan gelten Besonderheiten, weil die

---

[608] vgl. Teil 3 B III

[609] vgl. Teil 3 D V 1

[610] vgl. Teil 3 D V 2 a

Betriebspartner die Vereinbarung im Falle der Betriebsstillegung oder Verkleinerung gerade für den Situation abschließen, der dann zum Wegfall des Betriebsrats führt. Die Sozialpläne überdauern den Verlust der Betriebratsfähigkeit, weil und soweit diese Fortgeltung gesetzlich angeordnet ist. Beschränkt auf die Betriebsänderung schafft das Betriebsverfassungsgesetz somit die Ausnahme von dem allgemeinen, dem Gesetz immanenten Grundsatz, daß der Verlust der Betriebsratsfähigkeit zum Ende der Betriebsvereinbarungen führt.[611]

C. Bisherige Lösungsansätze in der Literatur

Weitere Lösungsansätze sind denkbar. Eine ausführliche Auseinandersetzung mit den in der Literatur vorgeschlagenen Ansätzen erfolgte im Teil 2 dieser Untersuchung. Eine Zusammenfassung findet sich am Ende des 2. Teils[612]. Darauf wird an dieser Stelle verwiesen.

[611] vgl. Teil 3 D V 2 b
[612] vgl. Teil 2 F

Literaturverzeichnis

Adomeit, Klaus: Rechtsquellenfragen im Arbeitsrecht, München 1969

Bachner, Michael: Das Übergangsmandat des Betriebsrats bei Unternehmensumstrukturierungen, DB 1995, S. 2068 ff

- Auswirkungen unternehmensinterner Betriebsumstrukturierungen auf die Wirksamkeit von Betriebsvereinbarungen, NZA 1997, S. 79 ff

Becker, Friedrich/ Etzel, Gerhard/ Friedrich, Hans-Wolf/ Hillebrecht, Wilfried/ Lipke, Gert-Albert/ Pfeiffer, Thomas/ Rost, Friedhelm/ Spilger, Andreas Michael/ Wigand, Horst/ Wolff, Ingeborg: Gemeinschaftskommentar zum Kündigungsschutzgesetz und zu sonstigen kündigungsschutzrechtlichen Vorschriften, 4. Auflage, Berlin 1996

Belling, Detlev W.: Das Günstigkeitsprinzip im Arbeitsrecht, Berlin 1984

- Anmerkung zu BAG 20.11.1987, EzA § 620 BGB Altersgrenze Nr. 1, S. 17 ff

- Die Haftung des Betriebsrats und seiner Mitglieder für Pflichtverletzungen, Tübingen 1990

- Anmerkung zu BAG 27.6.1989, SAE 1990, S. 166 ff

Beuthien, Volker: Unternehmerische Mitbestimmung kraft Tarif- oder Betriebsautonomie?, ZfA 1983, S. 141 ff

Biberacher, Hansjörg: Betriebliche Rechtssetzungsmacht, Frankfurt am Main 1983

Biebl, Josef: Restmandat des Betriebsrats für Sozialplanmitbestimmung nach Unternehmens-teilung?, ArbuR 1990, S. 307 ff

- Das Restmandat des Betriebsrats nach Betriebsstillegung, Berlin 1991

Biedenkopf, Kurt H.: Grenzen der Tarifautonomie, Karlsruhe 1964

Birk, Rolf: Anmerkung zu BAG 2.10.1974, EzA § 613a BGB Nr. 1, S. 11 ff

- Innerbetriebliche Absprachen - Typen und Rechtswirkungen-, ZfA 1986, S. 73 ff

Blomeyer, Wolfgang: Anmerkung zu BAG 11.11.1970, SAE 1972, S. 109 ff

- Der Betriebsrentner im Spannungsfeld zwischen Arbeitgeber, Unternehmen, Belegschaft und Insolvenzsicherung, RdA 1977, S. 1 ff

- Der Bestandsschutz der Ruhegeldanwartschaften bei einer Einschränkung der betrieblichen Altersversorgung, Festschrift für Hilger/Stumpf, München 1983, S. 41 ff

- Das kollektive Günstigkeitsprinzip - Bemerkungen zum Beschluß des Großen Senats des Bundesarbeitsgerichts vom 16.9.1986, DB 1987, S. 634 ff

- Nachwirkung und Weitergeltung abgelaufener Betriebsvereinbarungen über "freiwillige" Sozialleistungen, DB 1990, S. 173 ff

Blomeyer, Wolfgang/ Otto, Klaus: Gesetz zur Verbesserung der betrieblichen Altersversorgung, Kommentar, 2. Auflage, München 1997

Boecken, Winfried: Der Übergang von Arbeitsverhältnissen bei Spaltung nach dem neuen Umwandlungsrecht, ZIP 1994, S. 1087 ff

Borngräber, Helmut: Arbeitsverhältnis bei Betriebsübergang, Düsseldorf 1977

Brox, Hans: Allgemeiner Teil des Bürgerlichen Gesetzbuchs, 22. Auflage, Köln 1998

Brune, Ulrike: AR-Blattei, Systematische Darstellung 520, Betriebsvereinbarung

Bucher, Eugen: Das subjektive Recht als Normsetzungsbefugnis, Tübingen 1965

Bühler, Theodor: Rechtsquellenlehre, Band 3, Rechtserzeugung, Rechtserfragung, Legitimität der Rechtsquellen, Zürich 1985

Canaris, Claus-Wilhelm: Funktionelle und inhaltliche Grenzen kollektiver Gestaltungsmacht bei der Betriebsvereinbarung, ArbuR 1966, S. 129 ff

- Grundrechtswirkungen und Verhältnismäßigkeitsprinzip in der richterlichen Anwendung und Fortbildung des Privatrechts, JuS 1989, S. 161 ff

Chiotellis, Aristide: Rechtsfolgenbestimmung bei Geschäftsgrundlagenstörungen in Schuldver-trägen, München 1981

Däubler, Wolfgang: Grundstrukturen der Betriebsverfassung - eine kurze rechtsdogmatische Betrachtung, ArbuR 1982, S. 6 ff

- Tarifvertragsrecht, 3. Auflage, Baden-Baden 1993
- Das Arbeitsrecht 1, 14. Auflage, Reinbeck 1995
- Das Arbeitsrecht im neuen Umwandlungsgesetz, RdA 1995, S. 136 ff

Däubler, Wolfgang/ Kittner, Michael/ Klebe, Thomas: Betriebsverfassungsgesetz, 7. Auflage, Frankfurt am Main 2000

Dehmer, Hans: Umwandlungsgesetz, Umwandlungssteuergesetz, 2. Auflage, München 1996

Dieterich, Thomas: Betriebsverfassungsrecht und betriebliche Altersversorgung, NZA 1984, S. 273 ff

Engels, Gerd: Fortentwicklung des Betriebsverfassungsrechts außerhalb des Betriebsverfas-sungsgesetzes, Festschrift für Wlotzke, München 1996

Enneccerus, Ludwig/ Nipperdey, Hans Carl: Lehrbuch des Bürgerlichen Rechts, Band I, Allgemeiner Teil des Bürgerlichen Rechts, I. Halbband, 15. Aufl., Tübingen 1959; II. Halbband, 15. Aufl., Tübingen 1960

Erfurter Kommentar zum Arbeitsrecht: Dieterich, Thomas/ Hanau, Peter/ Schaub, Günther (Hrsg.), München 1998

Erichsen, Hans-Uwe/ Martens, Wolfgang (Hrsg.): Allgemeines Verwaltungsrecht, 9. Auflage, Berlin, New York 1992

Erman, Walter: Handkommentar zum Bürgerlichen Gesetzbuch, 1. Band, 9. Auflage, Münster 1993

Fabricius, Fritz/ Kraft, Alfons/ Thiele, Wolfgang/ Wiese, Günther/ Kreutz, Peter/ Oetker, Hartmut: Betriebsverfassungsgesetz, Gemeinschaftskommentar, Band 1, 6. Auflage, Neuwied, Berlin 1997;

Fabricius, Fritz/ Kraft, Alfons/ Thiele, Wolfgang/ Wiese, Günther/ Kreutz, Peter: Betriebsverfassungsgesetz, Gemeinschaftskommentar, Band 2, 5. Auflage, Neuwied, Berlin 1995

Fastrich, Lorenz: Richterliche Inhaltskontrolle im Privatrecht, München 1992

- Betriebsvereinbarung und Privatautonomie, RdA 1994, S. 129 ff

- Arbeitsrecht und betriebliche Gerechtigkeit, RdA 1999, S. 24 ff

Fitting, Karl/ Auffarth, Fritz/ Kaiser, Heinrich/ Heither, Friedrich/ Engels, Gerd: Betriebsverfassungsgesetz, 17. Auflage, München 1992

Fitting, Karl/ Kaiser, Heinrich/ Heither, Friedrich/ Engels, Gerd: Betriebsverfassungsgesetz, 18. Auflage, München 1996

Fitting, Karl/ Kaiser, Heinrich/ Heither, Friedrich/ Engels, Gerd: Betriebsverfassungsgesetz, 20. Auflage, München 2000

Forsthoff, Ernst: Lehrbuch des Verwaltungsrechts, 1. Band: Allgemeiner Teil, 10. Auflage, München 1973

Frey, Erich:: Anspruchsuntergang durch Wegfall der Geschäftsgrundlage, ArbuR 1956, S. 193 ff

- Das Schicksal des Tarifvertrages und seiner Auswirkungen bei Wegfall einer Tarifvertragspartei, RdA 1965, S. 363ff

Galperin, Hans/ Löwisch, Manfred: Kommentar zum Betriebsverfassungsgesetz, Band 1, 6. Auflage, Heidelberg 1982; Band 2, 6. Auflage, Heidelberg 1982

Gamillscheg, Franz: Zur Abfindung bei Verlust des Arbeitsplatzes, Festschrift für Bosch, Bielfeld 1976, S. 209 ff

- Kollektives Arbeitsrecht, Band I, München 1997

Gaul, Dieter: Die Beendigung der Betriebsvereinbarung im betriebsratslosen Betrieb, NZA 1986, S. 628 ff

Germelmann, Claas-Hinrich/ Matthes, Hans-Christoph/ Prütting, Hanns: Arbeitsgerichtsgesetz, 2. Auflage, München 1995

Gester, Heinz: Die betriebsverfassungsrechtliche Stellung von Belegschaft und Betriebsrat, Köln 1960

Griebeling, Gert: Bestandsschutz und Billigkeitskontrolle in der betrieblichen Altersversorgung aus der Sicht des Bundesarbeitsgerichts, Festschrift für Ahrend, Köln 1992, S. 208 ff

Grunsky, Wolfgang: Arbeitsgerichtsgesetz, 7. Auflage, München 1995

Gussen, Heinz: Die Fortgeltung von Betriebsvereinbarungen und Tarifverträgen beim Betriebs-übergang. Zur kollektiv- und individualrechtlichen Weitergeltung von Gesamtvereinbarungen beim Inhaberwechsel nach § 613a BGB, Berlin 1989

- Anmerkung zu BAG 27.2.1994, AP Nr. 118 zu § 613a BGB, Bl. 4R ff
Haarmann, Wilhelm: Wegfall der Geschäftsgrundlage bei Dauerrechtsverhältnissen, Berlin 1979
Hanau, Hans: Individualautonomie und Mitbestimmung in sozialen Angelegenheiten, Köln, Berlin, Bonn, München 1994
Hanau, Peter: Probleme der Mitbestimmung des Betriebsrats über den Sozialplan, ZfA 1974, S. 89 ff
- Rechtswirkungen der Betriebsvereinbarung, RdA 1989, S. 207 ff
Hanau, Peter/ Preis, Ulrich:: Die Kündigung von Betriebsvereinbarungen, NZA 1991, S. 81 ff
Hanau, Peter / Vossen, Reinhard: Die Auswirkungen des Betriebsinhaberwechsels auf Betriebsvereinbarungen und Tarifverträge, Festschrift für Hilger und Stumpf, München 1983, S. 271 ff
Heinze, Meinhard: Inhalt und Grenzen betriebsverfassungsrechtlicher Rechte, ZfA 1988, S. 53 ff
- Betriebsvereinbarung versus Tarifvertrag?, NZA 1989, S. 41 ff
Heither, Friedrich:: Bestandsschutz und Billigkeitskontrolle in der betrieblichen Altersver-sorgung, RdA 1993, S. 72ff
- Die Änderung von Versorgungszusagen, Das Arbeitsrecht der Gegenwart, Band 31, 1994, S. 55 ff
Henkel, Heinrich: Einführung in die Rechtsphilosophie, 2. Auflage, München 1977
Hennrichs, Joachim: Formwechsel und Gesamtrechtsnachfolge bei Umwandlungen, Berlin 1995
Herschel, Wilhelm: Der Pensionär in der Betriebsverfassung, Festschrift für Hilger und Stumpf, München 1983, S. 311 ff
Herschel, Wilhelm/ Löwisch, Manfred: Kommentar zum Kündigungsschutzgesetz, 6. Auflage, Heidelberg 1984
Hess, Harald/ Schlochauer, Ursula/ Glaubitz, Werner: Kommentar zum Betriebsverfassungsgesetz, 5. Auflage, Neuwied, Berlin 1997
Hesse, Konrad: Grundzüge des Verfassungsrechts der Bundesrepublik Deutschland, 20. Auflage, Heidelberg 1995
Hilger, Marie Luise: Anmerkung zu BAG 30.10.1980, AP Nr. 4 zu § 1 BetrAVG, Bl. 2R f
- Richterrecht in der betrieblichen Altersversorgung, RdA 1981, S. 6 ff
- Vertragsauslegung und Wegfall der Geschäftsgrundlage im betrieblich-kollektiven Bereich, Festschrift für Larenz zum 80. Geburtstag, München 1983, S. 241 ff
Hilger, Marie Luise/ Stumpf, Herman: Ablösung betrieblicher Gratifikations- und Versorgungsordnungen durch Betriebsvereinbarung, Festschrift für G. Müller, Berlin 1981, S. 209 ff

- Kündigungsfreiheit und Vertrauensschutz im Recht der Betriebsvereinbarung, BB 1990, S. 929 ff

Höfer, Reinhold/ Küpper, Peter: Betriebliche Altersversorgung bei Umwandlung von Tätigkeitsvergütungen, BB 1990, S. 849 ff

Hönn, Günther: Kompensation gestörter Vertragsparität, München 1982

Hoyningen-Huene, Gerrick von: Die Billigkeit im Arbeitsrecht, München 1978

- Ablösende Betriebsvereinbarungen für ausgeschiedene Arbeitnehmer, Pensionäre und leitende Angestellte?, RdA 1983, S. 225 ff

- Die fehlerhafte Beteiligung des Betriebsrats in sozialen Angelegenheiten - Rechtsfolgen und Handlungsmöglichkeiten des Betriebsrats, DB 1987, S. 1426 ff

- Die Inhaltskontrolle von Betriebsvereinbarungen der betrieblichen Altersversorgung, BB 1992, S. 1640 ff

- Betriebsverfassungsrecht, 3. Auflage, München 1993

Hoyningen-Huene, Gerrick von/ Windbichler, Christine: Der Übergang von Betriebsteilen nach § 613a BGB, RdA 1977, S. 329 ff

Huber, Ernst Rudolf: Wirtschaftsverwaltungsrecht, Band 2, 2. Auflage, Tübingen 1954

Hueck, Alfred: Das Recht des Tarifvertrages unter besonderer Berücksichtigung der Verordnung vom 25. Dezember 1918, Berlin 1920

- AR-Blattei, (D), Tarifvertrag VIII, Die Beendigung des Tarifvertrages

Hueck, Alfred/ Nipperdey, Hans Carl: Lehrbuch des Arbeitsrechts, Band I, 7. Auflage, Berlin, Frankfurt a. M. 1963; Band II, 1. Halbband, 7. Auflage, Berlin, Frankfurt a. M. 1967, Band II, 2. Halbband, 7. Auflage, Berlin, Frankfurt a. M. 1970

Hueck, Alfred/ Nipperdey, Hans Carl/ Tophoven, Ernst/ Stahlhacke, Eugen: Tarifvertragsgesetz mit Durchführungs- und Nebenvorschriften, Kommentar, 4. Auflage, München, Berlin 1964

Hueck, Götz: Die Betriebsvereinbarung, Wesen-Inhalt-Wirkung, Münster, Köln 1952

Hueck, Götz/ von Hoyningen-Huene, Gerrick: Kündigungsschutzgesetz, 12. Auflage, München 1997

Iff, Wolfgang: Die Rechtstellung des Betriebsrats und der anderen Betriebsverfassungsorgane nach dem Betriebsverfassungsgesetz vom 15.1.1972, Würzburg 1974

Jacobi, Erwin: Grundlehren des Arbeitsrechts, Leipzig 1927

Jaeckle, Hans-Günter: Die Ablösung kollektiver Ordnungen, Freiburg 1969

Jahnke, Volker: Tarifautonomie und Mitbestimmung, München 1984

Jobs, Friedhelm: Gerichtliche Billigkeitskontrolle bei abändernden Betriebsvereinbarungen?, ArbuR 1986, S. 147 f

Jung, Eberhard: Die Weitergeltung kollektivvertraglicher Regelungen (Tarifverträge, Betriebsvereinbarungen) bei einem Betriebsinhaberwechsel, RdA 1981, S. 360 ff
Junker, Michael: Die auf einer Betriebsvereinbarung beruhende Altersversorgung beim Betriebsübergang, RdA 1993, S. 203 ff
Käppler, Renate: Die Betriebsvereinbarung als Regelungsinstrument in sozialen Angelegenheiten, Festschrift für Kissel, München 1994, S. 475 ff
Kallmeyer, Harald: Umwandlungsgesetz, Kommentar, Köln 1997
Karakatsanis, Alexander: Die kollektivrechtliche Gestaltung der Arbeitsverhältnisse und ihre Grenzen, Heidelberg 1963
Kessal-Wulf, Sybille: Die Innenverbände am Beispiel Publikumsgesellschaft, Franchising, Mitarbeiterbeteiligung und Betriebsverband, Frankfurt am Main 1995
Kempen, Otto Ernst: Betriebsverfassung und Tarifvertrag, RdA 1994, S. 140 ff
Kempen, Otto Ernst/ Zachert, Ulrich: Tarifvertragsgesetz: Kommentar für die Praxis, 3. Aufl., Köln 1997
Kirchhof, Ferdinand: Private Rechtsetzung, Berlin 1987
Kissel, Otto Rudolf: Der fehlende Betriebsrat, Giessener Rechtswissenschaftliche Abhandlungen, Band 6 (Freundesgabe Söllner), Gießen 1990, S. 143 ff
Klar, Walter: Das Übergangsmandat des Betriebsrats, NZA 1997, S. 470 ff
Knigge, Arnold: Gesetzliche Neuregelung der Gleichbehandlung von Männern und Frauen am Arbeitsplatz, BB 1980, S. 1272 ff
Köbler, Ralf: Die "clausula rebus sic stantibus" als allgemeiner Rechtsgrundsatz, Tübingen 1991
Konzen, Horst: Gleichbehandlungsgrundsatz und personelle Grenzen der Kollektivautonomie, Festschrift für G. Müller, Berlin 1981, S. 245 ff
- Privatrechtssystem und Betriebsverfassung, ZfA 1985, S. 469 ff sowie Festschrift für E. Wolf, Köln, Berlin, Bonn, München 1985, S. 279 ff
Kraft, Alfons: Betriebsübergang und Arbeitsverhältnis in der Rechtsprechung des Bundesarbeitsgerichts, 25 Jahre Bundesarbeitsgericht, München 1979, S. 299 ff
Krause, Rüdiger: Das Übergangsmandat des Betriebsrats im Lichte der novellierten Beriebsübergangsrichtlinie, NZA 1998, S. 1201 ff
Kreßel, Eckhard: Arbeitsrechtliche Aspekte des neuen Umwandlungsbereinigungsgesetzes, BB 1995, S. 925 ff
Kreutz, Peter: Kritische Gedanken zur gerichtlichen Billigkeitskontrolle von Betriebsvereinbarungen, ZfA 1975, S. 65 ff
- Grenzen der Betriebsautonomie, München 1979
Kriele, Martin: Recht und praktische Vernunft, Göttingen 1979
Krischker, Dieter: Tarifverbandsauflösung und Tarifvertrag, Köln 1969

Kunze, Otto: Änderungen auf der Arbeitgeberseite von Kollektivvereinbarungen, RdA 1977, S. 31 ff
Larenz, Karl: Geschäftsgrundlage und Vertragserfüllung, 3. Aufl., München, Berlin 1963
- Schuldrecht, Band 1, Allgemeiner Teil, 14. Auflage, München 1987
Larenz, Karl/ Canaris, Claus-Wilhelm: Methodenlehre der Rechtswissenschaft, 3. Auflage, Berlin, Heidelberg 1995
Larenz, Karl/ Wolf, Manfred: Allgemeiner Teil des deutschen Bürgerlichen Rechts, 8. Auflage, München 1997
Lehmann, Heinrich/ Hübner, Heinz: Allgemeiner Teil des Bürgerlichen Gesetzbuches, 16. Auflage, Berlin 1966
Leinemann, Wolfgang: Änderung einzelvertraglicher Ansprüche durch Betriebsvereinbarung, DB 1985, S. 1394 ff
- Änderung von Arbeitsbedingungen durch Betriebsvereinbarungen, BB 1989, S. 1905 ff
- Wirkungen von Tarifverträgen und Betriebsvereinbarungen auf das Arbeitsverhältnis, DB 1990, S. 732 ff
Löwisch, Manfred: Taschenkommentar zum Betriebsverfassungsgesetz, 4. Auflage, Heidelberg 1996
Löwisch, Manfred/ Rieble, Volker: Tarifvertragsgesetz, Kommentar, München 1992
Lorenz, Martin: Gesetz über die Gleichbehandlung von Männern und Frauen am Arbeitsplatz und über die Erhaltung von Ansprüchen bei Betriebsübergang, DB 1980, S. 1745ff
Loritz, Karl-Georg: Die Kündigung von Betriebsvereinbarungen und die Diskussion um eine Nachwirkung freiwilliger Betriebsvereinbarungen, RdA 1991, S. 65ff
Lutter, Marcus: Umwandlungsgesetz, Kommentar, Köln 1996
Maus, Wilhelm: Tarifvertragsgesetz, Göttingen 1956
Medicus, Dieter: Schuldrecht I, Allgemeiner Teil, 11. Auflage, München 1999
- Bürgerliches Recht, 18. Auflage, Köln, Bonn, Berlin, München, 1999
Moll, Wilhelm: Kollektivvertragliche Arbeitsbedingungen nach einem Betriebsübergang, RdA 1996, S. 274ff
Müller, Welf: Die Grenzen der normativen Gestaltungswirkung der Betriebsvereinbarung, München 1966
Münchner Handbuch zum Arbeitsrecht: Band 1, München 1992; Band 2, München 1993; Band 3, München 1993
Münchner Kommentar zum Bürgerlichen Gesetzbuch: Band 1: Allgemeiner Teil, 3. Auflage, München 1993; Band 2: Schuldrecht, Allgemeiner Teil, 3. Auflage, München 1994, Band 4: Schuldrecht, Besonderer Teil II, 3. Auflage, München 1997

Nause, Helmut: Die Grenzen der Regelungsbefugnis von Arbeitgeber und Betriebsrat gegenüber dem einzelnen Arbeitnehmer bei Abschluß von Betriebsvereinbarungen, Göttingen 1982

Nebel, Andreas: Die Normen des Betriebsverbandes am Beispiel der ablösenden Betriebsvereinbarung, Heidelberg 1989

Neumann-Duesberg, Horst: Betriebsverfassungsrecht, Berlin 1960

Neye, Hans-Werner: Das neue Umwandlungsrecht vor der Verabschiedung im Bundestag, ZIP 1994, S. 917 ff

Nikisch, Arthur: Arbeitsrecht, Band I: Allgemeine Lehren und Arbeitsvertragsrecht, 3. Auflage, Tübingen 1961; Band II: Koalitionsrecht, Arbeitskampfrecht und Tarifvertragsrecht, 2. Auflage, Tübingen 1959; Band III: Betriebsverfassungsrecht, 2. Auflage, Tübingen 1966

Oetker, Hartmut: Das Dauerschuldverhältnis und seine Beendigung, Tübingen 1994

- Die Kündigung von Tarifverträgen, RdA 1995, S. 82 ff

Özfirat, Aduan: Die Folgen von Untergang und Tariffähigkeitsverlust einer Tarifpartei, Bamberg 1978

Palandt, Otto: Bürgerliches Gesetzbuch, 58. Auflage, München 1999

Preis, Ulrich: Grundfragen der Vertragsgestaltung im Arbeitsrecht, Neuwied, Berlin 1993

Quasten, Walter: Zulässigkeit und Unzulässigkeit von Betriebsvereinbarungen, Köln 1971

Reuter, Dieter: Besprechung von BAG 8.12.1981, JuS 1982, S. 787 f

- Anmerkung zu BAG 8.12.1981, SAE 1983, S. 201 ff
- Anmerkung zu BAG 17.3.1987, SAE 1987, S. 285 ff
- Das Verhältnis von Individualautonomie, Betriebsautonomie und Tarifautonomie, RdA 1991, S. 193 ff

RGRK: Das Bürgerliche Gesetzbuch mit besonderer Berücksichtigung der Rechtsprechung des Reichsgerichts und des Bundesgerichtshofs, Kommentar, Band II, Teil 3/1, 12. Auflage, Berlin 1997

Richardi, Reinhard: Kollektivgewalt und Individualwille bei der Gestaltung des Arbeitsverhältnisses, München 1968

- Streitfragen aus dem Ersten Arbeitsrechtsbereinigungsgesetz, ZfA 1971, S. 73ff
- Richterrecht und Tarifautonomie, Gedächtnisschrift für Dietz, 1973, S. 269 ff
- Sozialplan und Konkurs, Düsseldorf 1975
- Anmerkung zu BAG 9.2.1989, AP Nr. 40 zu § 77 BetrVG, Bl. 3 ff
- Ablösung arbeitsvertraglicher Vereinbarungen durch Betriebsvereinbarung, NZA 1990, S. 331 ff
- Die Betriebsvereinbarung als Rechtsquelle des Arbeitsverhältnisses, ZfA 1992, S. 307 ff

- Betriebsverfassungsgesetz, 7. Auflage, München 1998

Röder, Gerhard: Die Fortgeltung von Kollektivnormen bei Betriebsübergang gem. § 613a BGB i. d. F. vom 13.8.1980, DB 1981, S. 1980 ff

Rüthers, Bernd: Betriebsverfassungsrechtliches Mitbestimmungsrecht und Individualbereich, ders./Boldt, Gerhard, Zwei arbeitsrechtliche Vorträge, München 1970, S. 7 ff

Rüthers, Bernd/ Bakker, Rainer: Anmerkung zu BAG 25.10.1988, EzA § 77 BetrVG Nr. 26, S. 9 ff

Säcker, Franz Jürgen: Gruppenautonomie und Übermachtkontrolle im Arbeitsrecht, Berlin 1972

- AR-Blattei, (D), Betriebsvereinbarung I

- Das neue Entgeltfortzahlungsgesetz und die individuelle und kollektive Vertragsfreiheit, ArbuR 1994, S. 1 ff

Schaub, Günter: Ausgewählte Rechtsfragen zu § 613a BGB, Das Arbeitsrecht der Gegenwart, Band 18, 1980, S. 71 ff

- Änderungskündigung und Kündigungsschutz bei Betriebsvereinbarungen, BB 1990, S. 289 ff

- Arbeitsrechtshandbuch, 8. Auflage, München 1996

Schelp: Tarifvertrag und Betriebsvereinbarung im Rahmen von § 59 des Betriebsverfassungsgesetzes, DB 1962, S. 1242

Schirge, Barbara: Kündigung und Nachwirkung von Betriebsvereinbarungen über betriebliche übertarifliche Leistungen, DB 1991, S. 441 ff

Schmidt, Karsten: Gesellschaftsrecht, 3. Aufl., Köln 1997

Schulin, Bertram: Änderung von betrieblichen Ruhegeldzusagen, DB 1984, Beilage Nr. 10 zu Heft Nr. 13

- Anmerkung zu BAG 18.4.1989, EzA § 77 BetrVG Nr. 28, S. 11 ff

Schwerdtner, Peter: Die Änderung kollektivrechtlich begründeter Ruhegeldberechtigungen, ZfA 1975, S. 171 ff

- Anmerkung zu BAG 26.6.1975, AP Nr. 86 zu § 611 BGB Gratifikation, Bl. 2R ff

Seiter, Hugo: Betriebsinhaberwechsel, Arbeitsrechliche Auswirkungen eines Betriebsübergangs unter besonderer Berücksichtigung des § 613a BGB in der Fassung vom 13.8.1980, Stuttgart, Wiesbaden, 1980

- Tarifverträge und Betriebsvereinbarungen beim Betriebsinhaberwechsel, DB 1980, S. 877 ff

Siebert, Wolfgang: Anmerkung zu LAG Berlin 14.4.1953, BB 1953, S. 624 f

- Kollektivnorm und Individualrecht im Arbeitsverhältnis, Festschrift für Nipperdey, München, Berlin 1955, S. 119 ff

Simon, Jürgen: Arbeitsrechtliche und Haftungsprobleme bei der Betriebsaufspaltung, ZfA 1987, S. 311 ff

Söllner, Alfred: Anmerkung zu BAG 10.7.1969, AP Nr. 2 zu § 615 BGB Kurzarbeit, Bl. 4, 4R

Soergel, Hans Theodor: Bürgerliches Gesetzbuch, Band 1, 12. Auflage, Stuttgart 1988; Band 4, 1. Halbband, 12. Auflage, Stuttgart 1998

Sowka, Hans-Harald: Betriebsverfassungsrechtliche Probleme der Betriebsaufspaltung, DB 1988, S. 1318 ff

Spielbüchler, Karl: Wider die Zähmung der Räte, Festschrift für Strasser, Wien 1983, S. 613 ff

Stahlhacke, Eugen/ Preis, Ulrich: Kündigung und Kündigungsschutz im Arbeitsverhältnis, 6. Auflage, München 1995

Staschik, Lothar: Grundfragen zur Betriebsvereinbarung, Köln 1990

Staudinger: Kommentar zum Bürgerlichen Gesetzbuch mit Einführungsgesetz und Nebengesetzen, Zweites Buch, Recht der Schuldverhältnisse, §§ 611-615, 13. Auflage, Berlin 1999

Stebut, Dietrich von: Anmerkung zu BAG 15.19.1986, SAE 1987, S. 203 ff

Stege, Dieter/ Weinspach, F. K.: Betriebsverfassungsgesetz, 6. Aufl., Köln 1990

Steinmeyer, Heinz-Dietrich: Betriebliche Altersversorgung und Arbeitsverhältnis, München 1991

Straetmanns, Ludwig: Betriebsvereinbarung und Ruhegeld unter besonderer Berücksichtigung des grundlegenden Beschlusses des Bundesarbeitsgerichts vom 16.3.1956 (GS 1/55), ArbuR 1969, S. 269 ff

Thüsing, Gregor: Das Mitbestimmungsrecht des Betriebsrats bei der Ausgestaltung freiwilliger Jahressonderzahlungen, DB 1997, S. 1130 ff

Travlos-Tzanetatos, Dimitrios: Die Regelungsbefugnis der Betriebspartner und ihre Grenzen zum Einzelarbeitsverhältnis, Berlin 1974

Trittin, Wolfgang: Das Umwandlungsgesetz, AiB 1996, S. 349 ff

Wackerbarth, Ulrich: Entgelt für Betriebstreue, Köln 1996

Waltermann, Raimund: Kollektivvertrag und Grundrechte. Zur Bedeutung der Grundrechte und ihrer Gesetzesvorbehalte für die Rechtsnormsetzung durch Kollektivverträge, RdA 1990, S. 138 ff

- Anordnung von Kurzarbeit durch Betriebsvereinbarung?, NZA 1993, S. 679 ff
- Rechtsetzung durch Betriebsvereinbarung zwischen Privatautonomie und Tarifautonomie, Tübingen 1996
- Gestaltung von Arbeitsbedingungen durch Vereinbarung mit dem Betriebsrat, NZA 1996, S. 357 ff

Wank, Rolf: Die Geltung von Kollektivereinbarungen nach einem Betriebsübergang, NZA 1987, S. 505 ff

Weiss, Manfred/ Weyand, Joachim: Betriebsverfassungsgesetz, 3. Auflage, Beden-Baden 1994

Weitnauer, Hermann: Zivilrechtliche Grundstrukturen im Betriebsverfassungsrecht, Festschrift für Duden, München 1977, S. 705 ff

Wiedemann, Herbert: Tarifvertragsgesetz, 6. Auflage, München 1999
Wiese, Günther: Zum Zweck des Betriebsverfassungsrechts im Rahmen der Entwicklung des Arbeitsrechts, Festschrift für Kissel, München 1994, S. 1269 ff
Wiesner, Georg Dieter: Betriebsvereinbarungen bei Betriebsübergang, BB 1986, S. 1636 ff
Willemsen, Heinz Josef: Arbeitsrecht im Umwandlungsgesetz - Zehn Fragen aus der Sicht der Praxis, NZA 1996, S. 791 ff
Wlotzke, Otfried: Arbeitsrechtliche Aspekte des neuen Umwandlungsrechts, DB 1995, S. 40 ff
Wolff, Hans J./ Bachof, Otto/ Stober, Rolf: Verwaltungsrecht, Band I, 10. Auflage, München 1994
Zöllner, Wolfgang: Die Rechtsnatur der Tarifnormen nach deutschem Recht, Wien 1966
- Veränderung und Angleichung tarifvertraglich geregelter Arbeitsbedingungen nach Betriebsübergang, DB 1995, S. 1401 ff
Zöllner, Wolfgang/ Loritz, Karl-Georg: Arbeitsrecht, 5. Aufl., München 1998

Peter Lang · Europäischer Verlag der Wissenschaften

Almut Maulshagen

Betriebliche Arbeitskampfregelungen

Frankfurt/M., Berlin, Bern, Bruxelles, New York, Oxford, Wien, 2003. 360 S.
Schriften zum Arbeitsrecht und Wirtschaftsrecht. Herausgegeben von Abbo Junker. Bd. 27
ISBN 3-631-39678-3 · br. € 50.10*

Betriebliche Arbeitskampfregelungen: in der Praxis zwar von großem Interesse, in der Wissenschaft aber nur ansatzweise diskutiert. Es ist weitgehend ungeklärt, inwieweit Betriebsparteien regelnd in das Arbeitskampfgeschehen eingreifen können. Die Aktualität dieser Frage wird insbesondere vor dem Hintergrund der verstärkt geforderten Liberalisierung des Tarifrechts deutlich. Immer öfter wird der Flächentarifvertrag zugunsten des Firmentarifvertrages in Frage gestellt. Zudem wird häufig eine Verlagerung der Regelungsbefugnisse von der tariflichen auf die betriebliche Ebene gefordert. Es stellt sich daher die Frage, ob Betriebsvereinbarungen Tarifverträge auch im Hinblick auf arbeits-kampfrechtliche Fragen ersetzen bzw. ergänzen können.

Frankfurt/M · Berlin · Bern · Bruxelles · New York · Oxford · Wien
Auslieferung: Verlag Peter Lang AG
Moosstr. 1, CH-2542 Pieterlen
Telefax 00 41 (0) 32 / 376 17 27

*inklusive der in Deutschland gültigen Mehrwertsteuer
Preisänderungen vorbehalten

Homepage http://www.peterlang.de